Wolfgang Albrecht

Literaturkritik

Verlag J.B. Metzler Stuttgart · Weimar

Der Autor

Wolfgang Albrecht, geb. 1952; Promotion in Halle; Habilitation; zahlreiche Publikationen zur Literatur des 18. bis 20. Jahrhunderts. Bei J.B. Metzler sind erschienen: *G.E. Lessing*. SM 291. 1996; *Arno Schmidt*, SM 312. 1998. Mitherausgeber der historisch-kritischen Ausgabe von Goethes Tagebüchern (Bd. 1: 1998, Bd. 2: 2000) an der Stiftung Weimarer Klassik.

Die Deutsche Bibliothek – CIP-Einheitsaufnahme

Albrecht Wolfgang:
Literaturkritik / Wolfgang Albrecht.
– Stuttgart ; Weimar : Metzler, 2001
(Sammlung Metzler ; Bd. 338)
ISBN 3–476–10338–2

Gedruckt auf chlorfrei gebleichtem, säurefreiem und alterungsbeständigem Papier

SM 338

ISBN 3-476-10338–2
ISSN 0558 3667

www.metzlerverlag.de
info@metzlerverlag.de
Einbandgestaltung: Willy Löffelhardt
Satz: Johanna Boy, Brennberg
Druck und Bindung: Franz Spiegel Buch GmbH, Ulm
Printed in Germany
September/2001

Verlag J.B. Metzler Stuttgart · Weimar

Inhalt

Abkürzungen und Siglen

Bd(e).	Band (Bände)
Bl.	Blatt
DASDJb	*Deutsche Akademie für Sprache und Dichtung Darmstadt Jahrbuch*
DDU	*Der Deutschunterricht* (Stuttgart)
Ders.	Derselbe
d.h.	das heißt
Dies.	Dieselbe
Diss.	Dissertation
Diss.B	Dissertation B (Äquivalent in der DDR zur Habilitationsschrift)
DVjs	*Deutsche Vierteljahrsschrift für Literaturwissenschaft und Geistesgeschichte* (Stuttgart)
EA	Erstausgabe
erw.	erweitert
FS	Festschrift
GRM	*Germanisch-Romanische Monatsschrift* (Heidelberg)
H.	Heft
hg.	herausgegeben
Jb(b).	Jahrbuch (Jahrbücher)
Jg.	Jahrgang
Jh.	Jahrhundert
Kap.	Kapitel
Lfg.	Lieferung
Lg	Literaturgeschichte (nur in der Auswahlbibliographie)
Lk	Literaturkritik (nur in der Auswahlbibliographie)
Lw	Literaturwissenschaft (nur in der Auswahlbibliographie)
NDL	*Neue Deutsche Literatur* (Berlin)
N.F.	Neue Folge
NR	*Neue Rundschau* (Frankfurt/M.)
Nr.	Nummer (in der Auswahlbibliographie)
o.J.	ohne Jahresangabe
s.	siehe
S.	Seite
SITZ	*Sprache im technischen Zeitalter* (Stuttgart)
Sp.	Spalte
u.a.	unter anderem
udT	unter dem Titel
u.ö.	und öfter
WB	*Weimarer Beiträge* (Berlin, Weimar; ab 1991: Wien)
z.B.	zum Beispiel

Vorbemerkung

Gegenstand dieses Buches ist die primär auf ›Belletristik‹ (einschließlich der angrenzenden so genannten Gebrauchsformen) bezogene deutschsprachige Literaturkritik oder literarische Kritik, 1) als öffentliche Auseinandersetzung mit vorwiegend aktueller Literaturproduktion und 2) in Abgrenzung von fachwissenschaftlicher Wertung oder akademischer Literaturkritik innerhalb literaturwissenschaftlicher Schriften – soweit sich der eine Bereich vom anderen trennen lässt. Denn es gibt Zusammenhänge und sogar Gleichsetzungen, insbesondere im angloamerikanischen und romanischen Raum, bezeichnet durch Begriffe und Richtungen wie: literary criticism, New Criticism, critique littéraire und andere. Hierzulande aber bilden germanistische Literaturwissenschaft (kritisch wertende Interpretation, Analyse, Geschichtsschreibung) und journalistische Literaturkritik nach wie vor ziemlich scharf getrennte Bereiche, obwohl neuerdings Gemeinsamkeiten und Unterschiede differenzierter wahrgenommen werden (s. Kap. 1.8).

Nicht allein die fortbestehende Tradition hat den Ausschlag gegeben für die vollzogene Gegenstandsbegrenzung, sondern ebenso das vorhandene Themenspektrum der *Sammlung Metzler*, innerhalb derer es bereits mehrere Einführungen zur (Gattungs-)Analyse und zur germanistischen literaturwissenschaftlichen Methodik gibt. Auch der vorliegende Band versteht sich als eine solche reihenspezifische Einführung, zumal es an systematisch-umfassenden Gesamtdarstellungen (und Theorien) zum Thema mangelt. Diesen Mangel kann der Band, der für eine praxisorientierte Germanistik konzipiert ist, nicht beheben, mit den üblichen Hinweisen zum Forschungsstand allerdings verschiedentlich kenntlich machen. Die Darstellung setzt, historische Hintergründe soweit möglich und nötig einbeziehend und sonst an der zeitlichen Dimension des Begriffs ›Gegenwartsliteratur‹ orientiert, im Zeitraum nach 1945 an (Hauptkapitel) und geht dann zu einem zusammenhängenden geschichtlichen Abriss über, an den sich Grundlageninformationen und Darlegungen zur Forschungsgeschichte sowie eine Auswahlbibliographie anschließen. Durch die detaillierte Gliederung des Hauptkapitels soll eine zielgerichtete Lektüre erleichtert werden, weshalb auch gelegentliche knappe Wiederholungen und vor allem zahlreiche Querverweise nicht unangebracht erschienen.

Beiträge neuerer internationaler Kritikrichtungen sind berücksichtigt worden, sofern sie für deutschsprachige Literaturkritik oder Diskussionen um sie Relevanz gewonnen haben. Außer Betracht bleiben mussten eigenständige Sonderbereiche, die zwar an Literaturkritik angrenzen, sich jedoch vielfach von ihr unterscheiden: Theaterkritik[1], Pressekritik[2], Filmkritik bzw. Kritik von Literaturverfilmungen[3] und Fernsehkritik[4].

Abschließend ein herzlicher Dank an die Lektorin der *Sammlung Metzler*, Frau Ute Hechtfischer.

Weimar, Frühjahr 2001 W. A.

---

1 Dazu u.a. Rolf Rohmer: Theaterkritik. Aufgaben und Möglichkeiten. Berlin 1979. – Tobias Hoffmann-Allenspach: Theaterkritik in der Deutschschweiz. Basel 1998.

2 Siehe u.a. Johanna Bertsch: Wider die Journaille. Aspekte der Verbindung von Sprach- und Pressekritik in der deutschsprachigen Literatur seit der Mitte des 19. Jahrhunderts. Frankfurt/M., Berlin 2000. (Diss.)

3 Joachim Paech: Literatur und Film. Stuttgart 1989; SM 235. – Die Macht der Filmkritik. Positionen und Kontroversen. Hg. v. Karl Prümm. München 1990. – Knut Hickethier: Film- und Fernsehanalyse. Stuttgart, Weimar 1993, [3]2001; SM 277. – Gernot Stegert: Filme rezensieren in Presse, Radio und Fernsehen. München 1993.

4 Fernsehkritik. Kritiker und Kritisierte. Hg. v. Karl-Otto Saur u. Rüdiger Steinmetz. München 1988. – Knut Hickethier: Geschichte der Fernsehkritik in Deutschland. Berlin 1994.

1. Spezifik und Funktionsbestimmungen gegenwärtiger Literaturkritik

Literaturkritik ist ein historisch gewachsenes und ein immer wieder neu gegenwartsbezogenes **Genre vorwiegend der Publizistik** und insofern auch ein Genre der (nicht fiktionalen) Literatur. Als eine literaturvermittelnde Institution des öffentlich-kulturellen Lebens hat sich Literaturkritik zusammen mit der europäischen Aufklärungsbewegung, seit dem späten 17. Jahrhundert, herausgebildet (s. Kap. 2.1) und sich seither vielfach gewandelt. Und zwar in steter Korrelation zu ihren prinzipiell übernationalen Rahmenbedingungen, wie: literarische Öffentlichkeit und Literaturverständnis, Buchmarkt und Medien; außerdem zu nationalen soziokulturellen Entwicklungen. Aus heutiger, insbesondere kommunikations- und medienwissenschaftlicher Sicht in den deutschsprachigen Ländern bildet Literaturkritik einen integralen Bestandteil eines Systems der Medienkritik: über politisch-soziale, künstlerisch-musische und medial-kommunikative Bereiche (dazu Nr. 94). Die spezielle mediale Einbindung (Näheres in Kap. 1.3) wird mittlerweile auch als entscheidender Differenzpunkt zur Essayistik und Literaturwissenschaft angesehen (vgl. z.B. Nr. 148, S. 204), während man früher meinte: »Der Unterschied zwischen Zeitungskritikern, Essayisten und Geisteswissenschaftlern ist nicht, wie allgemein angenommen, von epistemologischer oder methodologischer Art. Vielmehr ist der Unterschied temporaler Art.« (Rees, Nr. 36, S. 196) Diese Ansicht hat in dem Maße an Evidenz verloren, wie die Literaturwissenschaft sich mehr und mehr der unmittelbaren Gegenwartsliteratur bemächtigt; zwischen literaturkritischer, rezensorischer Erstrezeption und erster literaturwissenschaftlicher Aufarbeitung vergehen heute mitunter kaum Monate.

Während Theorie und Praxis der Institution Literaturkritik stetigen Veränderungen und individuellen Meinungsdifferenzen unterliegen, ist ihre Bezeichnung im deutschsprachigen Raum relativ homogen und unumstritten geblieben. Dort meinen ›Kritik der Literatur‹ oder ›literarische Kritik‹ oder ›Literaturkritik‹ schon und noch immer: primär eine **medial verbreitete öffentliche Auseinandersetzung** mit vorwiegend aktueller Literaturproduktion, mit einzelnen Neuerscheinungen (einschließlich neuer Einzel- und Werkausgaben älterer Autoren) aus der Sparte ›schöne Literatur‹ oder ›Belletristik‹ (auch der Kinder- und Jugendliteratur), teilweise bis hin zur angrenzenden Publizistik und Sachbuchliteratur; im weiteren eine solche öffentliche Auseinandersetzung mit aktuellen Tendenzen von Autoren, Gruppierungen und Strömungen sowie von Literaturformen, Gattungen usw. Synonym gebrauchte Begriffe sind ›journalistische Literaturkritik‹ und ›Tageskritik‹, weniger ›Buchkritik‹ (z.B. Nr. 204f.) und ›Feuilletonkritik‹ (z.B. Nr. 592, S. 38). Nicht durchgesetzt hat sich der Versuch von Peter Glotz (in Nr. 829), zwischen ästhetikorientierter ›Literaturkritik‹ und rezeptionsorientierter ›Buchkritik‹ zu differenzieren. Analog zum Begriff ›Literaturkritik‹ dominiert – schon seit dem 19. Jahrhundert – die Tätigkeitsbezeichnung ›Literaturkritiker‹ oder kurz ›Kritiker‹ gegenüber dem zur Lessing-Zeit gebräuchlichen Terminus ›Kunstrichter‹. Dieser ist relativ einmütig von allen Richtungen der Literaturkritik in der zweiten Hälfte des 20. Jahrhunderts verworfen worden, weil der mit dem ›Kunstrichteramt‹ verbundene Anspruch normativer Urteilskriterien und Wertungsmaßstäbe (s. Kap. 1.6) nicht mehr existiert. (Zur Begriffsgeschichte vgl. Nr. 61, international ausgreifend, und Nr. 78.)

Theorie und Praxis der Institution Literaturkritik besitzen nicht nur einen historisch gewachsenen, prinzipiell unabschließbaren Prozesscharakter. Sie klaffen auseinander hinsichtlich idealisch-programmatischer Ansprüche und dominanter alltäglicher Praxis in Funktionssetzungen und Zielen sowie Prinzipien und Wertesystemen von Literaturkritik. Solche Divergenzen gibt es nicht nur bei der durchschnittlichen Tageskritik, sondern ebenso bei »Meisterwerken deutscher Literaturkritik«, wie sie von Hans Mayer ediert wurden (Nr. 262, 264f.) und in weiteren Sammelbänden vorliegen (s. Kap. 4.6). Teils korrespondieren, teils kontrastieren individuelle Positionen den wechselnden Richtungen und Strömungen. Zumeist jedenfalls haben die herausragenden, wegweisenden Kritiker nicht bloß ihren eigenen (Schreib-)Stil, sondern auch ein ausgeprägtes eigenes Konzept. Vielleicht nicht zuletzt wegen dieser vielfältigen Wandlungen und Verschiedenheiten gibt es bislang keine umfassendere systematische Gesamtdarstellung aller Einzelbereiche von Literaturkritik, obwohl sie, als integraler Bestandteil eines völlig kommerzialisierten »Literaturbetriebs«, nach 1960/65 international verstärkt Gegenstand fachwissenschaftlicher Forschung, beispielsweise von Literatur-, Kultur- und Medienwissenschaften, wurde.

In den folgenden Abschnitten wird versucht, eine Art Umriss der Institution Literaturkritik aus Perspektiven der jüngeren Gegenwart, d.h. der zweiten Hälfte des 20. Jahrhunderts, zu geben und dabei wichtige institutionsgeschichtliche Hintergründe bzw. Zusammenhänge sowie konstante Grundzüge und neuere Entwicklungen kenntlich zu machen. Zuvor jedoch gilt es, auf eigentümliche Distanzierungen einzugehen, die einer produktiven, am Schluss (s. Kap. 1.9) zu betrachtenden Metakritik an Literaturkritik diametral entgegenstehen.

1.1 Eine viel bekämpfte und längst totgesagte, doch weiterbestehende Institution

In aller Kulturgeschichte gibt es, wie in der Menschengeschichte überhaupt, Hoch- und Tiefpunkte, Aufstiegs- und Niedergangsphasen sowie wechselseitige Diskreditierungen unterschiedlicher Strömungen und Richtungen. So auch beim Werdegang der Literaturkritik. Jedoch begleiten sie von Anfang an und ganz besonders regelrechte Hasstiraden und Kriegserklärungen sowie mehr oder weniger pauschale Befunde von Krisen und Agonien (die bisher nur teilweise untersucht sind). Ihre **Hauptwidersacher** findet sie begreiflicherweise unter den Dichtern oder Schriftstellern, unter den kritisierten Autoren, Herausgebern, Übersetzern. Von ihnen stammen Forderungen, die institutionalisierte Literaturkritik abzuschaffen oder durch anderes zu ersetzen. Beispielsweise meinte Virginia Woolf, Kritiker sollten Privatberater im Vertrauen und Sold der Schriftsteller sein (vgl. Nr. 671 [Aufl. 1992], S. 192, Anm. 21). Vorschläge zu praktikablen Alternativen sind bislang nicht unterbreitet worden. So etwa hat die 1971 aufgeworfene Frage, »ob sich nicht ›Urteile‹ über literarische Texte in der Diskussion einer emanzipierten literarischen Öffentlichkeit statt in der Berufspraxis einer Gruppe von Kritikern bilden sollten« (Gumbrecht, Nr. 832, S. 191, im Original kursiv), in dem Maße an praktischer Realisierungsmöglichkeit eingebüßt, wie diese Öffentlichkeit an Homogenität und Emanzipation verlor (s. Kap. 1.2.1). Und nur wenige der öffentlich scharf antikritisch aufgetretenen Schriftsteller haben eine übergreifende Krise festgestellt, die Wolfgang Hilbig prägnant benennt (Nr. 504, S. 28): »Dennoch sind von der grundsätzlichen Sinnkrise der Moderne beide Parteien betroffen, die Kritik ebenso wie die Literatur.« Es geht also nicht nur um einen – beispielsweise auch in den USA beklagten – »Verfall des Rezensententums« während des 20. Jahrhunderts (Levin, Nr. 56, S. 171), sondern um **internationale Krisenerscheinungen** moderner oder inzwischen schon postmoderner Kultur. Immer wieder drängt sich während der zweiten Hälfte des 20. Jahrhunderts eine an ihrem Beginn durch Adorno kritisierte »Ahnung« hervor (Nr. 292, Bd. 11, S. 663), »von der Gleichgültigkeit dessen, was heute unter dem Namen

Kultur weiter betrieben wird, im Schatten der realen Mächte der Geschichte«, eine Ahnung, die »jenen Ernst nicht aufkommen« lasse, »dessen die Literaturkritik bedarf«.

Vor allem jedoch älteren Befunden zur Krisenhaftigkeit der Kritik fehlt es an sachlicher Begründung und analytischer Durchdringung. Zumeist sind sie nicht frei von erkennbaren Eigenabsichten und Nebenzwecken. Am offenkundigsten verhält es sich so bei nationalsozialistischen **Todeserklärungen der Rezensionspraxis** seit dem späteren 19. Jahrhundert, die auch in wissenschaftlichen Beiträgen zu finden sind. In einer Dissertation von 1935 heißt es:

> »Trotz der Verschiedenheiten [...] der Literaturkritik in der bürgerlichen, der Welt- und der marxistischen Presse ist die Grundhaltung doch dieselbe, ein Gefühl des Nieder- und Unterganges. Dieses Gefühl stempelt die literarische Kritik genau so wie den größten Teil der besprochenen Bücher zu Produkten einer Zeit des Verfalls und der Auflösung.« (H. Zimmermann, Nr. 822, S. 31)

Wenig später erstarb jede Literaturkritik erstmals tatsächlich, und zwar durch ein staatliches Verbot, Ende 1936 erlassen von Goebbels (Abdruck u.a. bei Haacke, Nr. 52, Bd. 2 der Erstaufl., S. 454-456; vgl. Nr. 250; Nr. 256, S. 282f.). Ihr Wiedererstehen nach dem Zweiten Weltkrieg begleiteten bald neuerliche Misstöne. Wechselseitige Behauptungen über krisenhafte Stagnation gehörten zu den ideologischen Auseinandersetzungen während der Kernzeit (Mitte der fünfziger bis Ende der siebziger Jahre) des Kalten Kriegs, der um den diesbezüglich gut erforschten Bereich der Literatur und den weniger ergründeten der Literaturkritik (zeitgenössische Ansätze in Nr. 164) keinen Bogen machte.

Linkssektiererische **Schmähungen sowie Bankrotterklärungen** und daneben weniger radikale Ablehnungen der ›bürgerlichen‹ Institution Literaturkritik, die insgesamt mehr beschrieben sind (u.a. in Nr. 157, 91) als sachkritisch analytisch aufgearbeitet (in Nr. 18, 192), ergingen im Um- und Nachfeld der Studentenrevolten von 1968. Die Sinnkrise moderner ›schöner‹ Literatur erreichte ihren vorläufigen Höhepunkt, wovon die Kritik selbstverständlich nicht unberührt bleiben konnte. Einerseits wurden umfassendere Krisenerscheinungen der (westlichen) Literaturkritik aufgezeigt, und sie geriet »in eine Grundlagenkrise, die sich durch die theoretische Selbstreflexion nicht mehr aufheben ließ«; andererseits erfolgte ein »Anschlag der Neuen Linken« (z.B. im *Kursbuch 15*; s. Nr. 364), »der nicht mehr zu ihrer [der Kritik; W.A.] Verbesserung, sondern zu ihrer Liquidation beitragen wollte« (Hohendahl, Nr. 18 [Druck 1974], S. 152 und 178). Es sollte ein endgültiger Schlusspunkt erreicht sein: »Literaturkritik hat ihre

Rolle ausgespielt. Über ihre künftige Rolle zu diskutieren ist absurd, schädlich, unnütz.« (Klaus Stiller, in Nr. 74, S. 103) Zudem war dieser »Anschlag« durchaus »untypisch für das, was in der Literaturkritik um 1970 wirklich geschah«, die nämlich im Westen für einige Jahre »in ihre fruchtbarste [Nachkriegs-]Phase geriet« (Drews, Nr. 168, S. 259), was metakritische Selbstreflexion betrifft (s. Kap. 1.9); und die in der DDR immerhin so weit aus früherem Dogmatismus herausfand, dass zeitkritische Literatur, abgesehen von bestellten Verrissen beispielsweise im SED-Zentralorgan *Neues Deutschland*, wesentlich differenzierter besprochen wurde, vor allem in den Zeitschriften *Neue deutsche Literatur* und *Weimarer Beiträge*.

Im geeinten Deutschland und in den deutschsprachigen Nachbarländern befindet sich Literaturkritik nun zweifellos vollends auf einer immer bedrängteren »Marginalposition« (Hohendahl, Nr. 18 [Druck 1974], S. 158), auf die Buchmarkt- und Medienentwicklung sie spätestens von den sechziger Jahren an hinzwangen. Dort geriet sie in eine **Legitimationskrise**, der sich gewiss bloß ein Teil der Kritiker stellte und stellt. Offenkundig ist ihrer aller »Schattendasein« als »Überbleibsel« einer ursprünglich »bildungsbürgerlichen Institution ›Buchkritik‹« (Otto Lorenz in, Nr. 186, S. 100). Ebenso offenkundig ist aber auch die Tatsache, das Literaturkritik bislang, bis zum Jahr 2001, noch nie in sich selbst zusammengebrochen, noch nicht verschwunden und noch nicht erwiesenermaßen überflüssig geworden ist – wenngleich ihre Legitimationsprobleme fortbestehen. Unverändert dürfte ein quantitatives Fazit über den Zeitraum 1960-90 gelten für das Jahrzehnt seither: »Von einer grundlegenden Tendenz der Verminderung oder Vermehrung des Rezensionsaufkommens kann nicht die Rede sein.« (Getschmann, Nr. 192, S. 202) Und im Übrigen gilt nach wie vor, positiv wie negativ: »Kritik gehört zu den Dingen, die sich selbst beweisen.« (Blöcker, Nr. 354, S. 35.)

1.2 Soziokulturelle Einbindungen

Als literaturvermittelnde Institution bildet Literaturkritik einen integralen Bestandteil des Öffentlichkeitsbereiches, für den die Bezeichnung **›literarische Öffentlichkeit‹** geläufig ist. Darüber hinaus gehört sie, gemäß ihrem »Doppelcharakter [...] als Kommunikation und als Ware« (Mecklenburg, Nr. 79, S. 43), zu einem kommunikativen Beziehungssystem, das einerseits in ökonomische Bereiche (Verlagswesen, Buchhandel) und andererseits in Bildungsbereiche (Unterrichts-, Bibliothekswesen) hineinreicht. Der Kritiker selbst, insbesondere der journalistische Berufskritiker, befindet sich unter Marktverhältnissen in einem Wechsel- oder vielmehr Abhängigkeitsverhältnis zu den Massenmedien, durch die seine schriftlichen oder mündlichen literaturkritischen Äußerungen verbreitet werden; unter sozialistischen Verhältnissen befand er sich in einem ebensolchen Verhältnis zur Staats- und Parteidoktrin, die das Beziehungssystem insgesamt determinierte. »Freiheit der Kritik«, beschworen seit den Anfängen der Institution Literaturkritik, ist als Losungswort zu Restaurationszeiten (Biedermeier, Kaiserreich, Nachkriegsperiode) lebendig und ansonsten stets ein unerfüllbares Ideal geblieben.

1.2.1 Stellung in der literarischen Öffentlichkeit

Neben den Literaturproduzenten, den Autoren, stehen die Kritiker ursprünglich im Zentrum, heute infolge eines Literaturmanagements durch Verlage und Agenturen wohl eher am Rand dieses – schon lange nicht mehr homogenen – Öffentlichkeitsbereiches. Sie sind beteiligt an seiner Konstituierung (oder versuchen es noch zu sein), und zwar letztlich immer mit Blick auf das Publikum und vor allem in Beziehungen zu anderen Teilöffentlichkeiten des politisch-kulturellen Lebens. Die Konstituierungsvorgänge sind insofern historisch variabel und mitbestimmt durch soziokulturelle Gegebenheiten.

Größere Bedeutung zur Erforschung dieser Vorgänge hat insbesondere eine Grundlagenstudie von Jürgen Habermas erlangt (*Strukturwandel der Öffentlichkeit. Untersuchungen zu einer Kategorie der bürgerlichen Gesellschaft*. Neuwied, Berlin 1962; auch Frankfurt/M. 1965 u.ö.). Sozialhistorisch vergegenwärtigt er darin ökonomische Bedingungen, soziale Institutionen und informelle Regeln bürgerlicher Teilhabe am öffentlichen »Räsonnement« (wie der zeitgenössische aufklärerische Terminus lautet), d.h. ökonomische Selbständigkeit und Macht, Zusammenkünfte bzw. Zusammenschlüsse (Kaffeehäuser, Salons; zu ergänzen wäre: aufklärerische Sozietäten aller Art) und literarischer Markt, Ausklammerung politisch-religiöser Streitthemen und Selbstverpflichtung zum taktvollen kritischen Meinungsaustausch. Darin ist der Nachweis gesehen worden, »daß Öffentlichkeit im ausgehenden 18. und frühen 19. Jahrhundert im deutschen Sprachraum zunächst im Bereich des literarischen, später dann auch des politischen Verkehrs eine neue Qualität annahm« (Lucian Hölscher: Die Öffentlichkeit begegnet sich selbst. In: *›Öffentlichkeit‹ im 18. Jahrhundert.* Hg. v. Hans-Wolf Jäger. Göttingen 1997, S. 11-31, hier S. 14).

Widerspruch hingegen hat, gerade im Zusammenhang mit der Problematik der Literaturkritik, beispielsweise die These von Habermas gefunden, der »Strukturwandel« der Öffentlichkeit bedeute einen Zerfall:

»Man kann [...] nicht von einem ›Zerfall‹ der literarischen Öffentlichkeit sprechen, sondern lediglich von einer Umstrukturierung der musisch-ästhetischen Elite. [...] Das kann aber nicht heißen, daß nun generell ein ›kulturkonsumierendes‹ an die Stelle des ›kulturräsonierenden‹ Publikums getreten ist.« (Glotz, Nr. 829, S. 71; Resümee der Kritik an Habermas S. 73-79.)

Mittlerweile, dreißig Jahren später, existiert wohl auch diese Elite nur noch rudimentär. Und ob der einzelne Kritiker ihr zugehört bzw. sich ihr zugehörig fühlt oder nicht – er sieht sich einer **Mehrzahl literarischer Öffentlichkeiten** gegenüber, parzelliert nach Einflussnahme der verschiedenen Massenmedien und allesamt ausgerichtet auf ein Massenpublikum, sonst »nur noch in sehr lockerer Verbindung miteinander« (Hohendahl, Nr. 21, S. 137; in dieser Publikation ist der konstitutive Zusammenhang von Literaturkritik und Öffentlichkeit zum Ausgangspunkt der Darstellung gemacht worden). Passt sich die Kritik »also dem vorgefundenen Kulturmuster mit seiner Polarisierung von Elite- und Massenkultur« an (ebd., S. 138)? Weitgehend schon, möchte man meinen angesichts des gegenwärtigen literaturkritischen Standards, in dem Trivialliteratur bzw. Massenliteratur keineswegs obenan stehen, allerdings auch nicht völlig ausgegrenzt werden; wobei insbesondere die noch um 1980 vorhandene Ignoranz gegenüber Taschenbüchern gemindert zu sein scheint (s. z.B. Nr. 29, S. 224f.).

In der DDR gab es Versuche, die konträren Entwicklungen von Eliten- und Massenkultur sowie von entsprechenden Öffentlichkeitsausprägungen umzulenken zu einer neuen Form literarischer Öffentlichkeit bzw. **literarischen Lebens unter sozialistischen Verhältnissen**. Die ideelle Grundlage dafür lieferte der Schriftsteller und Kulturminister Johannes R. Becher mit seiner Konzeption einer »Literaturgesellschaft«, die er während der ersten Hälfte der fünfziger Jahre ausarbeitete. Eine der Zentralvorstellungen lautet:

»Nur solch einer ›Literaturgesellschaft‹ ist es gegeben, sich zu einer echten Volksliteratur, zu einer Nationalliteratur, zu einer klassischen Literatur, zu entfalten. Zu solch einer Literaturgesellschaft, versteht sich, gehört auch die Kritik [...]. Nur eine Literaturgesellschaft, zu welcher organisch die Kritik gehört, kann auf die Dauer produktiv wirken.« (Aus: *Macht der Poesie*, 1955; zitiert nach Nr. 281, S. 85.)

Unverkennbar hat Becher sich aufklärerisch-klassische Literatur- und Kritikvorstellungen anverwandelt, die er als Gegenideale mit bestimmten Folgeerscheinungen der Kapitalisierung des Buchmarktes konfrontierte. Sein Begriff der »**Literaturgesellschaft**«, so ist rund zwanzig Jahre später in der DDR konstatiert worden, vermittle »die Forderung nach intakten Beziehungen zwischen Literatur und Gesellschaft als *Leitbild* und die realen Entwicklungsprobleme und Schwierigkeiten der sozialistischen Organisation von Literatur und Gesellschaft« (Dieter Kliche: Die »Literaturgesellschaft«. In: *Gesellschaft Literatur Lesen.* Berlin, Weimar ^{2}1975, S. 291-298, hier S. 294). Aber bei doktrinärem politisch-ideologischem Umgang mit diesem »Leitbild« (z.B. bei Koch, Nr. 155) ist von Kulturfunktionären und Literaturkritikern ebenfalls ein Problem der Massenliteratur zurückgedrängt worden, nämlich die Ausbreitung vulgärsozialistischer Varianten der vielgeschmähten ›imperialistischen‹ Groschenheftliteratur.

Eine ganz andere und – übrigens bereits seit der Spätaufklärung – ziemlich umstrittene Frage lautet daher, inwieweit das vom Massenpublikum Gelesene überhaupt und womöglich gar eingehender zu kritisieren sei. Sie stellt sich um so nachdringlicher, als kein heutiger Kritiker, im Unterschied zu seinen aufklärerischen Vorgängern (exemplarisch: Friedrich Nicolais Standpunkt; s. Nr. 646), mehr hofft, den eskalierten Prozess der Ausdifferenzierung höchst ungleichartiger Lektürebedürfnisse und sie befriedigender Literaturprodukte aufhalten, geschweige denn rückgängig machen zu können. Für diesen gegen 1800 vehement einsetzenden Prozess greift (laut Albrechts Thesen, Nr. 225) die aus dem überkommenen Literaturkanon stammende Erklärungsformel »Dichotomisierung« von »hoher«, d.h. klassisch-romantischer Literatur, und »niederer«, d.h. massenhafter oder trivialisierter spätaufklärerischer Literatur, zu kurz (vgl. u.a. den Studienband: *Zur Dichotomisierung von hoher und niederer Literatur.* Hg. v. Christa Bürger, Peter Bürger, Jochen Schulte-Sasse. Frankfurt/M. 1982). Denn Marktgängertum, Massenliteratur und Trivialität gab es – abgesehen vom singulären Sonderfall der Weimarer Klassik – fortan auch in allen neuen Ausprägungen und Strömungen der Literatur. Das epochencharakteristische Gefüge von Aufklärung, Öffentlichkeit und Literaturkritik verfestigte sich zu einer ideellen Einheit, die die Wende vom 18. zum 19. Jahrhundert überstand, doch dann bis zur nächsten Jahrhundertwende zerbrach.

Die **parzellierte literarische Öffentlichkeit** wurde noch mehr, und leichter auch, markt- und medienabhängig. Für den aus einer zentralen öffentlichen Stellung verdrängten Kritiker bedeutete dies, dass sich seine kommunikativen Beziehungen veränderten und enger mit ökonomischen Momenten verflochten. Erschwerend traten Verluste an Autorität und Prestige hinzu, von denen heute auch die namhafteren Kritiker betroffen sind.

1.2.2 Kommunikatives Beziehungs- und mediales Bedingungssystem

Heutige journalistische Literaturkritik ist integraler **Bestandteil eines medienübergreifenden Kulturjournalismus**. Unter dessen Funktionen rangiert Kritik in der Presse, jüngsten Feststellungen zufolge (Stegert, Nr. 123, S. 157-162), an zweiter Stelle: nach Serviceleistungen und vor Ereignis- und Hintergrundberichterstattung sowie Unterhaltung.

Journalistische wie wissenschaftliche Literaturkritiker haben eine zweifache Mittlerposition inne, aus der entsprechende, strittig gewordene **Vermittlerfunktionen** resultieren (s. Kap. 1.4): erstens zwischen Autor und Leser bzw. dem heute aus Lesern, Radiohörern, Fernsehzuschauern und Internetbenutzern zusammengesetzten Massenpublikum, zweitens innerhalb eines Bezugssystems literarischer Distribution und Vermittlung. Dazu gibt es zahlreiche einzelne Äußerungen und Feststellungen; seit jeher von Kritikern selbst, seit dem frühen 20. Jahrhundert von Fachwissenschaftlern. Was fehlt, ist ein systematisierend analytisches Standardwerk, das die Resultate einer breit gefächerten Spezialforschung verarbeitet, die kommunikations-, medien-, rezeptions- und weitere fachwissenschaftliche Untersuchungen umfasst.

Der erste Bereich, die **grundlegende Kommunikationsbeziehung**, lässt sich zunächst etwa so veranschaulichen:

Autor/Text <—> Kritiker/Medium <—> Leser/Publikum.

Hierbei wird der Kritiker erst selbst zum Leser, dann zum Autor. Er ist in der Regel der erste (öffentliche) Leser von Vorabexemplaren bzw. von ausgedruckten, aber oft noch gar nicht ausgelieferten Texten, »und zwar privilegierter Leser, weil seine Rezeptionshaltung von überindividueller gesellschaftlicher Bedeutung ist« (Viehoff, Nr. 901, S. 13f.) bzw. sein kann. Dies erfordert gründliche Lektüre und sorgfältige, begründete Ausformulierung der durch sie erweckten Eindrücke und Gedanken. Der Kritiker übernimmt eine Autorenrolle, die sich von der der rezensierten Verfasser literarischer oder publizistischer Texte sowie von der der Verfasser literaturwissenschaftlicher Texte funktional unterscheidet (zu den Funktionen des Kritikers s. Kap.

1.4). »Jede dieser Rollen existiert unabhängig von dem Subjekt, das sie spielt, auch wenn sie ihm mehr oder weniger große Spielräume zur individuellen Aneignung offenläßt.« (Anz, Nr. 148, S. 199) In der **Autorenrolle des Kritikers** fokussiert sich sein Verhältnis zur Literatur und zur (Literatur-)Wissenschaft, über das ein weitreichender genereller Konsens besteht, exemplarisch bekundet durch einen Praktiker neuerer Zeit: »Die Literaturkritik hat künstlerische und sie hat wissenschaftliche Züge, ich möchte sagen: sie ist zu beiden verpflichtet. Aber weder ist sie Kunst noch ist sie Wissenschaft, sie ist Kritik.« (Blöcker, Nr. 354, S. 32) Die Kritiker, die beides einlösen, bilden dennoch zu allen Zeiten eine Minderheit. Zu ihr gehören Lessing, Herder, die Brüder Schlegel (Literaturkritik als Poesie), Börne, Moritz Heimann, Kerr (Kritik als viertes Genre der Dichtung), Karl Kraus, Walter Benjamin, Heinrich Vormweg, Reinhard Baumgart – um nur einige Namen zu nennen. Nicht jeder Kritiker freilich hat überhaupt so hohe Ansprüche und kann sie sich bei seiner quantitätsorientierten Brotarbeit leisten (s. Kap. 1.2.3), nicht jeder verbindet künstlerische Ambitionen mit wissenschaftlichen oder umgekehrt. Dass künstlerisch und/oder wissenschaftlich angelegte Lektüre und Kritik in der gegenwärtigen Alltagspraxis vorwiegend nicht den Regelfall bezeichnen, hat neben dem individuellen Wollen und Vermögen noch andere wesentliche Gründe. Sie finden sich in den Teilen eines medialen Bedingungssystems, die an die Redaktionen gebunden sind und schon das Vorfeld der Kritikertätigkeit maßgeblich beeinflussen. Dies ergibt sich aus verstreuten Äußerungen der Beteiligten und aus wenigen empirisch gestützten Untersuchungen (bei Glotz, Nr. 829, Kap. 9; Viehoff, Nr. 902, resümierend S. 82ff.; Altmann, Nr. 175, Kap. VII; Lilienthal, Nr. 103; s. Kap. 4.2).

Spätestens seit Mitte des 18. Jahrhunderts ist es üblich, dass Verlage ihre Vorankündigungen und Neuerscheinungen an Zeitschriften und spezielle Rezensionsorgane schicken. Inzwischen ergießen sich permanent anschwellende Prospekt- und Bücherfluten aller Verlagsbereiche in die Redaktionen von Printmedien, Radioanstalten und Fernsehsendern. Zeilenumfang und Sendeminuten für Besprechungen aber wachsen nicht mit, da Literaturvermittlung ohnehin im Hintergrund der Medienbelange steht. Folglich wird Auswahl immer nötiger, und damit wohl auch stärker zufällig.

Eine erste Sondierung nehmen die Feuilleton- oder Senderedakteure vor; nach Interessen des Hauses, d.h. in öffentlich-rechtlichen Medien durchaus unter kulturpolitischen Aspekten weitesten Sinnes, in privatwirtschaftlichen Medien vor allem unter ökonomischen Gesichtspunkten (Abonnenten, Einschaltquoten). Dem ordnen sich weitere **Auswahlkriterien** zu: persönliche und regionale Neigungen, Autoren- und Verlagsimage, Aktualitäts- und womöglich Sensationswert, (vermutete) Publikumserwartungen. (Zu prozentualen Wertigkeiten vgl. Altmann, Nr. 175, S. 108ff.)

In den staats- und parteieigenen Medien der DDR rangierten politisch-ideologische Grundsätze stets weit vorn, obwohl ihnen mehr und mehr entdogmatisierte literarisch-ästhetische Kriterien zur Seite traten (s. Kap. 1.4.1 und 1.4.3). Redaktionelle Auswahl bedeutet gewöhnlich auch Ausgrenzung: des Ungewollten, Unerwünschten usw. Bis Anfang der siebziger Jahre wurde im Westen die Literatur der DDR und anderer sozialistischer Länder kaum wahrgenommen; umgekehrt wurden in der Tageskritik der DDR nur bis gegen Ende der sechziger Jahre Originalausgaben westlicher Literatur besprochen, dann vereinzelt Lizenzausgaben (die bereits ein Prüfungsverfahren der Zensurbehörden durchlaufen hatten). Einen Sonderfall bildet spezialistische Konzentration, beispielsweise in feministischen Publikationsorganen – neuerdings selbstkritisch vermerkt: »Seit den achtziger Jahren läßt sich [...] eine deutliche Verschiebung der feministisch-literaturkritischen Beschäftigung feststellen: Frauen lesen Frauen. Feministische Auseinandersetzung mit der Literatur von Männern fehlt so im deutschsprachigen Raum beinahe gänzlich.« (Gürtler, Nr. 124, S. 101) Lange genug freilich galt und teilweise gilt auch noch immer, dass männliche Ressortleiter und Rezensenten aus ihrer Sicht Literatur von Frauen verkürzt oder vereinseitigt betrachten.

Bei all den genannten Selektionsvorgängen üben die Redakteure eine Funktion aus, die die kommunikationssoziologische Bezeichnung **»gatekeeper«** trägt. »Als ein solcher ›Schleusenwärter‹ wird derjenige bezeichnet, der Kraft seiner Position die Kontrolle eines strategischen Abschnitts der Nachrichtenbeförderung ausübt, der also darüber entscheiden kann, ob eine Nachricht durch den von ihm kontrollierten Kanal fließt oder nicht.« (Viehoff, Nr. 901, S. 17f.) Die Befugnisse in dieser Funktion werden, auch und gerade hinsichtlich literaturkritischer »Nachrichten«, durch Kompetenzprobleme begrenzt. Kein Redakteur, kein Redaktionsstab kann einen größeren Überblick behalten, kann allein die nötigen Detailentscheidungen darüber treffen, was besprechenswert ist (sein könnte) oder nicht.

An dem Punkt treten Fachleute, in unserem Fall Literaturkritiker, beratend und mitwirkend hinzu. Meistens als **Ressortkritiker** tätig in einem der vier Hauptbereiche gegenwärtiger Literaturkritik (s. Kap. 1.5.2), übernehmen sie den unverzichtbaren zweiten Schritt des Auswahlverfahrens, der zu konkreten Entscheidungen führt. Nachweislich dominieren dabei ähnliche Kriterien wie bei den Redakteuren. Mehr oder weniger wird das Publikum im Blick behalten; nicht selten jedenfalls herrscht die Grundtendenz, »daß die Auswahl der rezensierten Titel sich primär nach den Interessen der Rezensenten richtet und nicht nach den Interessen der Rezipienten« (Altmann, Nr. 175, S. 208). Sind insofern vor allem namhafte Kritiker relativ unabhängig von ihrer Redaktion, so unterliegen auch ihre Beiträge der medienspezifischen Limitierung und dem Druck, der ausgeht von der Neuerscheinungsflut, besonders zu den Stoßzeiten der Leipziger Frühjahrs- und der Frankfurter Herbstmesse sowie des vorweihnachtlichen Buchgeschäfts. Für den auf hohe Produktivität angewiesenen Berufskritiker (s. Kap. 1.2.3) bedeutet dieser Druck eminente Terminzwänge, die sich für seine Arbeit allermeist qualitätsmindernd auswirken.

Der öffentlich kommunikative Charakter von Literaturkritik verhindert, dass sich **Adressatenbezüge** völlig verflüchtigen. Bewusst zu halten ist bei dieser Problematik, dass sich Publikumsinteressen nur schwer und kostspielig ergründen lassen. Zu allgemeinen Literaturinteressen von Lesern, Hörern und Zuschauern gibt es – durch die öffentliche Hand und durch Verbände wie die Stiftung Lesen geförderte – empirische Erhebungen, nicht aber zu den spezielleren Erwartungen, die sich an literaturkritische Beiträge knüpfen. Redakteure und Kritiker wissen allenfalls, welche Sozialgruppen, welche Minderheiten sie wahrscheinlich erreichen. Aus kommunikationstheoretischer Sicht ist die Zusammensetzung des Publikums prägnant beschrieben worden:

> »Als Leser von Rezensionen kommen einerseits eine sozial begrenzte und relativ kleine Gruppe am literarischen Leben aktuell interessierter Rezipienten in Frage, andererseits jener Kreis meist kommerziell am ›Literaturbetrieb‹ partizipierender ›Fachleute‹ (Autoren, Verlags- und Sortimentsbuchhändler, Bibliothekare, Redakteure, andere Kritiker ...), für den die Buchkritik ein (Kommunikations-)Mittel ›betriebsimmanenter‹ Orientierung darstellt.« (Dimpfl, Nr. 86, S. 106)

Nicht wesentlich anders sind die Hörer- und Zuschauerkreise heutiger literaturkritischer Sendungen strukturiert, nur dass hier wohl Gelegenheitsrezipienten hinzukommen, die sich ›zufällig‹ eingeschaltet haben und es kurzzeitig bleiben.

Durch das Fachpublikum erschließt sich dem Kritiker, über die Medien hinaus, eine zweites Feld kommunikativer Beziehungen, das **System der literarischen Distribution und Vermittlung** (näher dargestellt bei Dimpfl, Nr. 86, mit einer instruktiven tabellarischen Übersicht S. 118). Es umfasst neben den Massenmedien: Öffentlichkeitsarbeit und Werbung der Verlage, Sortiments- und Verlagsbuchhandel, Büchereien und Bibliotheken; ferner (bei Dimpfl unberücksichtigt) den Bereich Schulen und Universitäten, wo Literaturkritik und Literaturwissenschaft miteinander bzw. nebeneinander wirksam werden.

Literaturkritik wird in den **Verlagen** seit jeher aufmerksam zur Kenntnis genommen, u.a. weil man sie daraufhin durchsieht, wie sie das Verlagsprogramm einschätzt und inwieweit sie sich für die Buchwerbung nutzen lässt. Dieser Nutzeffekt hat im selben Maße an Bedeutung gewonnen, wie (größere) Verlagshäuser sich neuerdings zu Distributionsanstalten entwickelt haben; was kurz gesagt bedeutet: »Sie [...] überlassen die Lücke zwischen Buchherstellung und Buchkäufer nicht mehr allein den Medien und der traditionellen Kritik. [...] Sie versuchen sich selbst in der ›Organisation‹ von Bestsellern und der ›Produktion‹ von ›bedeutenden‹ Autoren.« (Irro, Nr. 38, S. 28) Und dies um so intensiver, je mehr sich die Distribution beschleunigt. An die Redaktionen und Kritiker versandte Vorabinformationen und Vorausexemplare werden immer wichtiger, möglichst schnelle Reaktionen werden erwartet. Ulrich Greiner konstatiert zur Jahrtausendwende: »Mein Eindruck ist, dass die Rezension unter den Druck der Beschleunigungstendenzen auf dem Buchmarkt geraten ist und dass es ihr schwerer fällt als früher, den subtilen Marketingstrategien der Verlage standzuhalten.« (Nr. 440, S. 240) Zweifellos kann die Beziehung zwischen Verlegern und Kritikern von den aktuellen Marktentwicklungen nicht unberührt bleiben. Aus Verlegersicht hat sie sich noch vor ein bis zwei Jahrzehnten meist etwa so dargestellt:

»Alle Hoffnungen der Verleger auf eine Beeinflussung der Kritik und der Kritiker sind illusionär. Was der Rezensent vom Verlag erwartet, ist eine möglichst perfekte Service-Leistung: Er will [...] mit Daten und Materialien versorgt werden, aber auf Einflüsterungen reagiert er zu Recht empfindlich.« (Matthias Wegner, in Nr. 681, S. 138)

Vereinzelt findet sich die Annahme, Buchbesprechungen im Bereich der Printmedien seien abhängig von den Inseraten führender Verlage, was am Beispiel der *Welt am Sonntag* – wenig überzeugend – nachzuweisen versucht wurde (in Nr. 894; vgl. dazu Nr. 89, Sp. 128f.). In der Alltagspraxis dürften sich die Wechselbeziehungen viel verschlungener und konfliktreicher gestalten, reguliert nach nüchternen ökonomischen Gegebenheiten, aus denen sich mit letzter Konsequenz ergibt:

»Wenn sich Kritik im Einzelfall auch um literarische Aufklärung und Bildung [...] bemühen mag, prinzipiell gilt die Diagnose, daß sie mehr und mehr zum verlängerten Arm der Verlagswerbung geworden ist [...]. Als einer sekundären, warenanpreisenden Ware droht ihr ständig die Abhängigkeit von der primären Ware und der sie umgebenden ›Warenrhetorik‹.« (Mecklenburg, Nr. 79, S. 43)

Neuerdings tritt zudem eine fragwürdige Konkurrenz dazwischen: Journalisten-Agenturen, »die das Kritiker-Gewerbe dem Zeitgeist entsprechend modernisiert haben«, indem sie »Redaktionen mit Texten über Neuerscheinungen auf dem Büchermarkt«, mit »Rezensionsersatz«, beliefern (Löffler, Nr. 592, S. 35).

Ähnlich wie von Verlegern wird Literaturkritik von **Buchhändlern** werbestrategisch genutzt. Darüberhinausführende Interaktionen scheinen möglich, wenn Kritiker Buchhandlungen kurzzeitig zum öffentlichen Diskussionsforum machen, d.h. auch: wenn sie sich der gegenwärtigen Konjunktur von Lesungen in Buchgeschäften anschließen, also dort selbst als Autor und/oder Gesprächspartner auftreten. Einen grundlegenden gemeinsamen Nenner finden Buchkritiker und -händler nach wie vor in ihrer leserorientierenden Mittlerposition zwischen der literarischen Produktion und Konsumption – soweit bestimmte Urteile der Kritik nicht Verkaufsinteressen durchkreuzen. Dies tritt jedoch selten genug ein, vielmehr kann Literaturkritik gerade der florierenden Bestsellerproduktion nachweislich kaum etwas anhaben (s. Kap. 1.7).

Unter den sozialistischen Verhältnissen der **DDR** rückten an die Stelle marktwirtschaftlicher Zwänge im Beziehungsgefüge der Literaturkritik durchweg die **Vorgaben staats- und kulturpolitischer Doktrin**. Distribuenten und Kritiker der Literatur bildeten, vom Standpunkt der SED her gesehen, eine Einheit, gemeinsam darum bemüht, literatur- und kulturpolitische Parteibeschlüsse zu verwirklichen und die literarische Öffentlichkeit dementsprechend ideologisch zu prägen. Werbung war angesichts einer permanenten Mangelproduktion überflüssig und existierte – offiziell jedenfalls – nur in der Bedeutungsvariante ›Propaganda für gesellschaftlich nützliche, für bewusstseinsbildende Literatur‹.

Eine Beziehung zwischen **Kritikern und öffentlichen Bibliotheken** ergibt sich über beider Absicht, Leser sachbezogen zu informieren und ohne kommerzielle Zwecke zu beraten. Literaturkritik bietet Orientierungshilfen für kommunale Büchereien wie für Landes- und Hochschulbibliotheken, die alle, sei es aus Raum- oder Kostengründen, nur ausgewählte Neuerscheinungen anschaffen können. Inwieweit die Hilfe angenommen wurde und wird, lässt sich aufgrund fehlender empirischer Erhebungen nicht sagen.

Ebenso ist es unmöglich anzugeben, wie (aktuelle) literaturkritische Beiträge der verschiedenen Medien konkret in die neuere **schulische und akademische Literaturvermittlung** einwirken. Dass Deutschlehrer bei der journalistischen Kritik Rat und Anregung suchen, scheint sehr wahrscheinlich. Nähere Aufschlüsse darüber, welche Rolle sie bei der Behandlung insbesondere der Gegenwartsliteratur spielt oder spielen könnte, ließen sich leicht gewinnen, würden didaktische Fachveröffentlichungen zu dieser Literatur durchgesehen.

Eine Sonderbeziehung schließlich stellt das Verhältnis zwischen **Literaturkritik und Literaturwissenschaft** dar. Beide haben einige ähnliche, sonst tendenziell unterschiedliche Aufgaben, Methoden und Interessen (s. Kap. 1.8). Ihren partiellen Zusammenhang veranschaulicht am prägnantesten die häufigere personelle Identität von Kritiker und Wissenschaftler.

1.2.3 Berufs- und Laienkritik, Kritik und Selbstrepräsentanz von Schriftstellern

In den deutschsprachigen Ländern erfolgt Literaturkritik, wie auch international üblich, vorwiegend längst professionell bzw. als ein Teil nah angrenzender Berufstätigkeit. Letzteres resultiert aus einer **Existenzproblematik für die meisten Kritiker**; sie können unter Marktbedingungen nicht allein von kritischen Arbeiten und schon gar nicht von solchen nur für die Printmedien leben. Dies hängt damit zusammen, dass das Zeilenhonorar »auf katastrophale Weise hinter der allgemeinen Einkommensentwicklung« zurückgeblieben ist, wobei es zu beachten gilt: »Was in Tages- und Wochenzeitungen und auch in Kulturzeitschriften veröffentlicht wird an Rezensionen und Literaturkritik, entsteht überhaupt nur mit Hilfe von Sponsoren, durch Zahlungen, die meist von einer *anderen* als der veröffentlichenden Institution kommen.« (Drews, Nr. 101, S. 26 und 27) Der ›typische‹ oder ›durchschnittliche‹ Kritiker des früheren Westens wie auch der des deutschsprachigen Raums nach dem Mauerfall ist nicht der im Umfeld der 68er Studentenbewegung attackierte »Großkritiker« (Hamm, Nr. 457). Vielmehr hat er bestenfalls eine Anstellung als Journalist im Medienbereich oder üblicherweise »bei einer Regionalzeitung als Feuilletonredakteur und ist im Rahmen dieser beruflichen Tätigkeit für viele kulturelle Bereiche, nicht ausschließlich für Buchkritik zuständig« (Altmann, Nr. 175, S. 212; bezogen auf die Zeit um 1980). Andernfalls bleibt er vollends einem Zwang zur Vielschreiberei ausgeliefert und noch dazu auf deren Mehrfachverwertung angewiesen, also auf Zusatzverdienste beim besser zahlenden Rund- und Fernsehfunk. Nebenberuflich wird Literaturkritik auch von anderen Literaturvermittlern ausgeübt, hauptsächlich von Fachlehrern und fachwissenschaftlich spezialisierten Akademikern.

Die **Situation in der ehemaligen DDR** stellt sich ähnlich dar. Es bestand unter den Aspekten staatlicher Wirtschaft und ideologischer Einflussnahme kein sonderliches Interesse, eine Privattätigkeit in Gestalt freiberuflichen Kritikertums zu fördern. Dessen materielle Unsicherheit wurde selten genug angesprochen, dennoch nicht ausschließlich vor Parteigremien intern problematisiert, wie es sich darstellt bei Thomas Kupfer (Nr. 195, S. 212f.), denn die dort zitierte Kritikerin Annemarie Auer erklärte 1973 auch öffentlich:

»Die oft beklagte Diskontinuität kritischer Arbeit hat ihre ausschlaggebende Ursache in der materiell-organisatorischen Benachteiligung dieses Bereichs. Die Relation von Zeilenhonorar und Arbeitsaufwand ist erbärmlich – und es fragt sich, ob überhaupt von dieser Seite eine Hebung der Arbeitsbedingungen des Kritikers zu machen ist. Halb zufällig und höchstens gelegentlich hat ein kritisches Arbeitsvorhaben da oder dort ein wenig institutionellen Unterschlupf, sprich Lebensunterhalt für den Kritiker, finden können.« (Nr. 308, S. 143.)

An der Tageskritik beteiligten sich neben Literaturwissenschaftlern, Journalisten und Verlagslektoren vielfach auch Kulturfunktionäre und Gesellschaftswissenschaftler. Eine Abgrenzung zu nichtprofessioneller literaturkritischer Betätigung erfolgte zwar, wurde aber teils verdeckt mit dem Schlagwort vom »Ensemblecharakter« sozialistischer Kritik (vgl. z.B. Nr. 281, Einleitung, S. 17), teils zu überwinden versucht durch eine kulturpolitisch orientierte »Dialektik zwischen Berufs- und Publikumskritik« (vgl. S. Schmidt, Nr. 96, Kap. V.2). Dies führte, analog zur Bewegung der Volkskorrespondenten und der Bewegung schreibender Arbeiter, zunächst zu Aktivitäten werktätiger Kritiker bzw. Gelegenheitskritiker; dann um 1980 zur »Bildung von Beiräten für Literatur- und Kunstkritik bei einer Reihe von Redaktionen der Tagespresse« zwecks organisierter Kooperation, »wobei Anstöße (auch im Sinne politisch-ideologischer Qualifizierung) insbesondere von der Berufskritik ausgehen« sollten (ebd., Bl. 230 und 234). Der Hinweis auf die besondere »Qualifizierung« verrät die Grundtendenz des Anliegens. Es hat sich immerhin so weit umsetzen lassen, dass seit den sechziger Jahren laienkritische Beiträge in Form von Leserdiskussionen »zu einem organischen Bestandteil« sozialistischer Literaturkritik wurden (Jarmatz, Nr. 165, S. 29), den man sehr hoch einschätzte. Wohl nicht zuletzt deshalb, weil er zu instrumentalisieren war für die inzwischen dokumentarisch belegten Versuche von Kulturfunktionären, »möglichst solchen Autoren und Texten bevorzugt Präsenz in den Literaturdebatten und Kritiken zu sichern, die sich im Sinne der offiziell bevorzugten Wertungskriterien ›positiv‹ einordnen ließen« (T. Kupfer, Nr. 195, S. 204; es müsste untersucht werden, welche Rolle dabei ›bestellte‹ Leserbriefe spielten). »Leserkritik« galt als unverzichtbares Komplementärstück und Korrektiv zur Berufskritik (vgl. Nr. 66, S. 88-99). Demgegenüber wurde im Westen selbst von energischen Befürwortern einer kontrollierenden Demokratisierung der Literaturkritik befunden: »Die ›Laienkritik‹ kann und wird die Arbeit des sachkundigen Journalisten niemals ersetzen können.« (Glotz, Nr. 829, S. 58) Aufschlussreich wäre es herauszuarbeiten, welche unterschiedliche Rolle Leserdiskussionen und Leserzuschriften in Ost und West gespielt haben, wie sie seither neben der Berufskritik (noch) in Erscheinung treten.

Der übliche **Werdegang zum Berufskritiker** hat sich – ideologische Implikationen beiseite gesetzt – in Ost und West nicht sonderlich unterschieden und ist noch heute unverändert (idealtypisch dargelegt in Nr. 38, S. 53-58; siehe auch Nr. 76, Kap. 3.1.1). Journalistik-Studiengängen oder einem germanistischen, kulturwissenschaftlichen oder ähnlichen Studium folgt ein Volontariat, bei dem erst praktische Erfahrungen gewonnen werden können. Kritik an unspezifischer, praxisferner Ausbildung führte in der BRD um 1970 zu einigen Reformvorstellungen, darunter Anregungen, »den philologischen Fachbereichen einiger Hochschulen [...] Institute für Literaturkritik beizuordnen« (Lämmert, Nr. 75, S. 121) und Lehrstühle bzw. Professuren für Literaturkritik einzurichten. Letzteres geschah beispielsweise an der neuen Universität Bielefeld, während die umfassenderen Institutsgründungen dort und anderswo ausblieben. In der DDR gab es eine einheitlich geregelte universitäre Journalistenausbildung (Zentrum: die Sektion Journalistik an der Karl-Marx-Universität Leipzig), deren politisch-ideologische Überfrachtung aber andersartige Defizite mit sich brachte, so etwa hinsichtlich praktikabler literarisch-ästhetischer Urteilskriterien und Wertungsverfahren (Beispiele für Lehrmaterialien: Nr. 24 und 827).

Journalistische Literaturkritik lässt sich bis heute in keinem Studium, an keiner sonstigen Ausbildungsstätte berufsbildend erlernen; die Kritiker selbst halten dies in der Regel auch für unmöglich. Um zumindest Zugänge anzubahnen zur grundlegenden Berufspraxis des **Kulturjournalismus**, werden neuerdings **Lehrveranstaltungen** angeboten wie etwa »Literaturvermittlung in den Medien« am Institut für Neuere Deutsche Literatur und Medien der Philipps-Universität Marburg; auch gibt es ein kulturjournalistisches »Handbuch für Ausbildung und Praxis«, herausgegeben von Dieter Heß (s. Nr. 114). Doch hat der Beruf bzw. Teilberuf Literaturkritiker nach wie vor ein uneinheitliches Gepräge und wird durch weitgehend unnormierte, deshalb höchst unterschiedliche individuelle Selbstqualifizierung erlangt – was sein öffentliches Prestige nicht unbedingt hebt. Ohnehin besitzt nur eine Minorität der Kritiker einen höheren sozialen Status, der »berechtigt, diese Gruppe als eine funktionale Elite« im literarischen Leben einzuschätzen (Hohendahl, Nr. 21, S. 149).

Stärker verändert hat sich während der letzten zwei, drei Jahrzehnte lediglich die **geschlechtsspezifische Zusammensetzung des Berufszweiges**. Während Literaturkritik allzu lange, im Großen und Ganzen bis zur Mitte des 20. Jahrhunderts, Männersache gewesen ist, gibt es nun einen gewachsenen Frauenanteil (s. Nr. 124, S. 101f.; ohne statistische Angaben; vielleicht ist die Zusammensetzung und Rollenverteilung innerhalb des *Literarischen Quartetts*, s. Kap. 1.5.4, symptomatisch), und zwar ganz besonders im Bereich der Kritik von Kinder- und Jugendliteratur (s. Kap. 1.5.2).

Alten Gegensätzlichkeiten zwischen **Berufskritikern und Autoren** korrespondieren bis in die Aufklärungszeit zurückzuverfolgende Bestrebungen von Schriftstellern, beide Tätigkeitsbereiche zu vereinen. Exemplarisch zeigt sich dies in der Gegenwart etwa bei Alfred Andersch, Franz Fühmann, Walter Jens, Christa Wolf u.a. Sie alle versuchen dabei möglichst, Vorwürfe zu berücksichtigen, die von ihnen und ihren Schriftstellerkollegen neuerdings an Kritiker (und Literaturwissenschaftler) ergangen sind, wie beispielsweise: Vernachlässigung der Spezifik von Literatur und literarischen Wirkungsabsichten, Unfähigkeit zum Kunstgenuss, abstrakt-normative Betrachtungsweise, Berufs- oder Fachjargon (vgl. Nr. 180, Bl. A 20; diese aus dem letzten Jahrzehnt der DDR herrührenden Feststellungen dürften ähnlich für westliche Gegebenheiten zutreffen). Der Schriftsteller als regelmäßiger Kritiker anderer Schriftsteller – das ist in der Neuzeit seit Lessing ein ebenso wichtiges wie von der Forschung bislang zersplittertes Phänomen. Denn bei einer Vielzahl von Arbeiten zu einzelnen namhaften Schriftsteller-Kritikern (s. Kap. 4.7) finden sich kaum Ansätze zu verallgemeinernden und systematisierenden Studien. Für die DDR ist das nicht weiter verwunderlich, wurde doch dort ein partnerschaftliches Verhältnis und prinzipielle, politisch-ideologisch fundierte Übereinstimmung zwischen Schriftstellern und Kritikern propagiert (s. Nr. 40, S. 306).

Ohne den gewichtigen Anteil von Schriftsteller-Kritikern an produktiver Metakritik der neueren beruflichen Kritik (s. Kap. 1.2.3) zu berücksichtigen, gehen einige knappe »Vorüberlegungen« zur »Literaturkritik der Schriftsteller« (bei Göttsche, Nr. 315, S. 197f.) davon aus: dass diese den Zwängen der Berufskritik entratenden Kritiker »Werkbetrachtung« mit Selbstreflexion verknüpfen, »Werkkritik« poetologisch vertiefen und die Grenzen strikt aktuellen Rezensierens durch Autorenporträts und Essays aufsprengen. Nun sind diese beiden anspruchsvolleren literaturkritischen Formen zwar ursprünglich eine Schöpfung, doch kein Spezialgebiet mehr allein der Schriftsteller-Kritiker, deren Spielräume auf dem medienbeherrschten Markt der Literaturkritik sich zudem permanent verringert haben. Es bestehen inzwischen diverse Unterschiede zur Periode nach dem Ersten Weltkrieg, in der Autoren sich relativ freischaltend der Presse und teilweise des Rundfunks bedienen konnten zur Selbstdarstellung mittels neuerer publizistischer Formen: Interviews, Antworten auf Umfragen, autobiographischer Kurzporträts u.ä.

Aus der kalkuliert provozierenden Selbstinszenierung Peter Handkes, »durch einen Eklat sich bekannt zu machen und sich mit dem erworbenen Protest-Image zu behaupten« (Otto Lorenz, in Nr. 43, S. 405), ist gefolgert worden:

»Ein Schriftsteller kann, in noch unbestimmten Grenzen, doch mit allen ihm zugänglichen Mitteln, sich auf dem Kampffeld der Gegenwartsreflexion behaupten. Literarische Gestaltungsprinzipien und kritische Wertungsmaßstäbe sind disponibel für marktkonforme Kommunikationsstrategien, die Leserreaktionen steuern, Verleger locken und Kritiker als Mitstreiter gewinnen.« (Ebd., S. 410.)

Abgesehen davon, dass Handkes Strategie noch für niemanden annähernd erfolgreich wiederholbar gewesen ist, birgt sie die Gefahr, selbst marktkonform zu sein und vereinnahmt zu werden. Außerdem sind inzwischen, nach 1990, denn doch Grenzen solcher, d.h. beispielsweise von politischem Engagement unterschiedener, Selbstbehauptung deutlicher hervorgetreten. (Und nebenbei: Als Handke zu politisieren begann, geriet er sofort ins Kreuzfeuer der Kritik.) Selbstbehauptung in den audiovisuellen Medien, besonders im Fernsehen, bedeutet meist moderierte, damit fremdgesteuerte Selbstdarstellung, bei der das Werk und die literarischen Konzeptionen des Schriftstellers hinter seiner Person, seinen Lebensumständen zurücktreten – nicht anders als in so manchen literaturkritischen Beiträgen der Presse. Hinzu kommt, nun im Unterschied zum üblichen Rezensionswesen, dass die Person standzuhalten hat einer sehr starken Konkurrenz und drohenden Verdrängung durch Tagesberühmtheiten (Bestsellerautoren) und sensationsträchtig schreibende Stars. **Mediale (Selbst-)Präsentanz** ist für Schriftsteller, insgesamt gesehen, wohl ambivalent: einerseits ist sie potentiell werbeträchtig und wahrscheinlich von größerer Wirksamkeit als Kritikerbesprechungen (vgl. Nr. 104, S. 468), andererseits ist sie oftmals eine unverzichtbare und Kompromisse abverlangende Einnahmequelle neben öffentlichen Lesungen. Sie bietet in ihrer derzeit dominanten Formen nicht unbedingt eine Alternative, jedoch Ergänzungen zur medialen Literaturkritik.

1.3 Medien: Zeitungen, Zeitschriften, Rundfunk, Fernsehen, Internet

Die öffentlich literaturvermittelnde Institution Literaturkritik bedarf einer Vermittlungsinstanz oder eines Kommunikationsmittels (Mediums). Älteste Formen eines solchen Mediums sind die verschiedenartigen **Zeitschriften**. Es besteht weithin Einmütigkeit darüber, dass die Herausbildung der institutionalisierten Literaturkritik und die Entwicklung des neuzeitlichen Zeitschriftenwesens in einem engen Zusammenhang stehen. Er führte in der frühen europäischen Aufklärungsbewegung und verstärkt um 1750 zur Gründung spezieller Zeitschriften, die meist als Rezensionsorgane die so genannte ›schöne Literatur‹ und auch aufklärerische Sach- und Fachpublikationen besprachen. Die europäischen **Zeitungen**, herkömmlich das Medium für politische Nachrichten und »neueste Weltbegebenheiten«, öffneten sich der Literaturkritik erst später, zunächst im Kontext der Französischen Revolution, verstärkt dann während der ersten Hälfte des 19. Jahrhunderts, als Tageszeitungen sich durchsetzten. Gegen die Jahrhundertmitte hin schließlich fand auch die deutschsprachige Literaturkritik ihren noch heute vielfach angestammten Platz: im Feuilleton, d.h. im Kultur- und Unterhaltungsteil der Tagespresse, der vom politischen (Haupt-)Teil ursprünglich durch einen Strich abgesondert war, woraus sich das für die seit je nachgeordnete Stellung des Feuilletons treffende Synonym »unterm Strich« herleitet (Grundlageninformationen zum Feuilleton bei Haacke, Nr. 52, und bei Stegert, Nr. 123).

Als es in der Frühromantik Brauch wurde, Rezensionen und andere literaturkritische Beiträge in Buchform zu sammeln, war eine mediale Dreiheit beisammen, für die inzwischen die Bezeichnung ›Printmedien‹ geläufig ist. Ihnen traten, als die eigentlich **›modernen‹ Massenmedien** oder (in bevorzugter Begrifflichkeit der DDR) Massenkommunikationsmittel, der Hörfunk (in Deutschland ab 1923) und die audiovisuellen Medien Fernsehen und Internet zur Seite, die allesamt sehr rasch literaturvermittelnde Funktionen übernommen haben, innerhalb derer Literaturkritik einen marginalen, aber noch (in öffentlich-rechtlichen Sendern) bzw. noch nicht (im Internet) recht festen Platz besetzt.

Konnten die Printmedien ihre für die Literaturkritik erstrangige Bedeutung in den Anfangszeiten des Rundfunks und des Fernsehens noch erfolgreich behaupten, hat diese sich inzwischen vermindert und reduziert auf die traditionellen Formen Rezension, Essay, Annotation usw. (s. Kap. 1.5.3). An der **Entwicklung neuer Kritikformen** hat die Presse bzw. das Feuilleton keinen Anteil mehr, im Unterschied zu den anderen Medien. Und weiter ausgeprägt hat sich eine am Ende der achtziger Jahre (in Nr. 101, S. 30) konstatierte gegenläufige Hierarchie der Medien aus der Sicht der Kritiker: Dem Ansehen nach rangiert die gedruckte Kritik, wegen ihrer größeren Beständigkeit und damit längeren Wirkungsmöglichkeit, vor den sich rasch verflüchtigenden oder einer Speicherung bedürftigen auditiven und audiovisuellen kritischen Beiträgen; unter dem Aspekt der Honorierung verhält es sich umgekehrt, ist der Rundfunk am beliebtesten vor dem Fernsehen und der Presse. Schwerer einschätzbar erscheint die Rangfolge aus der Sicht des Publikums. Nur partiell gedeckt durch bereits ältere und zudem eng begrenzte empirische Untersuchungen (Nr. 902) wird der Befund, die Presse erreiche mehr Leser als der Rundfunk Hörer (Nr. 904, S. 27f.). Und so weit man Einschaltquoten kennt (Nr. 903, S. 80ff.; Nr. 905, S. 180f.), liegt die Beliebtheit von Literatur- und Kritiksendungen weit unter der sonstiger Sendungen des Fernsehens; wenngleich, rein quantitativ betrachtet, bereits 1 Prozent Zuschauer ein größeres (doch auch ein ebenso beständiges und interessiertes?) Publikum ausmacht als die Leserschaft des Feuilletons.

Das alles ist in der DDR nicht viel anders gewesen; nur dass dort der ökonomische Konkurrenzkampf unter den Medien entfiel, die statt dessen eine sich untereinander stimulierende Einheit bilden sollten zur »immer besseren« Verwirklichung ihres gesellschaftlichen Auftrags, d.h. hier der staatlich vorgegebenen Funktionen der Literaturkritik (s. Kap. 1.4.1). Diese funktionalisierte Kritik ist bis zum Staatsuntergang unvermindert präsent und offiziell anerkannt gewesen.

Heutige Literaturkritik hat sich zwar weniger denn je obrigkeitlicher Reglementierungen zu erwehren, dagegen verliert sie im geeinten Deutschland, genau wie in Österreich und der Schweiz, weiterhin an Präsenz, vielleicht auch an Geltung; außerhalb der Printmedien gehört sie fast nur noch zum Programm öffentlich-rechtlicher Funk- und Fernsehanstalten, deren Konkurrenzsituation zu den Privatsendern sich zunehmend verschärft. Es wäre wohl verfehlt, sich darüber vorschnell zu beruhigen, beispielsweise mit folgender Hochrechnung: »In der Presse und im Rundfunk deutscher Sprache erscheinen Tag für Tag über 40 Rezensionen – weit mehr als 10000 im Jahr.« (Gustav Seibt, in: Die ZEIT, Nr. 39/2000, S. 62) Das besagt gar nichts über die Anzahl der besprochenen Bücher und über deren prozentualen Anteil an der Jahresgesamtproduktion der jeweiligen Literatursparte – ganz abgesehen von der problematischen Einseitigkeit quantitativen Argumentierens.

Quantität wie Qualität der **Literaturkritik im Feuilleton** hängen nach wie vor stark ab von der Marktstellung der Tages- und Wochenzeitungen. Es besteht ein Gefälle zwischen rund einem Halbdutzend (!) überregionaler meinungsbildender und einer Vielzahl regionaler Organe. »Die Provinzzeitungen sind auf Grund ihrer ökonomischen und personellen Ausstattung nicht in der Lage, selbständig in Auswahl und Tenor Literaturkritik zu betreiben.« (Drews, Nr. 168, S. 266, Anm. 266) Sie können außerdem nicht so umfassend und regelmäßig kritische Beiträge abdrucken wie jene ›Großen‹, als da sind: *Frankfurter Allgemeine Zeitung*, *Frankfurter Rundschau*, *Neue Zürcher Zeitung*, *Süddeutsche Zeitung*, *Die Welt*, *Die ZEIT*, inzwischen wohl auch die *Berliner Zeitung* und nicht zu vergessen *Neues Deutschland*, das PDS-Organ. Wenn (noch) Modifikationen der feuilletonistischen Kritikpraxis erfolgen, womöglich als Reaktion auf Kritik an der Literaturkritik (s. Kap. 1.9), dann gehen sie von diesen Blättern aus. Sie prägen weitgehend qualitative Standards des gegenwärtigen Rezensionswesens in den Printmedien. So verwundert nicht der fortbestehende Brauch, »daß der Literaturkritik in überregionalen Zeitungen symbolische und ökonomische Bedeutung in wesentlichem Maße zugesprochen wird – auch wenn keine beweiskräftigen, repräsentativen Zahlen dafür vorliegen« (Getschmann, Nr. 192, S. 77).

Nicht zufällig unberücksichtigt bleibt bei solchen Feststellungen die **heutige Literaturkritik in Zeitschriften**. Sie ist seltsamerweise von der Forschung vernachlässigt worden, die sich bisher vornehmlich auf die Spanne zwischen Mitte des 18. und Mitte des 20. Jahrhunderts konzentriert (s. Kap. 4.8); ebenso ist sie in fast allen Sammelbänden und Dokumentationen zur zeitgenössischen Kritik (s. Kap. 4.6) gegenüber den feuilletonistischen Rezensionen unterrepräsentiert. Dies aber widerspricht dem Stellenwert der Zeitschriften, wie er aus der nichtakademischen Kritik der Literaturkritik ersichtlich wird. Ihr zufolge haben sie einen gleichrangigen Anteil an der Prägung eines kritischen Standards. Ein Vorteil der Zeitschriften besteht zudem darin, dass sie unter Umständen eingehendere Einzel- und Sammelbesprechungen als die Tages- und Wochenzeitungen bringen können. Allerdings existiert in den deutschsprachigen Ländern, im markanten Unterschied beispielsweise zu England und den USA, kein integratives Kritikorgan wie *The Times Literary Supplement* und *New York*

Review of Books – was als Tatbestand viel beklagt, aber nirgends hinsichtlich der Ursachen analysiert ist. (Zur Aufklärungszeit besaß Nicolais *Allgemeine Deutsche Bibliothek* anfänglich einen solchen Rang und Charakter; s. Kap. 2.1).

In der DDR wurde immerhin eine Art repräsentativer kritischer Querschnitt angestrebt, indem kulturpolitisch vorgegebene Anliegen und Publikumsbezüge einer Handvoll literarisch-kultureller Zeitschriften einander ergänzen sollten: anspruchsvolle Kritik für Intellektuelle in *Sinn und Form* (1949 mitbegründet von Johannes R. Becher), ›allgemeinverständliche‹ Kritik für unterschiedliche Leserschichten in der vom Schriftstellerverband der DDR herausgegebenen Monatsschrift *Neue Deutsche Literatur* (seit 1953), literaturwissenschaftlich fundierte Kritik in den *Weimarer Beiträgen* (1955 mitbegründet von Louis Fürnberg), schließlich eine ›jugendgemäße‹ Kritik in *Temperamente. Blätter für junge Literatur* (1976-90).

Hingegen widmen sich keineswegs alle der zahlreichen westlichen Literaturzeitschriften auch der Literaturkritik; und in ihrer Gesamtheit sind sie inzwischen weiter denn je vom größeren Überblick entfernt, weil ihm eine permanent steigende Buchproduktion entgegensteht und zudem aufwendigste Werbekampagnen für bestimmte Titel dazu (ver)führen, dass auf sie ein Großteil der Rezensionskapazitäten konzentriert wird. **Regelmäßige literaturkritische Beiträge** enthalten u.a. folgende derzeit (2000/2001) erscheinende Zeitschriften:

- *Neue Rundschau* (Berlin, Frankfurt; seit 1890, mit essayistischer Literaturkritik);
- *Die Horen. Zeitschrift für Literatur, Kunst und Kritik* (Bremerhaven 1956 ff.; Essays);
- *Literatur und Kritik. Österreichische Monatsschrift* (Salzburg 1966ff.);
- *Deutsche Bücher. Forum für Literatur. Autorengespräch – Kritik – Interpretation* (Berlin 1971ff.);
- *Zikade. Literatur-Periodikum für Lyrik, Prosa, Kritik* (Karlsruhe 1974ff.);
- *Literatur in Bayern. Vierteljahresschrift für Literatur, Literaturkritik und Literaturwissenschaft* (Pfaffenhofen 1984ff.);
- *Das Gedicht. Zeitschrift für Lyrik, Essay und Kritik* (Weißling b. München 1994ff.);
- *Griffel. Magazin für Literatur und Kritik* (Hannover 1995ff.);
- *Signum. Blätter für Literatur und Kritik* (Dresden 1999ff.);
- *Literaturen. Das Journal für Bücher und Themen* (Berlin 2000ff.; gegründet von Sigrid Löffler).

Die Tendenz ist rückläufig; Rezensionsteile in Zeitschriften werden gekürzt, so beispielsweise in der *neuen deutschen literatur* 1998 um mehr als die Hälfte. Vereinzelt sind auch Periodika mit einem umfassenderen, politisch akzentuierten Spektrum für Literaturkritik offen, z.B. die liberalen *Frankfurter Hefte. Zeitschrift für Kultur und Politik* (1946-84, begründet von Eugen Kogon), die Zeitschrift *Neue deutsche Hefte. Beiträge zur europäischen Gegenwart* (1954-90) und der ursprünglich konservative, dann durch Autoren wie Hannah Arendt und Adorno umgeprägte *Merkur. Zeitschrift für europäisches Denken* (1946 mitbegründet von Hans Paeschke).

Einen Sonderfall bildet Literaturkritik in wöchentlichen **Nachrichtenmagazinen und Illustrierten**. Bringt der *Spiegel* noch ziemlich regelmäßig, wenngleich vereinzelt Literaturbesprechungen, so dominieren in *Focus* und *Stern* sowie in populären Illustrierten vom Typ *Bunte* literaturkritische Surrogate wie Buchtipp und Bestsellerlisten.

Die prinzipielle Möglichkeit für eingehendere Besprechungen hat neben den (Literatur-)Zeitschriften auch der **Rundfunk**, nur dass dort inzwischen weiter veränderte Hörgewohnheiten angenommen werden müssen im Zusammenhang mit einem bereits gegen Ende der achtziger Jahre vollzogenen »Funktionswandel des Radios«:

»Statt Bildung, Information und Unterhaltung wie einst setzt man heute auf einen Hörfunk, bei dem man nicht mehr zuhören muß. Einer Buchkritik, die 10 Minuten dauert, zuzuhören, wird heute immer mehr als Zumutung empfunden, als ein so exotisches wie elitäres Angebot für einige wenige. So lassen sich literarische Polemiken und Kontroversen im Radio nicht mehr ausfechten, weil das Echo der begrenzten, diffusen Öffentlichkeit zu schwach ausfällt.« (Bielefeld, Nr. 904, S. 28)

So hat der Rundfunk als Medium der Literaturkritik bereits wieder einiges von den erweiterten Möglichkeiten eingebüßt, die ihm infolge der nationalsozialistischen Gleichschaltung erst nach 1945/50 erwuchsen: erstens aufgrund seines öffentlich-rechtlichen Status sich über bestimmte Trendsetzungen des Literaturmarktes zu stellen; zweitens kritische Debatten ausführlicher und durch den originalen Wortton lebendiger sowie in neuen medienspezifischen Formen (wie z.B. Feature, Autorenlesung mit Sofortkritik; s. Kap. 1.5.4) zu übermitteln. Ein Höhepunkt wurde gleich in den fünfziger und sechziger Jahren erreicht:

»Vor allem aber waren es die Nachtstudios und Sonderprogramme der einzelnen Rundfunkanstalten, in denen während der Adenauer-Ära Literatur-, Kultur- und Gesellschaftskritik ihren Platz fand und – sieht man die Dinge von heute [1977; W.A.] aus – eine kaum noch vorstellbare Protektion erfuhr.« (Schonauer, Nr. 739, S. 240)

Die ebenfalls 1977 getroffene Feststellung, Rundfunk sei der »umfassendste Multiplikator und Vermittler von Literatur« (Viehoff, Nr.

901, S. 13), galt wohl schon damals nur rein statistisch (in wachsender Konkurrenz zum Fernsehen) und für Literaturkritik in diesem Medium nur bedingt. Zwar hat noch jeder Sender der öffentlich-rechtlichen Anstalten in mindestens einem seiner Programme regelmäßige literaturkritische Beiträge, indessen vermindert sich deren einstige Ausführlichkeit permanent, weil den Zuhörern keine längere konzentrierte Aufmerksamkeit mehr für das gesprochene Wort zugetraut wird (werden kann?). Exemplarisch lassen sich Entwicklungen während der letzten Jahrzehnte verfolgen anhand der außergewöhnlich erforschten Sendereihen *Buchbesprechung* und *Buchboutique* des Westdeutschen Rundfunks/Köln, die für unterschiedliche Interessenten- bzw. Hörerkreise konzipiert worden sind (Näheres dazu in Nr. 901f.).

Während jedoch die mediale Funktionstüchtigkeit des Rundfunks prinzipiell nie umstritten gewesen ist, bestehen nach wie vor Zweifel daran, ob das **Fernsehen** als Stimulator passiven Rezeptionsverhaltens und die geistige Aktivität voraussetzende Literatur/Literaturkritik überhaupt vereinbar seien. Da Literatur und Fernsehen weithin als einander feindliche oder gar ausschließende Medien gelten, »wird Literatur im jüngeren Medium meistens unter dem Aspekt der Schadensbegrenzung präsentiert«, d.h. »mit bis zur Langeweile um die Vermeidung von Kontroversen bemühten Präsentationsformen« (Geisler, Nr. 905, S. 179f.; zu diesen Formen s. Kap. 1.5.4). Weil bis auf wenige Ausnahmen (z.B. *Das Literarische Quartett*, s. ebd.) stets in unterhaltsam kultur- und literaturvermittelnde Magazine integriert (*Titel, Thesen, Temperamente*; *aspekte* u.a.), hat Literaturkritik es nirgends schwerer als im Fernsehen, sich zu legitimieren und in ihrer institutionellen Eigenständigkeit zu behaupten. Gleichzeitig gibt es nirgendwo anders so viele experimentierfreudige Versuche zur Entwicklung mediengerechter neuer literaturkritischer Formen, etwa in so genannten 45-Minuten-Magazinen wie *Lesezeichen*, *Bücherreport*, *Bücherjournal* und *Literatur im Gespräch* (dazu vgl. Nr. 909). Audiovisuelle Literaturkritik, wie fragwürdig sie auch immer sein mag, hat den tradierten Formenkanon offenkundig am entschiedensten erweitert (s. Kap. 1.5.3 und 1.5.4).

Dennoch sind innovative Leistungen und Potenzen dieser vom Fernsehen ausgestrahlten Kritik bislang kaum medienwissenschaftlich fundiert untersucht worden, so dass der Erkenntnisstand sich in dem Fazit über »zwei neuartige, um nicht sagen revolutionäre Elemente« spiegelt:

»Filmische Prinzipien werden zu Instrumentarien der kritischen Praxis, Literaturkritik wird visualisiert, der Diskurs übertragbar in ein vielschichtiges Zeichensystem, ein Zugewinn an Komplexität und Ausdrucksmöglichkeiten, aber auch ein schwieriger Medienwechsel, der hohe Ansprüche an den Kritiker stellt.« (Prümm, Nr. 903, S. 81)

Zur sprachlichen Vermittlung durch den Kritiker treten andere, von ihm nicht oder nur mittelbar beeinflussbare Komponenten hinzu: Regie- und Kameraführung, visuelle Umsetzungen und Kontexte sowie (analog zum Rundfunk) Einbindung in eine bestimmte Programmeinheit und Personalisierung von Literatur/Kritik durch die Auftretenden (Schriftsteller, Kritiker, Moderator usw.). Unter dem erhöhten Konkurrenzdruck seitens der absolut unterhaltungs- und sensationsorientierten Privatsender hat auch und gerade im öffentlich-rechtlichen Fernsehen die Tendenz zugenommen, dass Äußerlichkeiten visueller Art und Begleiteffekte (Show-, Spannungselemente) die sachliche Kritik und Information überlagern. Ohnehin beläuft sich der Anteil der eigentlich kritischen Beiträge auf ein Minimum: »Der enge Raum des Feuilletons potenziert sich in dem strengen zeitlichen Limit der TV-Besprechung, die damit Gefahr läuft, nur noch Slogans zu verbreiten und die Annoncentexte der Verlage vorzuformulieren.« (Prümm, Nr. 903, S. 82) Insgesamt gesehen besteht wohl nicht bloß eine »Ambivalenz«, sondern eine Antinomie »von neuen Möglichkeiten und medial bedingten Einschränkungen« (ebd.), die für alle audiovisuellen Medien zuzutreffen scheint.

Das **Internet** widerlegt diese Annahme bislang nicht. Es präsentiert in seinem derzeitigen Anfangsstadium Literaturkritik im mediengerechten Layout, wobei an die periodische Publikationsweise und die rezensorische Hauptform sowie den Mischcharakter von Zeitschriften angeknüpft wird. Exemplarisch dafür ist *literaturkritik.de*, das anspruchsvollste und wissenschaftlich bestfundierte von mehreren einschlägigen Internetforen (s. Kap. 4.10), das sich selbst folgendermaßen vorstellt:

»*literaturkritik.de* ist die erste Internet-Zeitschrift für Literaturkritik. Sie bespricht Neuerscheinungen aus der Belletristik sowie den Literatur- und Kulturwissenschaften. – Das Angebot wendet sich an alle literarisch interessierten Leserinnen und Leser, vor allem an Lehrende und Studierende der Literaturwissenschaft, Kritiker und Journalisten, Buchhändler, Verlagsmitarbeiter und Bibliothekare.«

Dieses »Rezensionsforum für Literatur und Kulturwissenschaft« (Untertitel) erscheint monatlich, seit Januar 1999, unter fachwissenschaftlicher Herausgeberschaft (Thomas Anz, Alexander Berger, Lutz Hagestedt) am Institut für Neuere deutsche Literatur und Medien der Philipps-Universität Marburg. Jede Nummer hat einen thematischen Schwerpunkt, dem gelegentlich andere Beiträge wie Essays, Würdigungen und Geburtstagsartikel zugeordnet sind. Zweierlei unterscheidet die auch in begrenzter Druckausgabe vertriebene Online-Publikation, die der weitreichenden Trennung zwischen akademischer und journalistischer Literaturkritik entgegenzuwirken versucht, von herkömmlichen Zeitschriften: zum ersten ihre Spezialisierung, die es so im deutschsprachigen Raum schon lange nicht mehr gegeben hat; zum zweiten ein ernsthaftes Bemühen um lebendiges Wechselverhältnis zum Publikum. »Wir begreifen unsere Abonnenten als einen Förder- und Freundeskreis, in dem auch Meinungen, Informationen und Anregungen ausgetauscht werden.« (Vorbemerkung von Anz zu Nr. 1/2001) Eine höchstmöglich aktuelle Übersicht zu einem wesentlichen Sektor der journalistischen Tageskritik hat sich ein Kulturmagazin im Internet, mit dem metaphorischen Namen *Perlentaucher.de*, neben Buchinformationen und Diskussionen kultureller Themen zur Aufgabe gemacht. Die Redaktion, bestehend aus einem vierköpfigen Team um Anja Seeliger, bemerkt dazu auf der Seite *Wer wir sind*:

»Als Service bieten wir eine tägliche Auswertung der Buchrezensionen in den sechs besten deutschsprachigen Zeitungen [gemeint sind FAZ, FR, NZZ, SZ, TAZ, Die ZEIT]. Zu jeder einzelnen Buchkritik verfassen wir eine Notiz, die die Tendenz der Kritik in eigenen Worten wiedergibt. Diese werden täglich ab 14 Uhr in der *Bücherschau des Tages* präsentiert. [...] In der *Bücherschau der Woche* lassen sich die Notizen der letzten sechs Erscheinungstage nach Zeitung oder Themen sortiert abfragen.«

Hieraus könnte, bei sorgfältiger Aufbereitung mit Registern, eine Art jährlicher Datenbank entstehen, die einer wünschenswerten elektronischen Jahresgesamtübersicht zur deutschsprachigen Literaturkritik zuarbeitet. Allemal wird sich in absehbarer Zeit erweisen, ob die Publikumsresonanz auf die bisherigen einschlägigen Angebote im Internet den Anfangsreiz eines neuen Mediums überdauert, d.h. ob sich hier eine verbreitete Beziehungslosigkeit der neueren Literaturkritik zu ihrer Leserschaft überwinden und somit eine traditionsreiche Mittlerfunktion der Kritik zeitgemäß innoviert wiedergewinnen lässt.

1.4 Funktionen und Ziele

»Kritik ist kein Selbstzweck, sondern erfüllt eine Aufgabe, die zu benennen durchaus einfach ist: Kritik soll zu Lesern über Literatur sprechen.« (Irro, Nr. 38, S. 274) Ganz allgemeine Zwecksetzungen von Literaturkritik stiften selten Kontroversen, darüber hinaus jedoch lässt sich ihre vermeinte »eine Aufgabe«, wenn auch vielleicht als Hauptaufgabe gedacht, keineswegs so einfach angeben. Zumindest fragt sich, wie und unter welchen Voraussetzungen zu den Lesern gesprochen werden soll. Und da beginnen gleich die Schwierigkeiten, die Meinungsdifferenzen. Sie begleiten die Geschichte der Institution Literaturkritik von ihren Anfängen bis zum heutigen Tag. Wenn es einen relativ stabilen Minimalkonsens gibt, dann den, dass Literaturkritik eine bestimmte **grundlegende Vermittlerfunktion** zwischen Literaturproduzenten und Literaturrezipienten erfüllt, wobei sich weitere, speziellere Aufgaben anschließen können: gesellschaftliche, kommunikative, ästhetische Funktionen vor allem. (Aus strukturalistischer Sicht hat man unterschieden: operative, postulative, erkenntnismäßig-einschätzende und metakritische Funktion; Slawinski, Nr. 12.) Doch schon die Vermittlerfunktion ist in neueren Zeiten, wie etwa im Kontext der 68er Bewegung, manchmal angezweifelt worden; völliger Dissens herrscht unter den Kritikern selbst über die Relevanz und erst recht über die Wertigkeit sowie Verbindlichkeit sonstiger Funktionen. Als Ursache dafür gelten bisher nur kurzschlüssige Aktualisierung bzw. Ablehnung früherer literaturkritischer Theorien oder Programme und historisch gewachsener Praxisformen, wobei etwa von der Annahme ausgegangen wird: »Jenseits der vordergründigen Gegenwartsproblematik dürfte sich der schroffe Antagonismus der von der Kritik beanspruchten [oder mehr noch: abgelehnten; W.A.] Funktionen aus deren weit in die Geschichte zurückreichenden Verwurzelung erklären.« (Elm, Nr. 91, S. 421) An umfassender analytischen, zusammenschauenden und klassifizierenden Studien zur gegenwärtig, d.h. nach 1945 akzeptierten, möglichen oder wünschbaren Funktionalität der Literaturkritik fehlt es.

Als eine Scheinfunktion wurde die Vermittlerfunktion – auch von literaturwissenschaftlicher Warte her – abgetan mit dem Argument, die meisten (westlichen) Kritiker fühlten sich mehr den Schriftstellern nahe stehend, obwohl Literaturkritik primär leserorientiert sein müsste (s. Nr. 33, S. 169). Bei solcher Argumentation aber sind unversehens diffuse Vorstellungen vom Publikum mit Abkehr vom Publikum verwechselt oder ineinsgesetzt worden – im Widerspruch beispielsweise zu einer gleichzeitig (um 1980) erfolgten Befragung bundesdeutscher Kritiker. Sie brachte zutage, dass nicht fundamentale »Vermittlungstätigkeit«, die darauf abzielt, »den Rezipienten zu informieren«, problematisch geworden ist, sondern die herkömmliche Rückbindung der Tätigkeit an »feststehende Normen« (Altmann, Nr. 175, S. 222). Betont **subjektive Informationsabsicht**, verbunden mit gleichermaßen subjektiv selektiver Sichtung der Neuerscheinungsfluten, das etwa lässt sich als fortbestehendes Hauptanliegen deutschsprachiger Literaturkritik der unmittelbaren Gegenwart ausmachen.

In der DDR verstand man die Vermittlerfunktion eminent kulturpolitisch, dahingehend: »den Werktätigen« Zugänge zur Literatur zu eröffnen und literarische Rezeption sowie Produktion weitestmöglich zu steuern. Erst relativ spät begegnen stärker literaturbezogene Vorstellungen, beispielsweise 1985:

»Literaturkritik trägt gesellschaftliche Vorstellungen über Literatur an die Autoren [und, laut Kontext: Leser; W.A.] heran; Lesererwartungen und -ansprüche können über die Kritik zu den Autoren gelangen, und umgekehrt können durch die Kritik Ansprüche und Intentionen eines Autors an die Leser gebracht werden. [...] In der Literaturkritik werden gegenwärtige und zukünftige Erwartungen an Literatur formuliert.« (Krieger, Nr. 180, Bl. 227)

Ansonsten wurde Literaturkritik umfassend gesellschaftlich funktionalisiert. Es entstand eine polare Gegenposition zu einer im Westen längere Zeit, bis um 1968, vorherrschenden Auffassung, exemplarisch bekundet von Günter Blöcker (Nr. 352, S. 14): »Den reinen Eindruck des Kunstwerks wiederzugeben [...] – das ist es, was man vom Kritiker erwarten sollte [...].«

1.4.1 Gesellschaftliche Funktionen

Literaturkritik zu politisieren, ist freilich kein absolutes Novum in der DDR gewesen. Ansätze dafür gab es bereits während der Aufklärungsepoche, und sie wurden unterschiedlich ausgebaut im Vormärz, dann zur Zeit der Weimarer Republik (s. Kap. 2). Neu **in der DDR** war, dass **Literaturkritik zum staatlichen Anliegen** erhoben und fest in die Kulturpolitik und Kulturpropaganda integriert wurde. Die SED (Sozialistische Einheitspartei Deutschlands) beanspruchte auch auf diesem Gebiet eine »führende Rolle«. Es ergingen sogar, 1953 und 1977, spezielle Parteibeschlüsse über dementsprechende Aufgaben und Leitlinien der literaturkritischen Tätigkeit (abgedruckt in Nr. 281, S. 280-282; und in: *Sonntag*, Jg. 1977, Nr. 48, S. 2). Auch Beschlüsse aus der Sowjetunion galten als verpflichtende Orientierung, besonders derjenige von 1972 über die weitere Verbesserung der Literatur- und Kunstkritik, der gleich mehrere Kritikertreffen in der DDR auslöste (s. Nr. 160f., 163). Bei solchen Gelegenheiten wurde gewöhnlich ein ›Zurückbleiben der Literaturkritik hinter den gesellschaftlichen Anforderungen‹ kritisch oder selbstkritisch konstatiert, aber kaum analysiert.

Gewiss nicht zufällig entstand eine der ersten Dissertationen über DDR-Literaturkritik am »Institut für Gesellschaftswissenschaften beim ZK [Zentralkomitee] der SED«, und sie enthält die exemplarische Bestimmung: »Unsere Literaturkritik muß sich stets als ein Instrument der gesamten kulturellen Entwicklung, die von unserer Partei und dem sozialistischen Staat geleitet wird, betrachten.« (Oswald, Nr. 66, S. 181. Auch Nr. 156 und 828 entstammen jenem Institut.) Zu dieser primär **gesellschaftspolitischen Funktionalisierung** liegen einige – tendenziell apologetische – Studien von DDR-Wissenschaftlern vor (Nr. 156, 170, 172), darunter zwei um systematisierende Darlegung bemühte Habilitationsschriften (Bock, Nr. 837; S. Schmidt, Nr. 96).

Im Westen hat man sich für die Literaturkritik der DDR erst sehr viel später und sehr viel weniger interessiert als für die Literatur der DDR, nämlich, abgesehen von einem früheren historischen Abriss (Nr. 256, ab S. 321), erst nach der Wiedervereinigung in einigen kurzen Rückblicken (Nr. 191, 195); gelegentlich allzu verkürzt (Nr. 194), wodurch Differenzierungsversuche angeregt wurden (Nr. 196, 198).

Offiziell immer wieder angemahntes gesellschaftspolitisches Hauptziel der Literaturkritik in der DDR war es zunächst, anknüpfend an die Propagierung antifaschistisch-demokratischer Literatur in der Sowjetischen Besatzungszone (s. Nr. 188), die Herausbildung und permanente **Höherentwicklung einer sozialistischen Nationalliteratur** zu fördern. Der Kritiker sollte »ein ideologischer Führer der Literatur« sein und dazu »über ein gründliches Wissen in der Gesellschaftslehre und Ästhetik des Marxismus-Leninismus verfügen« (Bredel, Nr. 371, S. 273). Der nationale Aspekt trat später zurück, nicht aber das Primat gesellschaftlicher Funktionalität der Literatur und ihrer Kritik. Zu beachten gilt hierbei:

> »Der Funktionsbestimmung von Kritik als einer konstruktiven, die skeptische Distanz zum Bestehenden oder dessen Ablehnung ausschließenden Haltung liegt die Prämisse zu Grunde, daß innerhalb des real existierenden Sozialismus nicht nur die für die kapitalistische Gesellschaftsordnung kennzeichnenden antagonistischen Widersprüche überwunden seien, sondern daß die möglichen und existierenden Widersprüche insgesamt nur mehr nichtantagonistischen Charakter aufweisen und auf der Grundlage des Bestehenden lösbar sind.« (B. Zimmermann, Nr. 256, S. 327)

Von einer staatspolitisch ideologisierten bis – anfangs vor allem – dogmatisierten Vermittlerfunktion marxistischer Literaturkritik in der DDR leiteten sich drei weitere gesellschaftliche Funktionen »der journalistischen Kritik« ab:

»– Einflußnahme auf die Leser, Hörer und Zuschauer mit dem Ziel, sie in bezug auf aktuelle künstlerische Erscheinungen politisch-ideologisch zu orientieren sowie ästhetisch bildend zu wirken;
– Einflußnahme auf die Schöpfer beziehungsweise Interpreten künstlerischer Werke oder Leistungen mit dem Ziel der Bewertung ihres Beitrags;
– Einflußnahme auf den Literatur- und Kunstprozeß insgesamt mit dem Ziel, auf alle an der Kunstkommunikation Beteiligten politisch-ideologisch wie ästhetisch orientierend einzuwirken.« (S. Schmidt, Nr. 96, Bl. 172f.)

Publikums- und Autorenbezug rückten als gleichwertig nebeneinander unter dem Aspekt gesellschaftlicher Schulung, die den Kritiker zu einem Kulturpropagandisten machte oder machen sollte. »Parteilich« und »volksverbunden« hatte er die Entwicklung der Literatur und der Rezeptionskultur zu stimulieren, »literaturgesellschaftliche Prozesse« (Nr. 156) anzuleiten. Und sozialistische Parteilichkeit der marxistischen Literaturkritik, so definierte Hans Koch, einer der Chefideologen der SED, bedeute, dass diese Kritik »nicht schlechthin irgendeine fortschrittliche Standarte aufpflanzt, sondern auf eine vielseitige Art und Weise mit der gesamten von der Partei geleisteten Arbeit im [...] Gesamtprozeß des sozialistischen Aufbaus verschmilzt, daß sie mitkämpft« (Nr. 155, S. 215). Sie besaß eine festgeschriebene Rolle »im Kampf der beiden Systeme« (Jarmatz, Nr. 88, Titelformulierung), mit dessen Verschärfung zur Zeit der Hochrüstung, Anfang der siebziger bis Mitte der achtziger Jahre, das Primat der gesellschaftlichen vor der ästhetisch-kommunikativen Funktionalität immer entschiedener betont wurde. Es ließ sich offenbar nie in erwünschter Art und Weise durchsetzten, denn von Anfang an (Nr. 155, S. 221 und 241) bis fast zuletzt (Nr. 837, Kap. 4.4, resümierend) wurden Schwierigkeiten und Defizite beklagt.

Wenn der Literaturkritik des ›Klassenfeindes‹ auftragsgemäß angelastet wurde, dass sie »der Erhaltung und Festigung des gesellschaftlichen Systems« diene, deshalb die »Wertung ästhetischer Erscheinungen und Prozesse [...] mit politischen und ideologischen Intentionen« verknüpfe (S. Schmidt, Nr. 96, Bl. 76) – dann war dies zu einem guten Teil unfreiwilliges Selbstporträt. Allerdings nicht nur, denn während der fünfziger und sechziger Jahre dominierte, analog zur Rüstungspolitik Adenauers, in der westlichen Kritik ostdeutscher und eigener linker Literatur ein militanter Antikommunismus, der eindeutig zur politischen Meinungsbildung bis Stimmungsmache im Kalten Krieg beitrug (antikritisch untersucht aus DDR-Sicht in Nr. 164, aus westlicher Sicht in Nr. 152 und 739). Diese sozusagen ostpolitische Funktionalisierung von Literaturkritik wurde eine Zeit lang, im Umfeld des 68er Studentenprotestes und der Außerparlamentarischen Opposition (APO), seitens der Neuen Linken konterkariert durch eine andere gesellschaftliche Funktionsgebung, die selbstkritisch auf die eigenen Staats- und Kulturverhältnisse gerichtet war. Literaturkritik sollte, im Anschluss an Konzeptionen Benjamins und Brechts, bewusstseinsschärfende Gesellschaftskritik sein (s. z.B. Nr. 288 und 364). Umfassendere theoretische Entwürfe wurden dazu nicht vorgelegt. Seitens sozialhistorischer Literaturwissenschaft, die zu jener Zeit einen weitreichenden Paradigmenwechsel gegenüber der traditionellen geisteswissenschaftlichen Methodik einleitete, gab es Vorstellungen, »mit der Vermittlung von Literaturgenuß eine vernünftige und kompetente Literaturpolitik zu verbinden«, orientiert an Publikumsbedürfnissen »und nicht an den bestehenden Konventionen der Literatur« (Lämmert, Nr. 75, S. 122).

Die um 1970 von der **Neuen Linken** erhobenen Forderungen nach politisierten Neuansätzen in der kritischen Praxis fanden keine größere Resonanz; für das Gros der Rezensenten blieb Literatur, konträr zur offiziellen Auffassung in der DDR, »weiterhin ein primär ästhetisches Ereignis« (Getschmann, Nr. 192, S. 150). Inwieweit dies auch für Kritik der neuartigen westlichen Literatur der Arbeitswelt und der zeitgenössischen DDR-Literatur zutrifft, wäre zu überprüfen. Evident scheint jedenfalls, dass sich kein umfassenderes gesellschaftliches und kein selbstreflexiv vertieftes politisches Funktionsverständnis unter den Kritikern ausgeprägt hat. Nicht zuletzt deshalb ist vielleicht nach 1990 so vehement über Christa Wolf und andere (ehemalige) DDR-Autoren debattiert worden (s. u.a. Nr. 805). Aus der Sicht Wolfgang Hilbigs herrscht im »literarischen Feuilleton« der ersten Hälfte der neunziger Jahre »unverfroren das Vokabular des kalten Krieges, ideologische Standpunkte und Standpauken werden verteilt wie eh und je, die Hauptkampfmittel des literarischen Parteienstreits, Observation und Denunziation, haben sich sogar, seitdem sie nicht mehr mit wirklichen Konsequenzen verbunden scheinen, potenziert« (Nr. 504, S. 35).

Hinzugewonnen hat **die neuere Kritik** der letzten zwei, drei Jahrzehnte – wo nicht durchweg, so doch hie und da – ein schärferes Augenmerk auf ihr sozial-kommunikatives und sozial-mediales Bezugsfeld (s. Kap. 1.2.2). Unter den Bedingungen der neuen Medien und Verlagskonzerne sind Kontroll- und Korrektivfunktionen gegenüber dem kommerzialisierten Buchmarkt, wie sie spätaufklärerische Literaturkritik intendierte (s. Nr. 225, ab S. 175), vollends illusorisch geworden. Es verbleibt statt dessen eine – wiederum höchst unterschiedlich wahrgenommene und erfüllte – »reflexionsstimulierende

Funktion«, darauf gerichtet, »das öffentliche Räsonnement über Literatur und die selbstreflexiven Prozesse innerhalb des Literatursystems« zu fördern (Anz, Nr. 44, S. 40 und Nr. 148, S. 201).

1.4.2 Kommunikative Funktionen

Literaturkritik hat **einen diskursiven und einen dialogischen Grundzug.** Exemplarisch hat ihn Lessing in den *Briefen, die neueste Literatur betreffend* (1759-65) hervorgekehrt und selbst angewandt (s. Nr. 859, S. 124f.). An sich ist jeder literaturkritische Beitrag »ein Gesprächsvorschlag, in dem die Wertung gleichsam probeweise vorgetragen wird, und erst im Streit der Argumente, die von allen Gesprächsteilnehmern beigebracht werden können, stellt sich ein Gemeinverständnis über das Buch her« (Ueding, Nr. 109, S. 22). Dies geschieht aber nur dann, wenn der Kritiker die dialogische Spezifik der Kritik aktiviert, wenn er der Mittlerfunktion zu den Autoren und Rezipienten hin nachkommt. Eben weil das keineswegs den Normalfall bildet, ihn schon zu Lessings Zeiten nicht bildete, erhoben sich wiederholt fordernde Stimmen; in der Gegenwart am entschiedensten die von Peter Glotz:

> »Der Journalist hat dieses ›Gespräch‹ zu beginnen, es zu fördern, durch eigene Einwände zu beleben, er hat, ganz wie ein Diskussionsleiter, die Aufgabe, zurückhaltende Gesprächspartner zu provozieren oder das Gespräch vor einer Majorisierung durch stark vertretene Partner zu bewahren. Diese Kommunikation über Literatur mag bildende, belehrende Nebenwirkungen haben [s. Kap. 1.4.3; W.A.], muß aber systemnormativ Gespräch bleiben und darf nicht zur Lehrveranstaltung entarten.« (Nr. 829, S. 48.)

Solche Diskurse zu stimulieren und zu lenken ist besonders wichtig und verantwortungsvoll, wenn anregende neue Schriftsteller hervortreten, die sonst beim heutigen Medienrummel um Bestsellerautoren vielleicht gar nicht wahrgenommen werden.

Den Ausgangspunkt der kommunikativen Funktion der Literaturkritik bezeichnet ihre historisch gewachsene Aufgabe, selektiv zu informieren. Anspruch auf Vollständigkeit glaubte erst- und letztmalig Friedrich Nicolai 1765 bei der Gründung der Rezensionszeitschrift *Allgemeine deutsche Bibliothek* erheben zu können, doch musste er ihn schon nach wenigen Jahren wegen der expandierenden Buchproduktion aufgeben. Seither ist die Relevanz **selektiver Information** oder **Orientierung über den Buchmarkt** mit dessen permanentem Wachstum gestiegen und meistens auch entsprechend ernst genommen worden; nach 1945 östlich nicht minder als westlich, wo es allemal aus deutschsprachigen und aus übersetzten internationalen Titeln auszuwählen galt (Besprechungen fremdsprachiger Originalausgaben bilden nach wie vor Ausnahmefälle). Insofern bietet neuere Literaturkritik nicht mehr als ausschnitthafte Überblicke zu der Literatur, die Kritiker und ihre Bezugspartner (Redakteure, Journalisten; in der DDR auch: Partei-, Kulturfunktionäre) für rezensionswürdig oder sonst besprechenswert halten.

Sehr verschieden waren und sind jedoch die **Kriterien der Auswahl**, die vom gesellschaftlich vorgegebenen bzw. individuell freien Selbst- und Literaturverständnis der Kritiker sowie von ihren soziokulturellen Einbindungen (s. Kap. 1.2) abhängen. Im Westen hat es, mit dem Vorteil und der Möglichkeit der Pluralität, nie ein fest gefügtes, allgemein verbindliches Kriterienensemble gegeben wie das in der DDR, das gemäß der politisch-ideologischen Prägung der Literaturkritik umfasste: gesellschaftliche und regionale Bedeutsamkeit in politischer und ästhetischer Hinsicht; Relevanz für die Weiterentwicklung der sozialistischen Literatur und der jeweiligen Gattung oder Form; Massenwirkung und Befriedigung differenzierter Lektürebedürfnisse (vgl. Nr. 96, Bl. 193). Diese Einzelmomente wurden unter dem leitenden Kriterium der Nützlichkeit gebündelt: »Die Wirkung nützlicher Literatur zu unterstützen und die unnützlicher zu behindern [...] – das ist die Hauptaufgabe der Kritik.« (David, Nr. 177, S. 6) Determiniert war der Nutzen durch die gesellschaftliche Funktionalisierung der Literatur in der DDR.

Teils stillschweigend, teils betont subjektiv vorgenommen, erfolgt inzwischen die kritische Selektion oder selektive Kritik der Literatur aus der (zwiespältigen) Erfahrung heraus, dass bereits die äußerlichste und oberflächlichste Erfüllung dieser wesentlichen kommunikativen Kritikfunktion, besonders im Fernsehen, für den vorgestellten Titel entscheidender sein kann als die näheren Erörterungen des Kritikers. Leicht verstärken können sich Tendenzen zu solcher Flüchtigkeit, wenn den Kritikern Textumfang und Sendezeit noch weiter verkürzt werden. Und kaum noch erfüllbar sind dann weitere Informationsaufgaben, mit denen sich Literaturkritik seit einiger Zeit konfrontiert sieht, nämlich den besprochenen Text in Kontextbezüge zu stellen und Erkenntnisse über Markt- und Medienbedingungen zu verbreiten (resümierend dargelegt z.B. in Nr. 33, S. 172f.).

Informationen allein, gar vereinzelte Kurzinformationen, machen aber nicht das Wesen von Literaturkritik aus. Eine **Erörterungsfunktion** kommt hinzu, und bei eingehenderer Textkritik vereint sie sich mit einer Urteils- oder **Wertungsfunktion**. Beide gilt es hinsichtlich ideeller, ästhetischer und formaler Aspekte des angezeigten Buches auszuführen. Dies erfordert wiederum allgemein verbindliche oder subjektive Kriterien und Maßstäbe, die indessen – außerhalb der marxistischen Kritik – noch umstrittener sind als im Falle des Selektionsvorgangs, zumal sie zwei Grundprobleme berühren: das sich stetig wandelnde Wertesystem einer Gesellschaft und die Bewertbarkeit von belletristischer oder fiktionaler Literatur (s. Kap. 1.6).

Erörterungen und Wertungen fundieren zum einen die Antwort, die der Kritiker in Form seiner Besprechung dem Autor gibt, womit er ihn öffentlich bestätigt oder abfertigt, fördert oder zurückweist. Eine wesentliche, in ästhetische Funktionsbereiche hinüberspielende Aufgabe hierbei ist es, Talente zu entdecken, unbekannte gute, innovative Autorinnen und Autoren durchsetzen zu helfen – was gar nicht so selten geschieht. Umgekehrt hingegen sind die Fälle selten, dass ein (›gestandener‹) Schriftsteller Einwände und Anregungen seitens der journalistischen Kritik aufnimmt; wofür es übrigens aus jüngerer Zeit kein so berühmtes Beispiel gibt wie die Zweitfassung von Kellers Roman *Der grüne Heinrich* (1879-80). Zum anderen bieten Erörterungen und Wertungen prinzipiell **Entscheidungshilfe für den Rezipienten**, sich mit der vorgestellten Publikation zu beschäftigen oder nicht; sie regen eine Entschlussfassung und Meinungsbildung an. Idealisches Ziel dieser publikumsbezogen kommunikativ-didaktischen Funktionalisierung von Literaturkritik ist (schon seit Lessing) der selbst denkende und seine Lektüre der Kritiken wie der Literatur selbständig verarbeitende Leser. Wenn allerdings in der DDR die Aufgabe gestellt wurde, durch Literaturkritik »aktive Leserpersönlichkeiten zu formen« (Jarmatz, Nr. 165, S. 30), dann bedeutete dies keinen ungebrochenen Anschluss an das dort vielberufene Vorbild Lessing, da er weder der Kritik noch der Literatur politisch-ideologische Vorgaben gemacht hatte.

Im Medienzeitalter erwächst Konzeptionen zur gedanklichen Anregung oder Herausforderung des Publikums, wie sie unter den älteren Kritikern etwa Sigrid Löffler und Reinhard Baumgart, unter den jüngeren Sibylle Cramer und Gustav Seibt praktizieren, eine kräftige Konkurrenz. Literaturkritik, besonders namentlich in den einschlägigen Sendungen des Fernsehens, gewinnt zunehmend eine Unterhaltungsfunktion. Lapidar konstatiert beispielsweise Wolfgang Hilbig (Nr. 504, S. 29): »Die Kritk hat, dies ist vorerst der letzte Stand der Dinge, ihren Unterhaltungswert entdeckt.« Und diese Entdeckung nun ist nicht etwa folgenlos, sondern problematisch dadurch, dass eine traditionelle Einheit von Denken und Vergnügen zugunsten seichterer, ästhetisch unbedarfter Varianten des letzteren verloren geht.

Klagen darüber gibt es genug, aber praktikable Alternativen zeichnen sich derzeit nicht ab. Vielmehr verstärkt sich eine Tendenz dahin, oberflächliche Informationen mit ebensolcher Unterhaltung zu vermengen, und dies heißt in heutiger Journalistensprache euphemistisch »Infotainment«. Zu ihm gehört auch ein zunehmendes Personalisieren, das sich beispielsweise in einer erhöhten Beliebtheit von Autorenporträts abzeichnet (s. Kap. 1.5.3) und jüngstens von kulturjournalistischer Warte her folgendermaßen problematisiert worden ist:

»Die Gefahr vieler Personalisierungsformen liegt aus kultureller Sicht darin, personenbezogene auf Kosten kulturbezogener Informationen zu vermitteln (so beim Intimisieren, Sexualisieren, Subjektivieren [...]) oder sogar Themen [analog: Bücher; W.A.] aufgrund von Prominenz und nicht ihrer künstlerischen oder gesellschaftlichen Relevanz wegen auszuwählen.« (Stegert, Nr. 123, S. 271)

Zu personalisieren erscheint insoweit angebracht, wie damit »abstrakte und schwierige Themen und Stoffe anschaulich und lebendig zu machen« sind (ebd.).

1.4.3 Ästhetisch-didaktische Funktionen

»Geschmacksbildung« lautete ursprünglich, im Aufklärungszeitalter und teilweise noch bis ins 20. Jahrhundert hinein, der Leitbegriff ästhetischer Funktionalisierung von Literaturkritik. Er bezieht sich von der Mittlerposition aus (theoretisch) gleichermaßen auf die Autoren wie auf das Publikum; allerdings ist er an Normen gebunden, vorrangig an Normen der Klassizität, für die eine überzeitliche und allgemeine Gültigkeit beansprucht wird. Solche Normensetzungen gerieten aber während des 20. Jahrhunderts zunehmend in Widerspruch zur innovativen, völlig unnormierbaren Entwicklung moderner Literatur, so dass überkommene Kritikerabsichten, geschmacksbildend zu wirken, obsolet wurden. An ihre Stelle sind ästhetisch-didaktische Funktionen getreten, die unterschiedliche Aufgaben für **Autoren- und Publikumsbezüge** beinhalten.

Nach neuerer Auffassung weist Literaturkritik in »ihrer didaktischen und sanktionierenden **Funktion für Literaturproduzenten** (Autoren, Verlage) [...] auf qualitative Schwächen oder Stärken der publizierten Literatur hin, um damit die Qualität zukünftiger Buchproduktion zu fördern« (Anz, Nr. 44, S. 40 und Nr. 148, S. 201; Hervorhebung – W.A.). Einem solchen Anliegen fühlten sich die verschiedenen westlichen Kritikrichtungen nach 1945 durchaus verpflichtet (abgesehen von den Kritikern, die im Umfeld der 68er Bewegung zeitweilig keine ästhetischen Kriterien gelten ließen). Und ähnliches bzw. teilweise nur scheinbar ähnliches ist von den Kritikern der **DDR** offiziell immer wieder verlangt worden, doch finden sich hierbei – neben dem Moment einer Beauftragung ›von oben‹ – mindestens zwei Besonderheiten.

Erstens sollte Kritik vorwiegend zugunsten einer bestimmten Literatur ausgeübt und vervollkommnet werden, zugunsten einer Höherentwicklung gegenwartsorientierter sozialistischer (National-)Literatur. Es waren zunächst Schriftsteller selbst, genauer: etablierte Autoren aus der Vorkriegsphase marxistisch-revolutionären Schreibens, die die Berücksichtigung ästhetischer Aspekte anmahnten. Beispielsweise Friedrich Wolf, 1950 (*Wo sind die Maßstäbe in der Kunst?*): »Aktualität und Meisterschaft? Kein Mensch fragt später nach dem Auftrag, sondern nach der Qualität. [...] Wir brauchen [...] den mit uns kämpfenden Kritiker, der mit uns die Maßstäbe schafft, ohne die wir uns übereilen oder zurückbleiben, ohne die wir im Nebel tasten.« (Gesammelte Werke. Bd. 16. Berlin, Weimar 1968, S. 293 und 298) Oder Willi Bredel, 1952: »Erstreben müssen wir als unlösbaren Bestandteil der Literatur eine Literaturkritik, die [...] die historisch-gesellschaftliche Kritik mit der ästhetischen Kritik zu einer Einheit zu verbinden weiß.« (Nr. 371, S. 278) Wohlgemerkt, in dieser Hierarchie von Politik und Ästhetik. Erwünscht waren bloß ästhetisch-qualitative Einschätzungen auf ›linientreuer‹ politisch-ideologischer Grundlage, wofür bis 1956 (Ungarn-Aufstand) vielfach die kritisch-wissenschaftlichen Arbeiten von Lukács als maßstabliefernd gepriesen wurden.

Zu erfüllen galt es zweitens, schon im Zusammenwirken von inoffizieller Vorkritik und staatlicher Zensur bei den obligaten Druckgenehmigungsverfahren, eine Art **Wächterfunktion hinsichtlich ›abweichlerischer‹ Literatur** (vgl. Lokatis, in Nr. 197, Kap. 1 und 5; Brohm, Nr. 198). Parteiamtlich gestützte massive Einflussnahmen der Kritik auf Schriftsteller und Verlage sind bekannt genug; man weiß, dass infolge eifernder Rezensionen bereits ausgelieferte Bücher zurückgezogen und eingestampft, ihre Autoren und Verleger scharf reglementiert wurden.

Heute fragt sich nun, inwieweit bei den Gegebenheiten im geeinten Deutschland, desgleichen in Österreich und der Schweiz, Kritiker überhaupt noch auf die verlegerische Buchproduktion qualitativ fördernd einwirken können. Bei überzeugender Argumentation erreichen sie vielleicht das ästhetische Bewusstsein von Schriftstellern – und eines geringen Teils des Massenpublikums. In diesem Zusammenhang kommen sie, soweit sie es denn noch beabsichtigen und Literaturkritik »als den Ort ästhetischer Debatte« verstehen (Greiner, Nr. 440, S. 239), einer »didaktischen Funktion für das Publikum« nach, bei der sie »Wissen und Fähigkeiten« vermitteln, »die zur Lektüre solcher Werke notwendig sind, die besonders aufgrund ihres innovatorischen Abstandes zu eingespielten Leseerwartungen Verständnisschwierigkeiten bereiten« (Anz, Nr. 44, S. 40 und Nr. 148, S. 201). Man könnte auch von einer **ästhetisch-didaktischen Verständnishilfe** sprechen und müsste auf deren Schwierigkeiten hinweisen, die aus den Problemen der Interpretierbarkeit und der Objektivierbarkeit subjektiver Deutungen fiktionaler Texte resultieren.

Funktionen der Literaturkritik, die, unter dem Stichwort **»ästhetische Erziehung« des Publikums** zu möglichst humanisierender Literaturrezeption, während der zweiten Hälfte des 18. Jahrhunderts (von Lessing bis Schiller und Goethe) verschiedentlich konzipiert und später modifiziert wurden, haben im westlichen deutschen Sprachraum nach 1945 eine größere Bedeutung wiedererlangt. Sie manifestieren sich in Positionsbekundungen, beispielsweise von Friedrich Sieburg, dem tonangebenden Kritiker der restaurativen Adenauer-Ära. Er bevorzugte »das Buch, das uns als Ganzes entwickelt, das dem Leser das Gefühl der Zugehörigkeit zu einer gemeinsamen Lebensform verleiht, ihn [...] aus der Enge des genormten Daseins, in der es immer finsterer geworden ist, hinausführt auf einen Plan von Licht« (zitiert nach Schonauer, Nr. 739, S. 244). Mit sicher anderer Vorstellung von »einer gemeinsamen Lebensform«, doch ähnlich auf eine Einheit ästhetischer und moralischer Momente ausgerichtet, formulierte Reich-Ranicki sein Credo (Nr. 667, Aufl. 1970, S. 9): »Zwei Ziele schweben ihm [dem Kritiker; W.A.] vor: bessere Bücher und bessere Leser. Mithin ist der Kritiker immer – ob er es anstrebt oder nicht, ob er es zugibt oder leugnet – Moralist und Erzieher.« Eine Gemeinschaftsauffassung ist dies aber keineswegs gewesen, und Erziehungsfunktionen sind um 1980 zufolge einer Erhebung (s. Nr. 175, S. 169 ff., 223) – und wohl auch seither – nicht mehr nachdrücklich von Kritikern selbst beansprucht, ebenso wenig ihnen theoretisch abverlangt worden.

Anders **in der DDR**, wo, nach Maßgabe der Einheit primärer politisch-ideologischer und beigeordneter ästhetischer Faktoren bei der Literaturvermittlung, die Kritiker damit beauftragt waren, den Leser »vom Literaturliebhaber zum Literaturkenner zu erziehen, der unsere Literaturentwicklung als seine Angelegenheit begreift« (J.-H. Sauter, in Nr. 900, S. 134); ihn zu befähigen, ästhetische Urteils-, Genuss- und Erlebnisfähigkeit auszubilden und weitest möglich zu vervollkommnen (s. Nr. 96, Bl. 176). Und zwar lange Zeit gemäß der Losung: »Die fortgeschrittenen Arbeiterleser – Maßstab und Ziel der literaturkritischen Tätigkeit.« (Oswald, Nr. 66, S. 99) Zwiespältigkeiten traten Ende der siebziger und Anfang der achtziger Jahre deutlicher hervor. Einerseits kulminierten periodische kampagneartige Bestrebungen, interessierte werktätige Rezipienten als **Laienkritiker** den Berufskritikern ›partnerschaftlich‹, de facto jedoch als eine Instanz politisch-ideologischer Kontrolle und Richtungsvorgabe an die Seite zu stellen. Andererseits verstärkten sich, literaturprogrammatisch unterstützt durch namhafte Schriftsteller, Neuansätze bei der Erfüllung der Kritikerfunktion, zur sozialistischen Persönlichkeitsbildung im Publikum beizutragen; d.h. etwa in den letzten fünfzehn Jahren der DDR gewannen Aspekte des Ästhetischen sowie der Subjektivität und Individualität mehr denn je an Relevanz, auch beim Problem des literaturkritischen Urteilens und Bewertens (s. Kap. 1.6.2). Es ließ sich zum Beispiel berechtigt konstatieren: »Allgemein hat sich die Erkenntnis durchgesetzt, daß Erziehung zur Literatur die Befähigung zu subjektiver literarischer Wertung einschließt.« (Krieger, Nr. 180, Bl. 248) Ansonsten jedoch erhielt sich, was die breite Rezipierbarkeit von Literaturkritik anlangt, ein teils propagandistischer, teils idealischer volksbildnerischer Optimismus (wie übrigens in allen Kultur- und Bildungsbereichen). Und es wurde kurzweg gefordert, der Kritiker habe »seinen Standpunkt bei *wissenschaftlicher Gründlichkeit in volkstümlicher Einfachheit* vorzubringen« (Bredel, Nr. 371, S. 273).

Solche Forderungen unterdrückten ein Problem, das im Westen um 1970 hervortrat, infolge der politisierten Kritik der Neuen Linken an der ›bürgerlichen Kritik‹: »Das Dilemma scheint unausweichlich: Wie kann Kritik einfach sein, wo ihr Objekt kompliziert und vielschichtig ist? Muß nicht, wer eine ›einfache‹ Kritik fordert, zuerst eine einfache Literatur verlangen?« (I. Fischer, Nr. 833, Bl. 228)

Insgesamt gesehen laufen, vielfach ungeachtet derartiger Schwierigkeiten, neuere publikumsbezogene gesellschaftliche, kommunikative und **ästhetische Funktionsbestimmungen** der Literaturkritik prinzipiell darauf hinaus, »möglichst vielen Literatur-Rezipienten bessere Teilnahmemöglichkeiten am Literatur-System zu eröffnen« (S. J. Schmidt, Nr. 33, S. 176), sie zur selbstbewussten Lektüre anzuregen und dabei in einem doppelten Wortsinn, kulturell und verkaufsstrategisch, für Literatur zu werben.

1.4.4 Werbefunktionen

Nach Thomas Stearns Eliot wird ein wesentlicher, gar der wesentliche Zweck von Literaturkritik erreicht, wenn es ihr gelingt, nicht nur »das Verständnis der Literatur«, sondern auch »die Freude an ihr zu fördern« (zitiert nach Nr. 352, S. 15). Bei dieser Art ideell emotional werbenden Einsatzes sind Literaturkritiker in Ost und West vielleicht stets am ehesten übereingekommen. Getrennt hingegen hat sie bis zum Zusammenbruch der DDR das Moment kommerziellen Werbens, das Kritik unter kapitalistischen Marktbedingungen als sogenannte »PR-Funktion« enthält. An deren Stelle trat in der DDR eine für qualitativ neu ausgegebene **sozialistische Propagandafunktion** der Kritik. Sie sollte allem (rezensorischen) Schreiben des Kritikers zugrunde liegen, wobei als »Minimum der literaturpropagandistischen Aussage« exemplarisch definiert wurde: das »Thema des Buches, sein Platz im Schaffen des Autors, seine Stellung im Kontext der zeitgenössischen Literatur, seine ideologische und ästhetische Qualität« (Neubert, Nr. 636, S. 43). Lektüreneigungen zu wecken und gleichzeitig zu steuern, war eine Hauptaufgabe der Kritiker, denen dabei als »kulturpolitische Verantwortung« auferlegt wurde, »die individuell ausgeprägten Lesebedürfnisse mit den gesellschaftlich objektiven Notwendigkeiten in Übereinstimmung zu bringen« (Oswald, Nr. 66, S. 181).

Im Westen ist über die **PR-Funktion** häufig klagend bis resignierend, doch wenig substantiell analytisch geschrieben worden. Auch Lilienthal (Nr. 103, Kap. 4), äußert sich entgegen der Kapitelüberschrift »Die PR-Funktion von Literaturkritik im Distributionssystem des Buchmarktes« vorwiegend über Werbestrategien der Verlage und deren zweckgerichtete Ausnutzung von Literaturkritiken. Einigkeit besteht darüber, dass dieser – vom Kritiker oft ungewollte – Werbeeffekt infolge der Selektionsfunktion (s. Kap. 1.4.2) schlichtweg zur Eigenheit medienabhängiger und marktwirtschaftlich integrierter Literaturkritik gehört. Eine Möglichkeit, ihn reflexiv einzubeziehen und einzuschränken, liegt darin, differenziert zu kritisieren. Denn es dürfte der Auffassung zuzustimmen sein: »Mit dem generellen Verzicht auf negative Wertung, auch auf den ›Verriss‹, vernachlässigen sie [die Kritiker; W.A.] eine wichtige Aufgabe der Kritik: ein öffentlich wirksames Gegengewicht zur Verlagswerbung zu bilden.« (Anz, Nr. 148, S. 205.)

Wie der einzelne sich berufspraktisch zu der Werbeproblematik stellt, hängt davon ab, inwieweit er bewusst als »Zirkulationsagent« (Marx) des Buchmarktes fungieren möchte. Es hat sich in neuerer

Zeit, gerade unter namhafteren Kritikern, eine pragmatische Sicht auf diesen **Rollenaspekt ihres Metiers** herausgebildet:

- Beitrag zum Lebensunterhalt nicht weniger Autoren (Vormweg, Nr. 768, S. 150),
- Unkalkulierbarkeit aller Wirkungsfaktoren von Kritik (Drews, Nr. 104; s. auch Kap. 1.7),
- potentiell erfolgssteigernde Verrisse (Reich-Ranicki, Nr. 671, Aufl. 1992, S. 43ff.).

Die prominente langjährige Mitwirkende im *Literarischen Quartett* verweist auf eine Ambivalenz: »Es liegt einerseits im Interesse des Literaturbetriebes, [...] den Kritiker [...] als Agenten zu instrumentalisieren; andererseits ist ein instrumentalisierter Kritiker für den Literaturbetrieb wertlos, weil er keine Glaubwürdigkeit besitzt.« (Löffler, Nr. 592, S. 37) Hat aber dies ethische Kriterium noch seinen früheren Stellenwert – gerade im Massenpublikum der audiovisuellen Medien? Und entnehmen die Verlage, wie erwiesenermaßen vor zwanzig Jahren (s. Nr. 89, Sp. 341), werbungsbestimmte Zitate noch immer nur aus Verlautbarungen von glaubwürdig erscheinenden Berufskritikern und primär nach den Kriterien Fachkompetenz, Urteilsfähigkeit, Berühmtheit?

1.5 Richtungen und Bereiche, Formen und Sprache

1.5.1 Strömungen und Richtungen

Konvergierten früher, abgesehen vom Sonderfall der vormärzlichen junghegelianischen Kritik (um Arnold Ruge und Ernst Theodor Echtermeyer), literarische und literaturkritische Richtungen und bildeten umfassendere Strömungen, so traten an deren Stelle mit der Wende zum 20. Jahrhundert zunehmend ideologisierte Kritikbewegungen. Politisch-ideologische Polarisierungen verschärften sich nach 1918, in der Weimarer Republik, und setzten sich nach 1945 fort im Kalten Krieg der beiden Weltsysteme, desgleichen innerhalb des westlichen deutschsprachigen Raums – auch dort, wo sie verleugnet wurden. Eine systematisierende Gesamtdarstellung zumindest aller Hauptrichtungen und Strömungen im deutschsprachigen Bereich fehlt und ist dringliches Desiderat. Gängige Einteilungen, etwa in »Werkimmanent-traditionsgebundene und außerliterarisch ›avantgardistische‹ Kritik« (so I. Fischer, Nr. 833, Kap. III.2), sind zu undifferenziert.

Eine **neokonservative Richtung** der geistesgeschichtlich-ästhetischen Strömung vornehmlich Westdeutschlands (repräsentiert z.B. von Günter Blöcker, Ernst Robert Curtius, Hans Egon Holthusen, Friedrich Sieburg) gab sich betont apolitisch, während sie mit ihren werkimmanent ästhetischen Wertungen massiv der Restaurationspolitik dienlich war (vgl. Nr. 164 und 739). Von diesen Kritikern wurden die maßstabliefernden »Größen der Vergangenheit« (Sieburg, Nr. 735, S. 24) ausgespielt gegen eine vorgeblich provinzialistisch kleingeistige deutschsprachige Gegenwartsliteratur, an deren Entwicklung die Konservativen desinteressiert waren, sofern es sich nicht um traditionsbewußt ›abendländisch-christliche‹ Autoren oder um ›moderne Größen‹ (etwa Gottfried Benn, Thomas Mann) handelte. In Zeitschriften und Zeitungen wie beispielsweise *Die Gegenwart*, *Die Welt*, *FAZ* wurden »mit nostalgisch-religiöser, nostalgisch-ästhetisierender oder nostalgisch-existentialistischer Attitüde« (Hermand, Nr. 267, Bd. 7/1, S. 28) neue gesellschaftskritische und so genannte »ostzonale« Werke attackiert. Eine Leitfunktion dabei hatte Sieburg:

»Als Mitherausgeber und Literaturkritiker der *Gegenwart* (1948-1955) und von 1956 an verantwortlich für das Literaturblatt der *FAZ*, das bis dahin von dem um Liberalität bemühten Karl Korn redigiert worden war, gab er im Literaturbetrieb der Bundesrepublik bis in die sechziger Jahre den Ton an; galt er, um Gottfried Benn zu zitieren, als der ›große Sieburg‹.« (Schonauer, Nr. 739, S. 243f.)

Eine ähnliche Rolle **in der Schweiz** spielte Max Rychner. Bei seiner Zeitschriftengründung *Neue Schweizer Rundschau* erwies sich exemplarisch die ziemlich bruchlose schweizerische Kontinuität, die es auch im Bereich der Literaturkritik nach 1945 gab.

Eine **liberale Richtung** der geistesgeschichtlich-ästhetischen Strömung (u.a. Karl Korn, Siegfried Melchinger, Franz Schonauer) knüpfte an Traditionen der zwanziger Jahre und der aufklärerisch-klassischen Epoche an. Unter diesem Blickwinkel näherte sie sich, in Zeitschriften wie *Deutsche Rundschau* und *Monat*, der deutschsprachigen Nachkriegsliteratur aufgeschlossener und weniger vorurteilsbehaftet als die konservative Richtung. Jedoch bestand eine weitreichende Gemeinsamkeit in dem Grundsatz, der Kritiker habe unpolitisch und darüber hinaus vor allem ein sich subjektiv und formbewusst verlautbarender Literaturkenner zu sein. So waren denn beide Richtungen oftmals in den bereits genannten Publikationsorganen nebeneinander vertreten.

Demokratisches Engagement und innovatorische bis modernistische Literaturauffassungen verbanden Kritiker aus dem Mitglieder-

oder Umkreis der von Hans Werner Richter gegründeten **Gruppe 47**: Walter Jens (seit 1950 dabei), Joachim Kaiser (ab 1953), Walter Höllerer (ab 1954), Marcel Reich-Ranicki (ab 1958), Hans Mayer (ab 1959), außerdem Reinhard Baumgart, Franz Schonauer und andere. Sie prägten als eine Minderheit keine umfassendere Strömung, wohl aber eine eigenständige Richtung aus. Bestimmten sie bei den Lesungen der Gruppe eine interne Sofortkritik (s. dazu Kap. 1.5.3), so spielten sie, ungeachtet aller Diffamierungen von konservativer Seite her, innerhalb der zeitgenössischen journalistischen wie akademischen Literaturkritik eine einflussreiche und nach Sieburgs Tod (1964) eine »dominierende Rolle« (Schonauer, Nr. 739, S. 243). Und sie publizierten in wichtigen Presseorganen: z.B. in der Wochenzeitung *Die ZEIT*, in den linkskatholischen *Frankfurter Heften* oder in Höllerers Zeitschriften *Akzente* und *Sprache im technischen Zeitalter* (beide seit 1954). Während Höllerers Gründungen noch heute bestehen, sind Richters Versuche, ein Gruppenorgan zu etablieren, nur einmal kurzzeitig geglückt, 1952 mit *Die Literatur. Blätter für Literatur, Film, Funk und Bühne.*

Auch in der Dortmunder **Gruppe 61** sowie in dem von ihr 1970 abgespaltenen »Werkkreis Literatur der Arbeitswelt«, fanden sich Kritiker, Schriftsteller und Journalisten zusammen, deren Mittelpunkt bekannt Autoren wie z.B. Max von der Grün, Peter Schütt und Günter Wallraff bildeten. Und auch sie hielten Autorenlesungen ab, bei denen in die Öffentlichkeit vordringende Spontankritik geübt wurde. Ansonsten freilich trat Literaturkritik zurück hinter dokumentarischen, protokollarischen und reportagehaften Texten einer Literatur des Arbeitsalltags. Unentwickelt blieben Ansätze zu einer eigenen literaturkritischen Richtung (Friedhelm Baukloh, Walter Köpping u.a.), die vorwiegend in Gewerkschaftsorganen hervortraten (z.B. *Bergbau und Wirtschaft* oder *Gewerkschaftliche Rundschau für die Bergbau- und Energiewirtschaft*). Eine viel größere Rolle als ästhetische Theorie spielte die gesellschaftspolitische bzw. ideologische Positionsfindung, über der es bald zum Bruch kam. Gänzlich unerforscht sind Richtungsbildungen der Literaturkritik links von der Gruppe 47 und der Gruppe 61, also im direkten Einflussbereich der anfangs (bis 1956) noch zugelassenen KPD, später der DKP (gegründet 1968).

Die so genannte **Neue Linke**, eine Hauptkraft der 68er Protestbewegung, brachte in Westdeutschland eine kurzlebige lose Kritikergruppierung hervor: Walter Boehlich (ein ehemaliger Curtius-Schüler), Hans Magnus Enzensberger, Yaak Karsunke. Sie wollten den bestehenden ›bürgerlichen Markt‹ der Literaturkritik abschaffen, statt ihn zu verändern, weshalb sie u.a. in ihrem anspruchsvollsten Publikationsorgan, im 15. Heft der Zeitschrift *Kursbuch*, dazu aufriefen, sich konsequent von literarischer Kritik abzukehren und gesellschaftlicher Kritik in Form des politischen Aktionismus zuzuwenden (s. Nr. 364). Das *Kursbuch* gibt es noch heute, und es steht längst wieder der Literaturkritik offen, die auch gelegentlich metakritisch betrachtet wird (s. z.B. Nr. 49). Aus den »linkssektiererischen Kahlschlagfanatikern« (Hermand, Nr. 267, Bd. 7/1, S. 34) wurden linksdemokratische bis reformorientierte Kritiker; Karsunke beispielsweise schrieb seit den siebziger Jahren für die *Frankfurter Rundschau*. Dort und in Zeitschriften wie *Argument*, *Konkret* und *Kürbiskern* entwickelten Kritiker und Autoren wie Peter O. Chotjewitz, Agnes Hüfner, Peter Schütt und andere eine begrenzte doch beharrliche Rezensionspraxis, mittels derer systemkritischer westlicher Literatur und DDR-Schriftstellern zum Durchbruch verholfen wurde.

Ernst mit reformerischen Bestrebungen, sowie mit angemessener Beachtung experimenteller Literatur, machte schon um 1968 eine viel beständigere neue Richtung um Reinhart Baumgart, Helmut Heißenbüttel und Heinrich Vormweg. Sie beförderte im Kontext innovativer Literaturwissenschaft und gemeinsam mit der demokratischen Literaturkritik einen auch in Österreich und der Schweiz vollzogenen Paradigmenwechsel weg von geistesgeschichtlich-ästhetischen Positionen, der eine neue, eine **sozialhistorisch-ideologiekritische Strömung** mit mehr oder weniger ausgeprägten ästhetischen Implikationen hervorbrachte. Ihr öffneten sich allmählich Großteile der westlichen Presse, von der *Süddeutschen Zeitung* bis zur *Zeit* und von der Wiener Zeitschrift *Protokolle* bis zum Stuttgarter *Merkur*. Sie umfasste über die Jahre hin so unterschiedliche deutsche, österreichische, schweizerische Kritiker des journalistischen und des akademischen Bereiches wie z.B. Heinz Ludwig Arnold, Sibylle Cramer, Jörg Drews, Ulrich Greiner, Walter Jens, Adolf Muschg, Marcel Reich-Ranicki, Werner Weber, Hans Weigel und Ulrich Weinzierl.

Diese Strömung hat die Sturmzeiten um 1970 lange überdauert und Zuwachs vor allem durch **feministische literaturkritische Richtungen** erhalten, die sich von ihren kulturhistorischen Ansätzen und aktuellen Ideologien her unterscheiden (eine Überblicksdarstellung fehlt noch). Aus der Opposition zur traditionell-patriarchalischen Kritik entstanden feministische Rezensionszeitschriften wie die Wiesbadener *Virginia* und der Wiener *Weiberdiwan*; hingegen bringen Magazine wie *EMMA* und *AUF* lediglich Kurzkritiken bzw. Anotationen und auch diese nur selten, worin sie den sonstigen Magazinen völlig gleichen. Eine jüngst gezogene selbstkritische Zwischenbilanz lautet:

»Es werden in allen diesen Organen ausschließlich Bücher von Autorinnen besprochen und – bis auf Ausnahmen im Bereich der Belletristik – auch nur Bücher, die sich inhaltlich mit Frauenthemen beschäftigen. [...] Problematisch ist auch die Distribution einer Zeitschrift wie *Virginia* – im Literaturbetrieb bleibt sie eine Marginalie.« (Gürtler, Nr. 124, S. 102)

Weniger die feministischen als vielmehr die übrigen Richtungen innerhalb der breiten sozialhistorisch-ideologiekritischen Strömung sind seit der Wendezeit um 1990 verschärft neuen Sinnkrisen und Problematisierungen ausgesetzt. Die Strömung driftet auseinander.

In der DDR wurde schon frühzeitig kulturpolitisch alles daran gesetzt, eine möglichst homogene Strömung marxistischer oder sozialistischer Literaturkritik herauszubilden. Dementsprechend versiegten bald einige in der antifaschistisch-demokratischen Anfangsphase noch geduldeten Überreste tradierter ›bürgerlicher‹ Kritikrichtungen. Und es entstanden innerhalb der breiten marxistischen Strömung keine selbständigen Richtungen, wenngleich es Ansätze dazu gab; beispielsweise mit der Realismuskonzeption Brechts, ferner in der Kritikpraxis der Zeitschrift *Sinn und Form* besonders unter der Herausgeberschaft Peter Huchels (bis 1962), später etwa mit literaturkritischen Verlautbarungen Franz Fühmanns und Christa Wolfs, an die ein Kritiker wie Kurt Batt anknüpfte (s. dazu Kap. 1.9.1). Insgesamt hat sich die Literaturkritik in der DDR viel weniger ausdifferenziert als die Literatur, die sich den staatlichen Bevormundungen zunehmend entzog, während die Kritik überwiegend noch linientreu fungierte als »eines der Instrumente zur Durchsetzung der Klasseninteressen der Arbeiter, die in der sozialistischen Gesellschaft objektiv mit den Interessen der ganzen Gesellschaft übereinstimmen« sollten (Oswald, Nr. 66, S. 130). Dort, wo statt ›einheitlicher marxistischer Wissenschaft‹ ein gleichberechtigtes Nebeneinander unterschiedlicher Kritikkonzepte auch nur angedacht wurde, gab es sofort Eingriffe, die entsprechende öffentliche Diskussionen beendeten oder umlenkten, noch ehe sie recht begonnen hatten (vgl. dazu Nr. 197, S. 411f.). Es sind, wegen des defizitären Forschungsstandes vergröbert, **zwei Hauptphasen der Kritik** unterscheidbar: erstens Erprobung und dogmatische Anwendung marxistisch-leninistischer literaturkritischer Prinzipien, Kriterien und Maßstäbe bis gegen Ende der sechziger Jahre (u.a. durch Alexander Abusch, Werner Ilberg, Hans Koch; herausragende Kritikerpersönlichkeit der Frühzeit: Paul Rilla); zweitens Modifikationen hinsichtlich ästhetischer und subjektiver Faktoren unter dem System des ›real existierenden‹ Sozialismus (z.B. Annemarie Auer, Klaus Jarmatz, Werner Neubert, Heinz Plavius). Dem korrespondiert, nach neuerer Feststellung, dass im »Interaktionsfeld zwischen Literatur und Politik« die Dogmatiker abgelöst wurden durch »eine Fachbürokratie«, repräsentiert vom stellvertretenden Kulturminister Klaus Höpcke und vom Vorsitzenden des Schriftstellerverbandes Hermann Kant, »die ihr Handeln eher pragmatisch als ›fundamentalistisch‹ motivierte« (T. Kupfer, Nr. 195, S. 216).

Außer den ›realsozialistischen‹ und antimarxistischen Polaritäten scheinen heute **im geeinten Deutschland** und in den deutschsprachigen Nachbarländern alle genannten Hauptrichtungen mehr oder weniger modifiziert fortzuleben. Das Spektrum der Kritiker zwischen den überregionalen Tageszeitungen *FAZ* und *Neues Deutschland* (welches nun auch ein Feuilleton hat), zwischen Wochenmagazinen und Zeitschriften sowie zwischen den verschiedenen Radio- und Fernsehsendern ist breit; zu richtungsorientiert trennscharfen Positionsbekundungen und entsprechenden Wertungen tendiert es derzeit jedoch selten. Ein Schlagwort für den gegenwärtigen Zustand lautet »Urteilsmache«, und aus zugespitzt metakritischer Sicht wird darunter verstanden: »Verteilung von Besprechungs- und Listenplätzen« und »systemlose Meinungsverkündung unter Bedingungen immer härterer Verteilungskämpfe« durch sich selbst inszenierende Kritiker (Menck, Nr. 49, S. 51 und 65). Dieses recht pauschale Urteil schließt nachdrücklich eine jüngere Kritikergeneration mit ein. Hier mögen für sie die Namen Peter Geist, Iris Radisch und Gustav Seibt stehen; Namen, die sich in etablierten Kritikerorganen finden, kaum aber in eigenen neuen literarisch-kritischen Zeitschriften dieser Generation. Auch sie übrigens hat es, soweit sie in Deutschland lebt und tätig ist, zehn Jahre nach der Vereinigung noch nicht vermocht, Ost-West-Animositäten zu überwinden. Ein Resümee dazu aus dem Jahr 2000 lautet:

»So schwingt in manchen Besprechungen westdeutscher Neuerscheinungen durch ostdeutsche Kritiker der latente Vorwurf der Anämie gegen den Autor mit, einer Geschichts- und Erlebnisarmut, die besonders die jüngere Generation zu ernsthafter Literatur nicht befähigen würde. Umgekehrt wird im Osten von manchem West-Kritiker wahlweise ein ästhetischer Nachholebedarf oder das Verharren in atavistischen Formen der klassischen Moderne attestiert. Auch liest man öfter den gegenseitigen Vorwurf mangelnden Interesses für das, was im jeweils anderen Landesteil literarisch vor sich geht.« (P. Walther, Nr. 199, S. 214)

Die vielbeklagte ›Mauer in den Köpfen‹ einzureißen, wird auch im Bereich der Literaturkritik noch einige Zeit dauern, und dann wird es auch in Deutschland nur noch gute oder schlechte Kritiken geben, »unabhängig vom Ort« (ebd., S. 215)

1.5.2 Sparten und Bereiche; Besonderheiten der Kritik von Kinder- und Jugendliteratur sowie von Übersetzungen

Die konkreten medialen Tätigkeitsfelder der Literaturkritiker aller Richtungen oder Strömungen sind unmittelbar abhängig sowohl vom jeweiligen allgemeinen Literaturbegriff als auch von der Marktposition oder Wertschätzung belletristischer Literatur. Nachdem sich während des 19. Jahrhunderts in den deutschsprachigen Ländern fachwissenschaftliche und journalistische Literaturkritik institutionell wie medienbezogen geschieden hatten (s. dazu auch Kap. 1.8), konzentrierten sich die Journalisten vor allem auf die – immer größere Marktanteile erobernde – Belletristik und berücksichtigten Fachbücher nur ausnahmsweise, die Fachwissenschaftler verhielten sich umgekehrt. Heutige journalistische Kritik, die von Fachwissenschaftlern mitbetrieben wird, besitzt eine nach wie vor marktbedingte Struktur von vier hierarchisierten Hauptsparten in allen Massenmedien, doch besonders gut erkennbar im Feuilleton bzw. in den rezensorischen Literaturbeilagen der Zeitungen: Belletristik, Sachbuch, Politisches Buch, Kinder- und Jugendbuch; stets inbegriffen Übersetzungen.

Der Anteil, den **kritische Beiträge zur Belletristik** in den Massenmedien haben, beträgt – vorsichtig geschätzt – durchschnittlich mindestens das Dreifache vom Anteil der Belletristik an der gesamten deutschsprachigen Titelproduktion (ein Anhaltspunkt dazu u.a. bei Reus, Nr. 118, S. 98). Innerhalb dieser Beiträge ist eine in allen Medien gleichartig ausgeprägte Stufenfolge der Gattungen vorhanden. Ganz obenan steht die Prosa, wobei schon seit Mitte des 20. Jahrhunderts unverändert der Roman vor kürzeren Erzählformen rangiert. Neuerdings jedoch, im Zuge eines deutlich gestiegenen Interesses an den persönlichen Lebenswelten der Schriftsteller, werden auch nicht fiktionale Prosatexte (Autobiographien, Erlebnisberichte, Tagebücher, Briefe u.ä.) stärker berücksichtigt. Nach wie vor fristen Lyrik und Dramatik, gedruckte Hör- und Fernsehspiele eingeschlossen, bei der Literaturkritik ein Schattendasein; wohingegen Filmbücher bzw. in Einzelfällen »Das Buch zum Film«, nämlich zu manchen besonders erfolgreichen Literaturverfilmungen, letzthin größere Aufmerksamkeit finden. Die Kritiker reagieren also durchaus auf bestimmte Neuentwicklungen – nur eben noch immer am liebsten im Bereich der Erzählprosa. Von ihr leiten sie bevorzugt, d.h. streng genommen: vereinseitigend, Funktionen und Ziele (s. Kap. 1.4) sowie Methoden, Kriterien und Maßstäbe (s. Kap. 1.6) gegenwärtiger Literaturkritik ab.

Da Sachbücher und politische Bücher nicht Gegenstand der vorliegenden Einführung sind, soll hier lediglich noch eine Reihe traditionell bestehender Besonderheiten der Kritik von Kinder- und Jugendliteratur, abschließend dann das Verhältnis von Übersetzungs- und Literaturkritik etwas näher betrachtet werden.

Es gibt ein offenkundiges, seit dem 19. Jahrhundert von den Berufskritikern festgefügtes hierarchisches Nacheinander der Sparten Belletristik und **Kinder- und Jugendbuch**. Dieses ist nicht etwa bloß durch die unterschiedliche Größe der Publikumsgruppen bedingt, vielmehr handelt sich auch und wohl primär um eine Begleiterscheinung weitreichender Entwicklungsvorgänge bzw. Ausdifferenzierungen sowohl innerhalb der schönen Literatur als auch innerhalb der ihr sich widmenden Wissenschaft. So wie die aufklärerische und die spätere Massenliteratur fiel die Kinder- und Jungendliteratur aus dem Zuständigkeitsbereich der ›zünftigen‹ Germanistik heraus, gewann aber zunächst immerhin, im Unterschied zur Massenliteratur, den Status eines Anhängsels des Wissenschaftsbetriebes. Während sie ein solches bei der deutschsprachigen Literaturkritik bis heute geblieben ist, hat sie mittlerweile – wie der massenhaft verbreitete Lesestoff – in der germanistischen Literaturwissenschaft einen festen Platz gefunden. Es liegen also dem folgenden aktuellen Tatbestand mehr als subjektive Ungerechtigkeiten zugrunde:

»Auf etwa zwei neue belletristische Titel für Erwachsene kam 1996 ein Kinder- und Jugendbuch. Wenn es gerecht zuginge, wenn Kulturjournalisten und Ressortleiter weniger an ihre Interessen und Prestigeautoren dächten, dann allerdings müßte in jeder Sonntagsbeilage, in jedem Radio-Buchmagazin zumindest ein Hinweis auf Kinderliteratur auftauchen.« (Reus, Nr. 118, S. 98)

Über derartige Defizite hinaus hat die Kinder- und Jugendliteraturkritik einige problematische Eigenheiten, die in den letzten zwei Jahrzehnten verstärkt Aufmerksamkeit fanden (vor allem im Westen: Nr. 84, 110).

Dieser Kritikbereich ist der einzige, in dem Kritikadressaten und Literaturrezipienten nicht wie sonst identisch sind. Die grundlegenden Vermittler- und Informationsfunktionen der Kritik gehen über an eine zweite Mittlergruppe (Eltern, Pädagogen), die jedoch allenfalls Teilinformationen an die eigentlichen Buchleser weitergibt und ansonsten für sie und nicht mit ihnen über einen Bucherwerb entscheidet. Ferner werden die kritischen Beiträge tendenziell dadurch geprägt, dass sich unter den Kritikern sehr viele Lehrerinnen und Lehrer befinden, die vorwiegend pädagogisch-didaktische, also **außerliterarische Kriterien** und Maßstäbe anwenden. Hierbei vereinseitigt sich auch die Selektionsfunktion ungewöhnlich; ›positive‹, ›unschädliche‹, ›unbedenkliche‹ Literatur rangiert in der Regel weit vorn. Von

1977 stammt folgender Befund: »Oft neigt die K. [Kritik] dazu, die allgemein herrschenden Wertvorstellungen einer Gesellschaft, die diese gern an die nachwachsende Generation weitervermittelt hätte, bloß wiederzugeben.« (Dahrendorf, Nr. 26, S. 265) Entschiedene Lob- und Tadelsprüche dominieren stärker als in den anderen Hauptsparten der Kritik. Insbesondere verzichtet man nach wie vor häufig darauf, Neudrucke und Adaptionen von ›Klassikern‹ der Kinder- und Jugendliteratur immer wieder neu kritisch zu sichten. Die Massenlektüre wird freilich genauso weitreichend ausgeklammert wie bei der Kritik zur Belletristik.

Von dieser Kritik sind, jeweils mit einiger Zeitverschiebung, die beiden hauptsächlichen **Ansätze zu alternativer Kritik** an Kinder- und Jugendbüchern adaptiert worden: ein marxistisch-materialistischer Neuansatz hauptsächlich in der ehemaligen DDR und ein soziologisch-ideologiekritischer im damaligen Westen (Näheres dazu bei Dahrendorf, Nr. 84, Kap. 4 und 5). Andererseits tragen traditionsorientierte pädagogisch-didaktische Vorstellungen entscheidend dazu bei, dass vor allem feuilletonistische Kinder- und Jugendliteraturkritik teils zögerlich, teils unangemessen auf Wandlungen ihres Gegenstandes reagiert. Gemeint sind bereits vor Jahren konstatierte höhere und der Belletristik für Erwachsene entnommene literarische Ansprüche, summiert unter dem Begriff ›Literarisierung‹. Sie entziehen diese Literatur einer alten »Klassifizierung als reiner zielgruppenorientierter Gebrauchsliteratur, was die kulturelle Öffentlichkeit durchaus zu registrieren« begonnen habe, weniger die etablierte Kritik (Ewers, Nr. 105, S. 77). Nötig gewordene Untersuchungen zum letzten Jahrzehnt müssen die aktuelle Entwicklung näher beleuchten. Aber es scheint im Großen und Ganzen, dass praktische Konsequenzen der Kritik, selbst ihrer kommunikations- und rezeptionstheoretisch innovierten Sektoren, unverändert dürftig geblieben sind. Im selben Maße wie sich die Literarisierung fortsetzt, wird jedenfalls für die Kinder- und Jugendliteraturkritik dringlicher, was sie bisher fast völlig versäumt hat: neue eigene Formen auszubilden, vornehmlich in den auch von Kindern und Jugendlichen sehr interessiert verfolgten audiovisuellen Medien.

Eine ungenügende Situation der **Übersetzungskritik** liegt nicht zuletzt im hektischen Berufsalltag des Kritikers begründet. Übersetzungen machen – wie schon immer – einen großen Teil der alljährlichen Neuerscheinungen aus, gerade innerhalb der Belletristik, und sie werden von der Kritik auch angemessen berücksichtigt; aber fast kaum ihrer Spezifik gemäß beurteilt. »Übersetzungsbetrachtungen« (E. Thiele, Nr. 80, S. 46), in denen der Name des Übersetzers und höchstens pauschal etwas von seiner Leistung steht, bilden den Regelfall. Weitgehend uneingelöst geblieben sind bis heute Forderungen, vor allem aus dem Kreis der betroffenen Übersetzer, nach einer umfassenderen und kriterienreichen Übersetzungskritik als eines integralen Bestandteils der Institution Literaturkritik (vgl. z.B. Creutziger, Nr. 83, S. 55 und 59). Diese spezifische Kritik muss den üblichen Anforderungen an Literaturkritik genügen, sie muss mehr sein als beliebige Detailkritik und dabei allerdings beachten, dass der übersetzte Text einerseits eine neue »Einheit« bildet, andererseits jedoch »grundsätzlich selbst bei höchster literarischer Qualität nicht im selben Maße organische Ganzheit erreichen kann wie der originale Text, zumindest keine Ganzheit derselben Art« (ebd., S. 60). Daran anknüpfend sind von sprachwissenschaftlicher Seite her einige Prinzipien zur Kritik literarischer Übersetzungen entwickelt worden (Lerchner, Nr. 95, ab S. 210). In Auseinandersetzung mit einem beliebten Vorwand ist eine kommunikative Funktionsbestimmung erfolgt:

> »Die mangelnde fremdsprachliche Kompetenz des Kritikers verschafft ihm kein Alibi dafür, daß er die Übersetzungsleistung mit Schweigen übergehen dürfte. [...] Es kommt [...] nicht vorrangig darauf an, das Maß der Entsprechung sprachlicher Mittel zu bewerten, sondern in erster Linie darauf, nach der Gleichheit der erzielten Wirkung (des Sinnaufbaus) zu fragen.« (Ebd., S. 216.)

Der Kritiker habe zu prüfen, »ob und inwieweit der übersetzte Text den Anforderungen an eine künstlerisch wirksame Rezeptionsvorgabe genügt«, und dann auch »das Kriterium der *Übersetzungstreue*« anzuwenden (ebd., S. 215 und 219). Dies erfordert freilich mehr Gründlichkeit, als die meisten Kritiker aufwenden können oder wollen, indes ist es generell möglich in fast allen gängigen Kritikformen.

1.5.3 Medienübergreifende Formen und Präsentationsweisen

Für literaturkritische Beiträge funktionalisierbar – im Verlauf der Geschichte auch tatsächlich funktionalisiert worden – sind prinzipiell sämtliche Gattungen und Formen belletristischer und publizistischer Literatur (vgl. Nr. 2 und 14), mit Ausnahme etwa religiös streng erbaulicher Texte. Dennoch haben sich, im Wechselspiel mit der Entwicklung der Zeitschriften und Zeitungen und der anderen Massenmedien (s. Kap. 1.3), spezifische **Formen oder Textsorten der Literaturkritik** herausgebildet, allen voran die Rezension. Sie gehört, mit Nebenformen wie Anzeige und Referat, zum Grundbestand literaturkritischer Darstellung in allen Medien. Ebenfalls medienübergreifend begegnen heute, als literaturkritische Zweck- oder Gebrauchsformen: Glosse, Autorenporträt, Interview, Literaturstreit, Feature, Essay (nicht im Fernsehen), mündliche Sofortkritik (nur ausnahms- und auszugsweise gedruckt). Im gegenwärtigen Kulturjournalismus, der die Literaturkritik einbeschließt, stehen Rezensionen neuesten Feststellungen zufolge (Stegert, Nr. 123, S. 147-153) in den Printmedien an zweiter Stelle der so genannten Beitragsformen: nach der Meldung und vor Tipp, Bericht, Porträt, Sellerliste, Veranstaltungskalender, Interview, Kommentar, Kolumne, Reportage, Feature, Essay, Feuilleton, Glosse und sonstigem.

Die literaturkritischen Textsorten werden in den einzelnen Medien unterschiedlich aufbereitet präsentiert; in den Printmedien versehen mit einzelnen Bildbeigaben (Buchabbildung, Autorfoto u.ä.), im Rundfunk mit zusätzlichen akustischen Mitteln (z.B. Sprecherwechsel zwischen Kritik und Zitat) und im Fernsehen mit filmischen Einblendungen. Generell können medienübergreifende Formen, wie auch die medienspezifischen (s. Kap. 1.5.4), spezielle rhetorische Ausprägungen erhalten, d.h. beispielsweise ironisch, satirisch und polemisch sein. Polemik insbesondere wird oft identisch mit engagierter scharfer Kritik, so exemplarisch einst bei Lessing, Heine, Kraus, Tucholsky und heute bei Reich-Ranicki, Grass, Walser.

Wissenschaftlich untersucht worden sind von den genannten Textsorten bisher einzig die Rezension (s. u.a. Nr. 81, 85, 90, 108, 113, 116f., 119, 122), und zwar vorwiegend unter linguistischen Gesichtspunkten (s. Kap. 1.5.5), sowie der Essay (u.a. Nr. 63, 67, 113), und er noch kaum als literaturkritische Zweckform (Ansätze in Nr. 309). Es fehlen somit grundlegende Einzeluntersuchungen, und auch eine klassifikatorische sowie funktional-analytische Studie über die literaturkritischen Gebrauchsformen wäre sehr wünschenswert.

Die Rezension ist die verbreitetste und zugleich traditionsreichste Form (journalistischer) Literaturkritik als erste kritische Stellungnahme zu einer Neuerscheinung in Form eines Erst- oder Neudrucks, woraus sich übrigens der synonyme Begriffsgebrauch von ›Literaturkritik‹ und ›Rezensionswesen‹ erklärt. Der Vorrang der Rezension auch noch im jetzigen Medienzeitalter resultiert wohl daraus, dass sie sich historisch gewachsenen medialen Rahmenbedingungen besonders gut anpassen lässt: dem zugespitzten Aktualitätsdruck, dem gestiegenen Zwang zur Umfangslimitierung und einträglicheren seriellen Textproduktion, dem neueren Trend zur schnellen und oberflächlichen Rezeption. Diese Anpassung erfordert mehr denn je zumindest Pragmatismus. Der Rezensent muss ein Jahrhunderte lang erprobtes

Strukturgefüge der Gebrauchsform umgestalten, ein Zusammenwirken von informierenden und berichtenden, referierenden und erörternden sowie bewertenden und urteilsbegründenden Passagen in möglichst stringenter, sonst freier Abfolge. Je nach dem Grad seiner Selbstreflexion vermindert er die zeitaufwendigen argumentativen Teile, wird er zum flüchtigen Informanten. Und so prägt er wesentlich das Gesamtbild seines Metiers mit, das herausfordert zu anti- und metakritischen Überlegungen (s. Kap. 1.9).

Einem Schriftsteller, Bodo Kirchhoff, verdankt sich denn auch eine kritisch kommentierte Typologie heutiger Rezensionen (in Nr. 547, S. 65f.), bislang die einzige umfassendere. Er unterscheidet, ohne Vollständigkeit und Wissenschaftlichkeit zu beanspruchen, nach der dominanten Wertungsart von Rezensenten:

1. »quasi religiöse Lobpreisung« eines neu entdeckten Autors, »der sich die übrigen Rezensenten im Allgemeinen gern anschließen, schon deshalb, weil jeder massive Widerspruch mühsam wäre«;
2. gewöhnliches Lob, das eine vom Autor erkannte Wahrheit akzeptiere und indirekt »jene Empfindungs- und Erfahrungslücke« einräume, »die den Unterschied zwischen Literatur und Literatur-Besprechung markiert«;
3. halbes Lob mit Tadel und eitler bis anspruchsbemühter Selbstdarstellung, die verbreitetste Rezensionsart (laut Kirchhoff);
4. gewöhnlicher Verriss, selten und schwierig, weil sachliche Begründung erfordernd;
5. »Exkommunizierung aus dem Orden der Literatur«, d.h. die hassvoll angestrebte »gesellschaftliche Vernichtung« des Autors, nicht unbedingt des nur beiläufig erwähnten Buches;
6. »Polemik, die selber zum Ort des Schreibens wird, die ihre eigene Produktionsästhetik hat«, man denke an Karl Kraus.

Zur Vermischung der wertungsrelevanten Rezensionstypen tendieren häufig **Sammelrezensionen**, hauptsächlich wenn sie nicht mehrere Werke oder Texte eines einzelnen Autors, sondern unterschiedlicher Autoren beurteilen. Gegenwärtig besteht eine verstärkte Hinwendung zu Sammelbesprechungen:

»Angesichts des Überangebots von Rezensionen in der Tages- und Wochenpresse setzt sich bei den Literaturzeitschriften allgemein die Tendenz durch, die Vielzahl von Einzelbesprechungen zugunsten von Überblicksbeiträgen zu begrenzen, die eine bestimmte Entwicklung aufzeichnen oder ein spezielles Thema herausgreifen.« (P. Walther, Nr. 199, S. 212)

Diese Entwicklung scheint aber nicht bloß auf Zeitschriften begrenzt zu sein, sondern lässt sich neuerdings auch beispielsweise in der Wochenzeitung *Die ZEIT* beobachten.

Treten informationsrelevante Aspekte in den Vordergrund, ergeben sich zwei **Nebenformen der Rezension: Anzeige und Referat.** Unter einer Anzeige versteht man in der Literaturkritik eine Art Kurzrezension, in der eine Neuerscheinung mit einem kaum oder gar nicht begründeten Urteil knapp vorgestellt wird. Ein Referat bietet eine möglichst genaue Zusammenfassung des Inhalts, es komprimiert wesentliche Aussagen. Vereinzelt ist es in den Kritikbereichen Sachbuch und Politisches Buch gebräuchlich; vorwiegend aber in der fachwissenschaftlichen Literaturkritik, wo es spezielle, periodisch erscheinende Referateorgane gibt, die kontinuierliche rasche Orientierung über neue Forschungsergebnisse erlauben (z.B. *Referatedienst zur Literaturwissenschaft*).

Der Essay (engl., frz. »Versuch«, »Probe«) ist im Unterschied zur Rezension keine ursprüngliche Textsorte der Literaturkritik, sondern eine von ihr vielfach adaptierte literarische Gattung. Nicht wenige Kritiker bzw. Schriftsteller-Kritiker, von Nietzsche über Benjamin und die Brüder Mann bis Walter Jens und Dieter Wellershoff, teilen den Standpunkt von Edward W. Said, »daß der Essay – eine vergleichsweise kurze, kritische und radikal skeptische Form – für das Schreiben von Kritiken [über Literatur im weiten Begriffssinn; W.A.] das geeignetste Genre ist« (Nr. 141, S. 41). In einer grundlegenden, geistesgeschichtlich ausgerichteten Monographie über deutschsprachige Essayistik heißt es:

»Es scheint, als ob kein nennenswerter Unterschied zwischen der Kritik und dem Essay bestehe. [...] Der Kritiker analysiert von berufswegen seinen genau umrissenen Gegenstand scharf und ist bereit, ein Werk radikal abzulehnen. Der Essayist bevorzugt Gegenstände, die er bewundern kann. [...] Nur ist dies eine Frage und Verschiedenheit der Art, nicht, wie die Diskussion noch immer behauptet oder doch unausgesprochen annimmt, des Ranges und des Wertes.« (Rohner, Nr. 63, S. 556 und 565)

So finden sich denn einige charakteristische Merkmale der Gattung (s. auch Nr. 67, 309) im literaturkritischen Essay wieder: skeptisch-souveräne und offene Denkhaltung, begleitet von Misstrauen gegenüber normierten und vorgeblich allgemeingültigen Einsichten oder Erkenntnissen; dialektische Betrachtungs- und Schreibweise, bei der die Gedankenfindung im Schreiben hervorgekehrt und das kritische Denkresultat abermals zweifelnd-kritisch überprüft wird und ein unmittelbares Fazit oft dem Leser überlassen bleibt. Variantionsreiches

Fragen, Erwägen verschiedener Möglichkeiten, Perspektivwechsel, Paradoxa und Provokationen in betont subjektiver Weise bilden bevorzugte Gestaltungsmittel. Somit erlaubt der Essay eine umfassendere und tiefere kritische Analyse als die Rezension und ist dennoch weitgehend entbunden von deren Verpflichtung zur wenigstens ansatzweisen Urteilsbegründung. Seinen angemessenen größeren Raum findet der Essay nicht in der Zeitung, sondern in Zeitschriften und Büchern (größere Einzelessays, Essaysammlungen) und im Radio. Der Rundfunk kann mit seinen akustischen Mitteln (Sprecherwechsel, Musik, Geräusche usw.) die Charakteristika des Essays steigern helfen, so dass sich die – sehr variationsreiche – literaturkritisch funktionalisierte Sonderform Radioessay herausgebildet hat (allgemein informativ Christa Hülsebus-Wagner: *Feature und Radio-Essay. Hörfunkformen von Autoren der Gruppe 47 und ihres Umkreises*. Aachen 1983). Berühmt geworden sind beispielsweise die dialogisierten Funkessays von Arno Schmidt (Gesamtausgabe: Nr. 723, Werkgruppe II). Fernsehessays gibt es nicht, jedenfalls keine Sendungen dieser Bezeichnung, und vielleicht deshalb nicht, weil visuelle Umsetzungen, anders als akustische, zu einer der Gattung Essay fremden Festlegung tendieren.

Das Feature, eine erst im Rundfunk und dann auch im Fernsehen gebräuchliche Sendeform (s. Felix Kribus: *Das deutsche Hörfunk-Feature. Geschichte, Inhalt und Sprache einer radiogenen Ausdrucksform*. Stuttgart 1995), steht dem Radioessay nahe. Es beschäftigt sich mit aktuellen Ereignissen und deren Hintergründen in dokumentarisch-analytischer und zugleich unterhaltender Weise und ist insofern als eine literaturkritische Form geeignet (über die freilich noch keine speziellen Untersuchungen vorliegen), etwa bei Sendungen über Literaturpreise, Literaturdebatten u.ä. Dramaturgische Gestaltung in Dialogen und Collagetechnik unterscheidet das Feature von dokumentarischen Berichten und Reportagen sowie von Autorenporträts (s. übernächsten Absatz).

Das Interview, geführt vom Kritiker mit dem Literaturproduzenten (Autor, Verleger) und auch vom Reporter mit dem Kritiker, ist ebenfalls eine für die Literaturkritik adaptierte Literaturgattung. »Solche Befragungen, welche in Gesprächsform in die Druckseiten eingerückt werden, sind nur Variationen der alten Dialogform, keine selbständigen Prägungen.« (Haacke, Nr. 52, Bd. 2 der Erstaufl., S. 490) Kennzeichnend für Interviews sind, neben der Frage-Antwort-Struktur, »die komplementäre Rollenverteilung (im Gegensatz zu Dialog, Diskussion oder Streitgespräch [...]) und die Mehrfachadressierung (Fragen werden oft im angenommenen Interesse der Leser, Hörer oder Zuschauer gestellt, Antworten sind meistens an die Medienrezipienten gerichtet)« (Stegert, Nr. 123, S. 328). Interviews gehören heute zum Grundbestand literaturkritischer Beiträge in allen Medien und besitzen für den gehetzten Kritiker wie für den »rasenden Reporter« (Kisch) des Medienzeitalters einige größere Vorzüge als die Rezension. Ein Interview lässt sich prinzipiell überall und jederzeit, also schon vor Erscheinen eines Textes arrangieren, außerdem meist gut verkaufen; es erfordert kaum Vorbereitung und scheinbar nur ein wenig Geschicklichkeit beim Fragenstellen. Nicht mehr lange wird es vermutlich noch dauern, bis sich auch im deutschen Sprachraum eine Erscheinung verbreitet, von der Ulrich Greiner am Ende des 20. Jahrhunderts berichtet:

»Ein amerikanischer Schriftsteller erzählte mir, er sei immer wieder erstaunt darüber, wie oft er von Journalisten, die ihn erkennbar nicht gelesen hätten, um Interviews gebeten werde. Offenbar hielten sie das für die beste Gelegenheit, sich vom Autor einiges über seine Bücher erzählen zu lassen und sie dadurch kennen zu lernen.« (Nr. 440, S. 238)

Doch selbst die Lektüre vorausgesetzt, haben Interviews auch eine Kehrseite. Sie verlieren sich leicht (immerhin oft wirkungsvoll, weil verbreitete Interessen bedienend) in Begleitumständen eines Buches und dringen nicht ohne weiteres zu kritisch wertenden und analytischen Fragen vor, auf die der – schnell zu verärgernde – Interviewte dann noch eingehender zu antworten bereit ist, sondern verbleiben häufig im Bereich knapper Spontanäußerungen. Hinzu kommt, dass Interviews in der Regel redaktionell bearbeitet, d.h. gekürzt, umgestellt und sogar im Wortlaut verändert werden.

Das Autorenporträt, eine moderne Variante der von Frühromantikern entwickelten Gebrauchsform Charakteristik (s. Kap. 2.2), entstammt dem Feuilleton und lässt sich ohne weiteres mit einer kulturjournalistischen Begriffsbestimmung erfassen:

»Ein Porträt ist definiert durch das Thema (eine Person) und bestimmte darauf ausgerichtete funktionale Bausteine. Das sind vor allem: das *Vorstellen* (durch Angabe von Name, Beruf, Alter, Familienstand, Kurz-Lebenslauf etc.), das *Beschreiben* (von Gesicht, Gestalt, Mimik, Gestik, Kleidung, Handlungen etc.), das *Charakterisieren* (von Eigenschaften, Gewohnheiten, Handlungsweisen etc.), die *Redewiedergabe*.« (Stegert, Nr. 123, S. 332)

Ähnlich wie von Journalisten wird das Autorenporträt von den Literaturkritikern bevorzugt bei Jubiläen und Sterbefällen renommierter Schriftsteller, darüber hinaus für Sammelbände oder Werkausgaben und Neuerscheinungen, die ein verstärktes Interesse an der aktuellen Situation eines bekannten oder überhaupt erst an der Person, Biographie und Entwicklung eines noch unbekannten Autors wecken. Daher begegnen solche Porträts, teils als Gelegenheitsarbeiten und teils als anspruchsvollere Denkschriften, relativ kontinuierlich in allen Medien (innerhalb der Printmedien heute am häufigsten in Magazinen und Illustrierten); daher besitzen sie die Eigenart, kritischere Passagen häufig hinter würdigenden bis behutsam kritischen Aussagen über den Menschen und sein (Lebens-)Werk zurücktreten zu lassen – was diese Form neuerdings auch zu einer auffallend verbreiteten Rubrik in verlegerischen Werbeblättern gemacht hat. Insgesamt scheint diese Beliebtheit einen Trend zum »Rezensionsersatz« anzuzeigen (ebd., S. 275).

Die Glosse hingegen gehört heute nicht mehr zu den bevorzugten Gattungen der Literaturkritik. Ursprünglich war sie eine Randbemerkung zu alt- und mittelhochdeutschen Texten und entwickelte sich dann bei der Herausbildung des neuzeitlichen Journalwesens zu einer Art Kurzkommentar über politische und kulturelle Ereignisse. Etwas zu ›glossieren‹ wurde in der Publizistik der Spätaufklärung gleichbedeutend damit, über etwas kritisch zu ›räsonnieren‹, d.h. vernünftig-kritisch zu diskutieren. Einen Höhepunkt hat die Glosse, vorwiegend als journalistisch-publizistische Form, um 1900 und namentlich bei Karl Kraus erreicht. »Ihr Ziel ist, Willensbildung oder tätige Stellungnahme beim Leser dadurch zu erreichen, daß eine Kommentierung überspitzt wird, daß eine Meinung ironisch oder kritisch-satirisch angegriffen wird.« (Straßner, Nr. 126, S. 67) Als literaturkritische Gebrauchsform mit ironischer bis polemischer Zuspitzung lässt sie sich definieren in Anlehnung an Haacke (Nr. 52, Bd. 2 der Erstaufl., S. 492): »Für den Journalisten ist Glosse [...] eine an den Rand eines Ereignisses, eines Vorfalls, eines Erlebnisses, einer Neuerung geschriebene ›Übersetzung‹ oder Erklärung, Ausdeutung und Kommentierung irgendeines als hervorhebenswert empfundenen Vorfalls, für den besondere Aufmerksamkeit [...] gefordert werden soll.« Und zwar traditionell anonym mittels geschliffen »witziger oder boshafter, rühmender oder persiflierender Darstellung« (ebd.). Eine gute literaturkritische Glosse erfordert also nicht weniger Sorgfalt als ein Essay, wozu man sich inzwischen gern namentlich bekennt. Sie auch in den audiovisuellen Medien stärker einzusetzen, scheint nicht unmöglich.

Ein Literaturstreit wird, schon seit den Vorstufen der medial institutionalisierten Literaturkritik, ausgelöst durch unterschiedliche kritische Ansichten über: Bücher, Verlautbarungen von Autoren, verschiedene Literaturauffassungen und -strömungen; auch über einzelne Kritiken (berühmte Beispiele: Lessings 17. Literaturbrief, 1759; Heines Börne-Kritik, 1840; Vischers Herwegh-Rezension, 1844; Reich-

Ranickis Strauß-Rezension, 1985 [s. dazu Nr. 181 und 187]). Er kann stimulierend sein für die Kritik, wenn eine Rezension oder sonstige kritische Bekundung eine lebhafte Kontroverse auslöst; aber auch stagnieren im monologischen Nebeneinander von Meinungsgegensätzen. Oder er kann gar in problematische Grenzbereiche eintreten, etwa wenn die Debatte sich vom Ausgangspunkt ablöst und so pauschal wird wie bei den Auseinandersetzungen der achtziger Jahre um Peter Handke und Botho Strauß (s. Nr. 181) oder der neunziger Jahre um Grass' Roman *Ein weites Feld* (s. Nr. 438). Die neuerlichen Kontroversen um Handke, anlässlich seines Eintretens für Serbien, bestätigen den metakritischen Befund: »Schlagzeilen müssen her, auch im Feuilleton. Debatten werden vom Zaun gebrochen und sind zwei Monate später vergessen.« (Menck, Nr. 49, S. 54.)

Mündliche Sofortkritik, die flexibelste neuere literaturkritische Form, hat eine besondere Bedeutung bei jurierten literarischen Wettbewerben (wie beispielsweise der Vergabe des Ingeborg-Bachmann-Preises während der »Klagenfurter Tage der deutschsprachigen Literatur«, seit 1977), bei öffentlichen Autorenlesungen in Gegenwart geladener Kritiker und bei internen Autorenlesungen in Gegenwart anderer Schriftsteller sowie dazugehöriger oder geladener Kritiker (z.B. Lesungen vor der *Gruppe 47* mit anschließender Preisvergabe, auch ähnliche Zusammenkünfte der *Gruppe 61*). Die Kritiker haben dabei aus der Situation heraus zu reagieren und möglichst prägnante Urteile abzugeben, mit denen sie auch vor dem anwesenden Publikum bestehen können. Ein problematisches Moment insbesondere der Preis-Veranstaltungen benennt Hinck:

»Tatsächlich sind bei einem Wettbewerb wie dem Klagenfurter nicht nur Literatur und Autoren auf dem Prüfstand, sondern auch die Kritiker selbst. [...] Daraus ergibt sich eine Tendenz zur Verselbständigung der Kritikerduelle, die Gefahr, daß die Veranstaltungen weniger ein Forum für die Autoren der Gegenwartsliteratur als für die Matadoren der gegenwärtigen Literaturkritik sind.« Dennoch: »Urteilsfindung und Wahl der Preisträger werden für eine repräsentative Allgemeinheit durchsichtig und überprüfbar.« (Nr. 189, S. 103 und 105.)

Die Klagenfurter Kritik, formuliert von elf Juroren (für die doppelte Anzahl von Texten), ist nach anderer Ansicht »streng, eher intellektuell als populistisch, eher partnerschaftlich als marketingorientiert, wenngleich sie nicht ohne Macht- und Profilierungsgelüste auskommt (letztere halten sich seit dem Ausscheiden von Reich-Ranicki ab 1987 in Grenzen)« (Loquai, Nr. 911, S. 16). Übertragungen in Funk und Fernsehen (live in 3sat) vermitteln genauere Eindrücke von den Kritikvorgängen als referierte und höchstens auszugsweise zitierende Berichte in der Presse.

Die Sofortkritik bei den Zusammenkünften der *Gruppe 47* während ihres zwanzigjährigen Bestehens verband sich mit der »Ursprungsidee, eine Sphäre kritischen Räsonnements über Literatur von ökonomischen Interessen freizuhalten« und »das bürgerliche Öffentlichkeitsideal« des 18. Jahrhunderts »halböffentlich« umzusetzen (Gebhardt, Nr. 32, S. 1106) – was fehlschlagen musste. Parallel zur beschleunigten Medienentwicklung nach Gründung der Bundesrepublik wandelte sich werkstattbezogene Kollegenkritik zur medienbezogenen professionalisierten Kritik, und sie »setzte nicht mehr allein Maßstäbe für die Schreibenden, sondern institutionalisierte sich zur Entscheidungshilfe für kaufwillige Redakteure« und Verleger (Nr. 445, S. 177). Kritiker und vorlesende Autoren wussten spätestens seit den frühen sechziger Jahren, dass Missgriffe und Misserfolge höchst nachteilige ideelle und materielle Folgen haben konnten; Argumente und Texte wurden dementsprechend gewählt. Hans Mayer, oft Anwesender, hat den im Bereich des gruppenspezifischen Kritikrituals erkennbaren Verfallsprozess resümiert: »Kritik degenerierte zur Marktexpertise [...]. *Das Marktprinzip pervertierte jetzt bereits die literarische Produktion.*« (Nr. 265, Bd. 4, S. 50f.)

Zu erwähnen sind noch einige weit verbreitete Sondererscheinungen, die man Schwundformen der Literaturkritik nennen könnte: von Kritikern zusammengestellte **Bestenlisten, Buchtipps u.ä. persönliche Empfehlungen**. Ihnen allen ist gemeinsam, dass nicht nur die Auswahlkriterien, sondern überhaupt die Argumente und Wertungen des Kritikers verborgen bleiben, die Autoren- und Titelnennungen also für sich stehen. Das gilt auch für die »Bestenliste«, die von Jürgen Lodemann seit 1975 in seiner Fernsehsendung *Literaturmagazin* des Südwestfunks vorgestellt wird und die im kostenlosen Abonnement gedruckt beziehbar (Auflage: rund 10.000; s. Nr. 913, S. 133) sowie in fast allen überregionalen Tages- und Wochenzeitungen nachlesbar ist. Diese »Qualitätsliste« (ebd.) ist als Alternative gegen ausschließlich absatzorientierte Bestsellerlisten, konkret gegen diejenige des Zeitschriftenmagazins *Der Spiegel*, konzipiert worden. Das diskussionswerte Problem scheint indes weniger die von Lodemann durchaus selbstkritisch vermerkte »Abhängigkeit einiger Juroren« seiner Liste »von bestimmten Vorlieben, von immer denselben Autoren und von gewissen Verlagen« (ebd., S. 134) zu sein, die eine stete Begleiterscheinung der unvermeidlich subjektiven Literaturkritik ausmacht, als vielmehr eine Selbstreduktion völlig anonym bleibender Kritik auf eine elementarste Vermittler- und Werbefunktion. Ähnlich geartet ist das Verschwinden des – dann zumindest namentlich präsenten – Kritikers bzw. Redakteurs hinter Buchtiteln bei Tabellen etwa der Art »ZEIT-Mitarbeiter empfehlen Bücher zu Weihnachten«, und zwar unter folgenden Rubriken: »Leicht zu lesen / Für fortgeschrittene Leser / Für politisch interessierte Leser / Ein Buch, dessen Bilder oder Ausstattung gefallen / Auch für junge Leser / Wiederentdeckt« (vgl. *Die ZEIT*, Nr. 51, 2000, Beilage, S. 20). Immerhin können solche Empfehlungen eine heute wohl unverzichtbare Aufgabe erfüllen, wenn sie nicht bloß zur Orientierungshilfe werden, sondern auch zum Lesen anregen und sich so einreihen in anderweitig, sei es medienübergreifend, sei es medienspezifisch unternommene Versuche, Lesekultur vor weiterem Verfall zu bewahren.

1.5.4 Medienspezifische Formen und Präsentationsweisen

An Zeitungen und Zeitschriften gebunden und dort bis heute vielfältig anzutreffen sind die literaturkritisch funktionalisierten publizistischen Gattungen **Artikel und Aufsatz**. Zunächst nur äußerlich, durch ihren Umfang verschieden, dienen sie dem Kritiker dazu, bestimmte allgemein interessierende, aktuelle Sachverhalte der Literatur mehr oder weniger ausgreifend und popularisiert zu erörtern. In Zeitschriften kann mit Aufsätzen ohne weiteres die Grenze zum historisierenden fachwissenschaftlich-kritischen Beitrag (Abhandlung, Studie) überschritten werden. »Die Kunst bei einer Abhandlung liegt in der Vollständigkeit des Beschreibens, in der Nüchternheit des Vermittelns notwendiger Angaben bis zum äußersten Detail, im klaren Urteil.« (Straßner, Nr. 126, S. 25.)

Genau wie die Presse der Gegenwart hat der heutige **Rundfunk** keine medienspezifisch eigene neue Kritikform hervorgebracht. Vielleicht ist nicht zuletzt deshalb vor rund zwölf Jahren versucht worden, »den Begriff der Literaturkritik« für die (öffentlich-rechtlichen) Radioanstalten auszuweiten: »Warum nicht das Gespräch (oder gar das Streitgespräch) mit einem Schriftsteller als eine produktive Form der Kritik begreifen? Warum nicht die kommentierte Lesung eines Texts als kritische Arbeit auslegen?« (Bielefeld, Nr. 904, S. 28) Diese Fragen zu bejahen fällt leicht angesichts einer mediengerecht entwickelten Sendereihe wie beispielsweise *Literarisches Colloquium Berlin* (LCB), einmal monatlich zu sehr guter Sendezeit, Samstagabend, ausgestrahlt vom Deutschlandfunk. Die Sendung ist eine Mischung von moderiertem Gespräch (Redakteur, Autor, zwei Kritiker), Autorlesung und einleitendem, diskursiv entfaltetem Autorenporträt.

Im Mittelpunkt steht die Lesung aus einem – meist noch nicht ganz abgeschlossenen – neuen Text, den die Kritiker vorher lesen können und der dann gemeinsam diskutiert wird. Die Kritiker haben hier eine der seltenen Chancen, ein work in progress sachlich konzentriert zu fördern oder es wenigstens dem interessierten Publikum frühzeitig zu vermitteln.

Im **Fernsehen**, d.h. im öffentlich-rechtlichen Fernsehen, haben literaturkritische Beiträge seit 1964/65 einen festen, wenn auch nicht gerade zentralen Platz innerhalb der wöchentlichen *Literaturmagazine* der Dritten Programme und einiger anderer literaturvermittelnder Magazine (z.B. das *Bücherjournal* im NDR), die eine medienspezifisch neue Kritikform darstellen. Diese durchschnittlich aus drei bis vier Einzelbeiträgen bestehenden Magazine von 45 Minuten Dauer gehören (laut Prümm, Nr. 903, S. 83) neben live übertragenen Gesprächsrunden – bzw. neuerdings speziellen Talkshows – und Kurzbesprechungen (u.a. *Tips für Leser* im WDR) zu den drei »Grundtypen der Fernseh-Literaturkritik«, die noch nicht genauer erforscht sind. Bisherige Arbeiten, kursorisch überblickshafter Art (Nr. 905, 909, 911), ergeben den vorläufigen Befund, dass ein ausgewogenes Verhältnis von medientypischer Unterhaltung und vertiefter Kritik ebenso selten sei wie selbstreflexiv kritische Momente. Für weitere Untersuchungen hat Loquai (Nr. 911, S. 30-39) ein Analysemodell für literaturkritische Fernsehbeiträge entwickelt, das vier Untersuchungsbereiche umfasst: Basisbedingungen, technische Bedingungen, Argumentationsverlauf und Wirkungen. Dieses im einzelnen noch zu erprobende Modell ließe sich auch gewinnbringend auf die wohl bekannteste und deshalb am meisten beschriebene einschlägige Sendung anwenden: ***Das Literarische Quartett***, eine 75minütige Sendung des ZDF, ausgestrahlt seit 1988, zunächst quartalsweise, dann zweimonatlich.

Es handelt sich hierbei, so kann man die formalen Definitionen in den vorliegenden Spezialarbeiten (Nr. 908, 911f., 914) resümieren, um einen Sondertyp der Talkshow mit magazinartigen Momenten, die sich aus der steten Abfolge von vier, jetzt fünf standardisierten Diskussionsrunden, zwischen drei ständigen Kritikern (Marcel Reich-Ranicki, Sigrid Löffler bzw. seit Herbst 2000 Iris Radisch, Hellmuth Karasek) und einem wechselnden Gastkritiker, über vier bzw. fünf Bücher ergeben. In dieser Sendung ist die allgemeine literaturkritische Selektions- und Informationsfunktion eingeschränkt, da erstens nicht mehr als 24 (30) Titel jährlich, noch dazu oftmals zum Sendetermin schon relativ bekannt gewordene Titel, und zweitens bei deutlicher Vorliebe für Prosa selten lyrische und überhaupt keine dramatischen Texte besprochen werden. Hinzu kommt die Bevorzugung bestimmter Verlage: Suhrkamp, Hanser, Rowohlt und Fischer zu insgesamt ca. 80 Prozent (vgl. Nr. 912, S. 947, Anm. 6). Stark ausgeprägt ist hingegen eine heute verbreitete mediale Funktionalisierung von Kritik, die Unterhaltungsfunktion (s. Kap. 1.4.2, Schlussteil), die mittels Show- und Spannungseffekten umgesetzt wird (dazu Nr. 914, passim). Den Funktionalisierungen entspricht ein ritualisierter Ablauf (Nr. 908, S. 18f.) mit einem festen Rollengefüge. Zum einen besteht zwischen Reich-Ranicki und seinen Mitstreitern, vor allem aber zu Karasek, ein Lehrer-Schüler-Verhältnis; zum anderen spielen alle vier, graduell nur leicht abgestuft, ein und dieselbe Rolle: die des Lob und Tadel verkündenden Richters, gelegentlich gar Scharfrichters, über Texte und Autoren. Das Kritikerquartett fungiert als »Tribunal« (Loquai, Nr. 911, S. 21), es gleicht einer »Heiligen Inquisition des Literaturbetriebs« (Vogt, Nr. 912, S. 944) – darüber zeigen sich seine antikritischen Beobachter ziemlich einig, aber nicht über seine Absichten und Vorgehensweisen, nicht über Grundlagen und Qualität seiner Wertungen, deren erwiesenermaßen hoher Anteil (rund ein Viertel der Sendezeit; vgl. Nr. 914, S. 58f.) ohne analytische Durchdringung wenig besagt. Einerseits wird befunden, dieses »literarische Schafott« inszeniere »nicht die Literatur, sondern nahezu ausschließlich ihre Sekundärverwertung für die Medienpräsenz der Kritiker« (Loquai, Nr. 911, S. 21); oder es ist, leicht abgewandelt, die Rede von einer kampfspielartigen, »zirzensischen Veranstaltung, die ihren Reiz nicht aus der Ernsthaftigkeit und Plausibilität ästhetischer Wertung, sondern aus dem Unterhaltungswert der Akteure und ihrem Sprachwitz zieht« (Vogt, Nr. 912, S. 946), denn sie wissen, so muss man hinzufügen, dass sie – leider nur allzu leicht – Schlagzeilen im Feuilleton machen können und versäumen keine Gelegenheit dazu. Andererseits wird aus einem Vergleich mit vier Literaturmagazinen völlig unproblematisiert geschlossen: »*Das Literarische Quartett* versucht, das Interesse des Zuschauers am vorgestellten Buch über eine möglichst kontroverse Diskussion zu wecken [...], so ist gerade die Divergenz der verschiedenen Meinungen der Reiz dieses Magazins.« (Kirchner, Nr. 909, S. 277) Es sind dies offenkundig alles unvertiefte Eindrücke und Meinungen, die wissenschaftlich fundierter und detaillierter aufgearbeitet werden müssten. Dabei wären Sprachgebrauch und Argumentationsstrategien ebenso zu berücksichtigen wie Urteilskriterien und Wertungsmaßstäbe der Quartettspieler. Und es wäre der Frage nachzugehen, ob es nicht auch positive Aspekte habe, dass in dieser sich anhaltender Beliebtheit erfreuenden Sendung ungewöhnlich lange ausschließlich über Literatur gesprochen wird, ohne andere mediale Einlagen, ohne gesonderte Show-Elemente.

1.5.5 Sprache und Stil

Substanz und Wirkung literaturkritischer Beiträge sind nicht unwesentlich davon abhängig, wie verständlich oder unverständlich, elegant oder nachlässig Kritiker schreiben, welche Stillagen sie wählen, welcher Terminologien sie sich bedienen usw. Obwohl also die Relevanz von Sprache und Stil sich schwerlich überschätzen lässt, werden beide im Kritikeralltag oftmals leichtfertig und publikumsfern gebraucht. Dies entschuldigt aber nicht im Geringsten einen völlig defizitären Forschungsstand auf diesem Gebiet. Nach wie vor besteht eine Aufgabenstellung aus der Frühzeit wissenschaftlicher Beschäftigung mit der Institution Literaturkritik, formuliert im ersten Drittel des 20. Jahrhunderts:

»Der Wortschatz der Kritik harrt der Bearbeitung, sowohl in Hinsicht des Ursprungs gewisser Ausdrücke, als auch der Wandlungen, denen sie unterliegen; insbesondere aber müßten die Adjektiva, darunter die kritischen Epitheta untersucht werden, die zur Bestimmung des Charakters und des Wertes literarischer Gegenstände dienen und mit denen die ästhetischen Kategorien bezeichnet werden.« (v. Lempicki, Nr. 1, S. 515)

Die strikte Arbeitsteilung in der Germanistik hat es mit sich gebracht, dass solche Aufgaben seitens der Literaturwissenschaft kaum noch wahrgenommen werden. Und heutige Linguisten würden sie wahrscheinlich etwas anders akzentuieren, wie ihre – erst den letzten zwei, drei Jahrzehnten entstammenden – thematisch und quantitativ begrenzten Annäherungen an das Problem zeigen. Es handelt sich um textsortenlinguistische und funktionalstilistische Arbeiten. Sie betrachten mehr die erörternden und bewertenden als die informierenden und referierenden Teile literaturkritischer Beiträge, sind jedoch bislang weniger plausibel bloß den kritischen Gebrauchsformen Rezension und Essay gewidmet.

Die **Fachsprache** beider Formen ist anhand jüngerer englischer Textbeispiele in einer Dissertation untersucht worden (Klauser, Nr. 113), deren Resultate, komprimiert in zwei »Arbeitsdefinitionen« (ebd., S. 110f. und S. 146f.), wahrscheinlich auch gewisse Rückschlüsse auf deutsche Gegebenheiten erlauben. Demnach lässt sich ein Unterschied linguistisch so resümieren, dass der Essay »bestimmte Stilnormen der populärwissenschaftlichen Darstellung erfüllt, dem populären Fachstil aber nicht eindeutig zugeordnet werden kann« (S. 111), während in der Rezension »grundlegende Stilnormen populärwissenschaftlicher Darstellung sprachlich objektiviert widergespiegelt werden« (S. 147). Insgesamt wird bekräftigt, dass der Rezensent im

Unterschied zum individuell stilbewussten Essayisten »textstrukturierende Stilmittel des Journalismus« und vorwiegend allgemeinverständliche literaturwissenschaftliche Termini verwendet (ebd.). Diese Befunde sind freilich in Relation zu bringen mit publikumsbezogenen Feststellungen wie etwa der: »Die ›einfache‹, quasi voraussetzungslos verständliche Kritik gibt es nicht oder nur mit starken Einschränkungen. [...] Der ›unvorbelastete‹ Zeitungsabonnent [...] kann den Auseinandersetzungen [...] kaum folgen« (I. Fischer, Nr. 833, Bl. 225).

Herausgearbeitet worden sind während der letzten Jahre ferner Differenzierungen zwischen »Kunst- und Wissenschaftsrezension« hinsichtlich ihrer jeweiligen Funktionalstile und im Zusammenhang mit außersprachlichen textdeterminierenden Faktoren wie gesellschaftliche Funktionalisierung und Publikumsbezug der Kritik (Dallmann, Nr. 81). Diese Zusammenhänge berücksichtigt (ebenso wie Klauser, Nr. 113) auch eine ungedruckte Dissertation über Erörterungen in Rezensionen der DDR-Kritik (Jokubeit, Nr. 85), während eine andere Dissertation zur Bewertungsproblematik ausschließlich linguistische Interessen verfolgt und **lexikalische, syntaktische und stilistische Mittel der Rezensenten** betrachtet und zu dem knappen Fazit gelangt: »Positives Bewerten wird mehr mit der Buchperspektive und eher statisch formuliert; und negatives Bewerten wird mehr mit der Autorperspektive und eher dynamisch formuliert.« (Zhong, Nr. 119, S. 192).

Gesonderte Aufmerksamkeit hat bislang einzig die **Stilfigur der Metapher** gefunden, wobei sich eine – bezüglich ihrer Verallgemeinerbarkeit zu überprüfende – Divergenz zwischen usueller Verwendung im hektischen Rezensentenalltag und potentiellem Leistungsvermögen herausgestellt hat:

»In der Metapher, der gesuchten, kühnen zumal, bewahrt die Rezension den Anschein der Reflexion. Insbesondere als ironische Wendung wird sie leicht zum Ausweis von Kompetenz *und* Subjektivität; dabei läuft sie Gefahr, nur Ornatus dessen zu sein, was in der Kürze [...] allenfalls entstehen konnte: des ersten Eindrucks. [–] Doch die Metaphorik leistet noch mehr und anderes; sie kann zur eigentlichen Voraussetzung des kritischen Sprechens *als Text* werden.« (Spinnen, Nr. 116, S. 119)

Dies impliziere freilich die Gefahr konventioneller und an eine »Initial-Metapher« (ebd.) festgebundener Sprache. Es wird deutlich, dass hier und in ähnlichen Studien nicht bloß sprachwissenschaftliche Probleme anstehen; vielmehr bedarf es auch psychologischer Ansätze, um »die perzeptiven und assoziativen Grundlagen solchen Vergleichens zu bestimmen«, ferner »der philosophischen Grundlagenreflexion, wenn man [...] erklären will, wodurch die Ähnlichkeit und die Vergleichbarkeit des Ungleichen ermöglicht wird« (Zillig, Nr. 117, S. 144). Angemessen wäre somit ein möglichst interdisziplinäres Vorgehen künftiger Forschung, das die relevanten fachwissenschaftlichen Einzelaspekte der sprachlichen Ebene neben den funktionalen, formalen und methodologischen Kategorien literaturkritischer Texte ausgewogen zu analysieren erlaubt.

1.6 Methoden, Kriterien und Maßstäbe; Traditionsbezüge

»Kritik ist Rangbestimmung der Kunst.« (Melchinger, Nr. 8, S. 88) Was sich vor rund vierzig Jahren aus traditionsorientierter (westlicher) Sicht noch so allgemein verbindlich formulieren ließ, ist inzwischen in mehrfacher Hinsicht fragwürdig geworden. Erstens dominiert ein weiterer Literaturbegriff, obwohl die künstlerische oder belletristische Literatur noch vielfach im Zentrum steht; zweitens geht es nicht mehr allein um eine Rangbestimmung, sondern auch um angemessene Beachtung des Umfeldes von Literatur; drittens haben damit die einstigen Leitkriterien Melchingers (Notwendigkeit und Vollkommenheit der Kunst) ihre normative Gültigkeit, zumindest ihre Vorrangstellung verloren; viertens und letztens scheinen überhaupt Methoden und Prinzipien sowie Urteilskriterien und Wertungsmaßstäbe der jüngsten Literaturkritik uneinheitlicher denn je zu sein. Nähere Angaben über die Zeit nach 1990 müssten spekulativ ausfallen, da keine empirischen Erhebungen und Untersuchungen zur literaturkritischen Praxis vorliegen.

Ein **Minimalkonsens** unter heutigen Praktikern und Theoretikern besteht anscheinend in der Auffassung, dass alle Literaturkritik selektiv, deskriptiv, interpretativ bzw. diskursiv und evaluativ ist. Nach der Auswahl des zu kritisierenden Textes (Selektionsfunktion der Kritik, s. Kap. 1.4.2) hat jeder Kritiker für sich zu entscheiden, was er an inhaltlichen, formalen, sprachlichen und sonstigen Textelementen beschreiben, interpretieren bzw. erörtern und bewerten will. (Interpretationen im engeren Sinn gelten weithin nicht als eine Aufgabe der Literaturkritik, sondern der Literaturwissenschaft; s. auch Kap. 1.8.) Wenngleich Deskription in der Geschichte der Literaturkritik oft dominiert hat und nach wie vor besonders in der so genannten Tageskritik begegnet, gibt es wohl keine ausschließlich beschreibende Kritik: »*Deskription* in der Literaturkritik strebt nach Wertermittlung, weil beschrieben wird, was ein Kunstwerk wertvoll macht oder im negativen Fall, welche Faktoren eine Wertkonstituierung stören.« (Krieger, Nr. 180, Bl. 126) Dieser keineswegs vereinzelte Standpunkt aus der Spätphase der ehemaligen DDR, von dem her »literaturkritische Tätigkeit als eine spezifische Form literarischer Wertermittlung« definiert worden ist (ebd.), findet sein Pendant in der ebenfalls nicht singulären Überzeugung, zu bewerten sei für Literaturkritik unverzichtbar:

»Das beliebte Argument, die Bewertung des Werkes könne man dem Leser überlassen, man solle ihn nicht mit eigenen, ohnehin stets fragwürdigen, weil subjektiven und nicht verallgemeinerbaren Werturteilen bevormunden, verkennt eine wesentliche Funktion der Literaturkritik und der Wertung in ihr.« (Anz, Nr. 148, S. 205)

Die von Anz erwähnte Argumentation bezeichnet offenbar einen der Punkte, an dem der Minimalkonsens sich aufzulösen beginnt. Vollends verflüchtigt er sich, wenn es im Einzelnen um die **Methoden des Kritikers** geht und im Besonderen um die Kriterien und Maßstäbe, nach denen er bewertet oder bewerten sollte. Denn im letzten Drittel des 20. Jahrhunderts haben sich, östlich wie westlich, Einsichten in historische Veränderlichkeiten des Instrumentariums und in Spannungsverhältnisse von subjektiven und objektiven Momenten stark verbreitet (s. Kap. 1.6.1). Daraufhin virulent geworden sind Probleme wie: Gültigkeit und Objektivierbarkeit der Methodologie(n), Verbindlichkeit von Werten und Normen (in der DDR durch politisch-ideologische Normierung konterkariert), Wandel literarischer Werte und Traditionen. Am Beispiel einer Hörfunksendereihe des WDR/Köln hat Viehoff gezeigt (Nr. 907), in welch kurzer Zeitspanne von nur 15 Jahren ein gravierender literaturkritischer Wertwandel erfolgen kann.

Für die literaturkritische Praxis haben sich daraus u.a. folgende Schlussfolgerungen ergeben. Zum Ersten hinsichtlich des **Funktions- und Rollenverständnisses**:

»Als öffentlich agierender, räsonnierender und propagierender Teilnehmer an Literarischer Kommunikation sollte der Literaturkritiker [...] ein Parteigänger bestimmter Autoren, Werke und Richtungen sein, der zugibt, daß er bestimmte Werte vertritt und bestimmte Ziele erreichen möchte, daß er also in die künftige Gestaltung des Literatur-Systems eingreifen und andere Teilnehmer von der Richtigkeit seiner Position *überzeugen* möchte.« (S. J. Schmidt, Nr. 33, S. 178)

Zum Zweiten hinsichtlich der Handhabbarkeit und **Geltung von Urteilskriterien** (wie auch Wertungsmaßstäben):

»Kriterien in dem Sinn, daß Kritiker dank ihrer Kenntnis dieser Kriterien literarischen Arbeiten immer schon voraus sein können, spielen zwar in der Literaturkritik weiterhin eine Rolle, sind aber nicht mehr legitimiert. [...] Es [...] besteht kritisches Sprechen nur, wenn es seine Kriterien unablässig selbst erzeugt und wieder aufhebt und seine Stringenz jeweils aus sich heraus erweist, ohne auf ihr als etwas Allgemeinem zu bestehen.« (Vormweg, Nr. 763, S. 81)

Zum Dritten hinsichtlich der Abhängigkeit des Argumentierens von einer bestimmten kritischen **Methode**:

»Um literaturkritische Standpunkte bejahen zu können, [...] muß man sich die Literaturauffassung, die diesem Standpunkt zu Grunde liegt, zu eigen machen. Um literaturkritische Aussagen als zutreffend beurteilen zu können, muß man die unterstellte Literaturauffassung billigen.« (Rees, Nr. 36, S. 190)

Der einzelne Kritiker hat somit heute, wahrscheinlich mehr denn je, die Möglichkeit, eine ihm zusagende Verfahrensweise auszuwählen und/oder individuell und innovativ zu sein, Herkömmliches und Normatives zu durchbrechen. Literaturkritik insgesamt freilich ist nun stärker dem Zwiespalt ausgesetzt, dass sie einerseits ihrer Aufgabe nur nachkommt, wenn sie nach bestimmten Grundsätzen urteilt und bewertet, wie flüchtig und oberflächlich dies auch immer in der Alltagspraxis geschehen mag; dass sie andererseits jedoch niemals überzeitlich oder allgemein gültig argumentieren kann. Ein ähnliches Dilemma betrifft jedoch nicht nur Literaturkritik, sondern – aufgrund der historisch varianten Polyfunktionalität und Bedeutungsvielfalt von Literatur – auch jede interpretierende und wertende Literaturwissenschaft.

Eine zusätzliche Unschärfe ergibt sich in zahlreichen Beiträgen zur wertenden Tätigkeit des Literaturkritikers dadurch, dass die Begriffe »Kriterium« und »Maßstab« willkürlich und synonymisch gebraucht sind. Im Folgenden werden unter »Urteilskriterien« die beurteilten Merkmale eines Textes auf inhaltlicher, formaler und sprachlicher Ebene verstanden und unter »Wertungsmaßstäben« die normativen Richtwerte, nach denen die Beurteilung oder Bewertung erfolgt.

1.6.1 Methoden und Prinzipien

In der Gegenwart, d.h. etwa in den letzten fünfzig Jahren, orientieren sich Kritiker zwar wie eh und je nicht strikt an zeitgenössischen literaturwissenschaftlichen Methoden, beziehen sich aber, trotz mancher Distanz zu theoretisch-wissenschaftlichen Entwürfen und parallel zur Ausbildung verschiedener Kritikrichtungen (s. Kap. 1.5.1), doch gelegentlich näher auf sie und vor allem auf neuere Methoden der literarischen Wertung (für einen grundlegenden Überblick vgl. v. Heydebrand, Nr. 35, S. 855-861). Im Westen überwog anfangs, bis etwa 1965, eine so genannte **werkimmanente literaturkritische Betrachtungsweise** aus liberaler bis konservativer geistesgeschichtlicher Sicht. Wichtige Bestätigungen und neue Anregungen erhielt sie durch das aus Nordamerika stammende Konzept des New Criticism (s. Nr. 137), demzufolge Literatur eine autonome und zeitlose ästhetische Erscheinung ist, die hauptsächlich in ihrer poetisch-formalen Struktur analysiert werden müsse. Um die Mitte der sechziger Jahre wurde begonnen, »aus dem Ghetto der Dichtungskritik auszubrechen« (Hohendahl, Nr. 21, S. 230) und einen Paradigmenwechsel hin zu **ideologiekritischen, sozialgeschichtlichen Verfahrensweisen** einzuleiten, den bis Mitte der siebziger Jahre nicht wenige Kritiker mitvollzogen. Partiell angenähert an die historisch-materialistische Methode in der DDR (und in anderen sozialistischen Ländern) wurden Produktions-, Distributions- und Rezeptionsprobleme der Literatur mitberücksichtigt. Während sich strukturalistische und sprachkritische Ansätze der Wissenschaft auf die Kritikerpraxis kaum auswirkten, griff **feministische Literatur- und Kulturwissenschaft** schnell hinüber (s. u.a. Nr. 124). Im Rahmen der angedeuteten Impulse sind die Methodenstreitigkeiten der Literaturwissenschaftler für den heutigen Kritiker an sich interessant und relevant, ohne dass er sie deswegen im Regelfall ersichtlich verarbeitet hätte.

Nicht viel anders verhielt es sich **in der DDR**. Verbindlich für die **historisch-materialistische Methode** waren Theoreme des sozialistischen Realismus, die erst zögerlich, später etwas rascher und freimütiger Entwicklungen der DDR-Literatur angeglichen wurden. Erwiesenermaßen aber sind »direkte Bezüge« der Kritik zur Literaturwissenschaft noch im entsprechend untersuchten vorletzten Jahrzehnt der DDR »nur selten erkennbar« (Kröger, Nr. 184, S. 107) gewesen: »Auswirkungen der rezeptions- und wirkungsästhetischen Forschungsergebnisse zeigen sich in Rezensionen der siebziger Jahre vor allem mit Blick auf die literaturkritische Aufgabe der In-Beziehung-Setzung von Werk und gesellschaftlichem Kontext.« (Ebd., S. 109f.)

Ein wesentlicher Unterschied zwischen der Literaturkritik der DDR und derjenigen der westlichen deutschsprachigen Länder zeigt sich von Anfang an im **Problem der Wissenschaftlichkeit**. Westliche Kritiker verschiedenster Richtungen gingen darin konform, es negativ zu sehen, so wie es beispielsweise Blöcker formulierte: »Wir müssen uns darüber klar sein, daß auch Wertung im letzten kein wissenschaftlicher Akt ist.« (Nr. 352, S. 23) Und dreißig Jahre später gab Vormweg einem seiner theoretischen Beiträge den programmatischen Titel *Literaturkritik ist keine Wissenschaft* (Nr. 769). Anders verhielt es sich in der DDR, wo man den Marxismus-Leninismus als einzige wissenschaftlich fundierte Weltanschauung deklarierte und auf seiner Grundlage auch die Kritikertätigkeit ohne weiteres verwissenschaftlichen zu können meinte: »Ein Literaturkritiker [...] muß in der *Theorie* dem schöpferischen Schriftsteller überlegen sein und außerdem noch die Fähigkeit besitzen, seinen Standpunkt bei *wissenschaftlicher Gründlichkeit in volkstümlicher Einfachheit* vorzubringen.« (Bredel, Nr. 371, S. 273) Später allenfalls verkürzt um das Moment der Überlegenheit des Kritikers, wurde diese Forderung eines angesehenen Autors aus der kommunistischen proletarisch-revolutionären Literaturbewegung immer wieder variiert (z.B.: »die theoretischen Kategorien allgemein verständlich anzuwenden«, Oswald, Nr. 66, S. 161f.; »revolutionäre Wissenschaftlichkeit der Kriterien«; Neubert, Nr. 636, S. 36) – ein Beleg dafür, dass sie sich kaum realisieren ließ. (Kurz vor dem Zusammenbruch der DDR wurde sogar vermutet, das bei Bredel zugespitzte Verlangen habe »der organischen Entwicklung der Literaturkritik unseres Landes im Wege gestanden«; Arndt, Nr. 183, S. 54.) Und noch 1984 war zu konstatieren, dass die – eben bis in die frühen fünfziger Jahre zurückreichende – »Erkenntnis der Notwendigkeit einer umfassenden und systematischen Methodologie der Literaturkritik [...] nicht zur praktischen Konsequenz ihrer wissenschaftlichen Bewältigung« geführt habe (Krieger, Nr. 180, Bl. 114). Hiervon auszunehmen ist der Bereich der Sprachkritik, für den ein Modell wissenschaftlich fundierter sprachkritischer Wertung von Literatur mittels linguistischer Analysen entwickelt wurde (Lerchner, Nr. 95; vgl. den Schlussabsatz des folgenden Teilkapitels); trotz aufwendiger Analyseprozeduren ein relativ praktikables Modell, das ohne die theoretische Abstraktion und schwerfällige Terminologie der Linguistik auszukommen sucht.

Hinsichtlich der mehr oder weniger idealischen **Leitprinzipien literaturkritischer Tätigkeit** bestanden anfangs in Ost (s. Bredel, Nr. 371) und West (s. Melchinger, Nr. 8) einige Berührungspunkte, die offenkundig aus Rückbezügen zu aufklärerisch-klassischen Vorstellungen erwuchsen. Ohne Ansehen der Person des Autors (seines Bekanntheitsgrades vor allem) sollten, möglichst konkret werkbezogen, begründete sowie objektivierte und gerechte Urteile gefällt werden, mit dem Ziel der Wahrhaftigkeit bzw. Wahrheitserkenntnis. Die Nähe speziell zur Lessing'schen Tradition lässt sich daran ermessen, ob strikt in seinem Sinne von Bemühungen um Wahrheit die Rede ist oder nur von Wahrheitsfindung als verfügbarem Wahrheitsbesitz. Dieses Prinzip verlor in den westlichen Ländern im Gefolge von Barthes (*Kritik und Wahrheit*, Nr. 16) ebenso wie das Prinzip der Objektivität an uneingeschränkter Gültigkeit (vgl. z.B. Vormweg, Nr. 769, S. 479f.). In der DDR hingegen wurde mit dem Anspruch auf Wissenschaftlichkeit auch der auf Objektivität der Kritik aufrechterhalten. Denkbar weit entfernt von Lessing und einer von ihm über Heine zunächst bis Kraus und Benjamin führenden Traditionslinie, dafür wiederum näher zu Goethe hin, befanden sich einige Kritiker nach 1945/49 mit dem Grundsatz: »Nur in der Mäßigung ist Kritik human.« (Melchinger, Nr. 8, S. 81) So absolut ist seither Humanität nirgends wieder als Richtschnur für Literaturkritik reklamiert worden.

Jenen Leitprinzipien korrespondierte der Schluss Johannes R. Bechers: »Eine Kritik muß Beweiskraft besitzen; nur wenn abgehandelt oder abgeleitet wird, hat sie Sinn. Wir müssen von den Geschmacksurteilen weg zu Werturteilen gelangen [...].« (Zitiert nach Krieger, Nr. 180, Bl. 246.) Was der Kulturminister der DDR forderte, entsprach prinzipiell auch westlichen Nachkriegspositionen, die dann noch ausgebaut wurden. Nur bestanden teilweise gravierende Divergenzen nicht allein zwischen beiden Seiten, sondern auch und gerade innerhalb des methodenpluralistischen westlichen Raums mit seinen zahlreichen Kritikrichtungen (s. Kap. 1.5.1), hinsichtlich der angewandten Kriterien und Maßstäbe bei solchen Bewertungen.

1.6.2 Urteilskriterien und Wertungsmaßstäbe

Divergenz und Pluralität ergeben sich nicht bloß aus verschiedenen Literaturauffassungen und Richtungen der Kritik, sondern genauso aus einem Spannungsverhältnis von Subjektivität und Objektivität beim Wertungsvorgang. Hierin gleicht journalistisches literaturkritisches Werten dem akademischen, so dass eine Feststellung über Letzteres für beide zutreffen dürfte:

> »Selbst innerhalb der wertenden Gruppe mischen sich Gruppennormen und individuelle Wertsetzungen; das Verhältnis der Werte zueinander ist nicht streng logisch, sondern unterliegt wechselnden Hierarchisierungen, z. B. im Konflikt ästhet. und ethischer, individueller und verallgemeinerbarer Werte.« (v. Heydebrand, Nr. 35, S. 854)

Subjektivität bzw. Individualität des Kritikers galt im Westen meist ziemlich einmütig als Grundbedingung vor allem seines Urteilens, gelegentlich auch für dessen Objektivität. Umstritten ist allerdings, inwieweit sich die subjektiven Befunde bzw. die ihnen zugrunde liegenden Kriterien und Maßstäbe – angesichts ihrer diachronen und synchronen Varianzen – überhaupt objektivieren lassen, genauer: inwieweit sie objektive Gültigkeit erlangen können. Nicht ohne weiteres scheint für die neuere Praxis journalistischer Literaturkritik eine auf Friedrich Schlegel rekurrierende Vorstellung zuzutreffen, »Subjektivität der Kritik« literaturwissenschaftlichen Interpretierens bedeute subjektive Begrenztheit überwindende »Intersubjektivität einer Interpretationsgemeinschaft, die von überindividuellen geschichtlichen Erfahrungen und Interessen ausgeht, in deren Licht die Texte gelesen werden« (Mecklenburg, Nr. 138, S. 56). Eine solche Gemeinschaft größeren Ausmaßes hat es in der westlichen Literaturkritik der Gegenwart wohl nie gegeben, und sie rückt um so ferner, je mehr der Kritiker darauf abzielt, mit allen Mitteln primär seine ›originelle‹ Individualität hervorzukehren. Unzweifelhaft indessen wirken sich zwei Extrempositionen der Kritiker gleichermaßen aus wie die der Wissenschaftler: »Objektivistische Verfestigung und subjektivistische Mystifikation der Standortgebundenheit des Interpreten« reduzieren Kritik »zur bloßen Bestätigung einer immer schon vollzogenen unausgewiesenen Wertung« (ebd., S. 55).

Zur **objektivistischen Verfestigung** tendierte die marxistische **Literaturkritik der DDR** unter dem Druck der Staatsdoktrin. Wie schwer man sich dort mit dem so genannten »subjektiven Faktor« im Falle literaturkritischer Urteilsbekundung auch dann noch tat, als sich für individuelle Aspekte größere Spielräume eröffneten, zeigt beispielsweise ein nachdrücklicher Hinweis wie der folgende:

»Nun ist uns selbstverständlich nicht an Subjektivität schlechthin gelegen. Wir wollen sie von einer solchen Qualität, wie sie der Kultur einer sozialistischen bzw. kommunistischen Gesellschaft gemäß, förderlich ist. Es liegt in der Natur der Sache, daß der Umgang mit Subjektivem immer ein Balanceakt ist, bei dem es ständig darum geht, das Gleichgewicht nicht zu verlieren oder wiederzufinden.« (David, Nr. 177, S. 126f.)

Und es wurde betont, »daß die literaturkritischen Wertungen der wissenschaftlichen Begründung bedürfen, um sie vor der Gefahr subjektivistischer Willkür zu bewahren« (Krieger, Nr. 180, Bl. 120). Solche Begründungen sollten durch außerliterarische, zuerst politisch-ideologische Wertungsmaßstäbe wie Parteilichkeit, Volksverbundenheit und Progressivität gewonnen werden, des Weiteren durch ethische Maßstäbe wie Humanität und sozialistische Moral. Sie bildeten die Leitgrößen für die Urteilskriterien auf inhaltlicher, formaler und sprachkünstlerischer Ebene.

Dabei wurden nach den vorliegenden Untersuchungen (Nr. 96, 172, 180, 828, 837) Maßstäbe angelegt, die **drei Literaturtraditionen** entsprachen: erstens der proletarisch-revolutionären Literatur (Klassenbezug, proletarische Fortschrittlichkeit versus bürgerliche Reaktion, Nützlichkeit im Klassenkampf oder Literatur »als Waffe«), zweitens der klassisch-realistischen Literatur (humanistisches Menschen- und Heldenbild sowie Gedankengut, bürgerlicher Realismus) und drittens der neuen DDR-Literatur (sozialistisches Menschen- und Heldenbild sowie Gedankengut, sozialistischer Realismus, Aktualität, Originalität). In dieser Reihenfolge entwickelten sich die Komplexe der Wertungsmaßstäbe, wobei die beiden ersten Traditionen in den fünfziger Jahren zusammengriffen, solange die Staatsführung noch eine antifaschistische Bündnispolitik betrieb und solange es noch an eigenen Maßstäben und Kriterien fehlte, die der allmählich entstehenden und nach 1960 verstärkt hervortretenden neuen Literatur angemessen waren (vgl. Nr. 256, S. 329f.; Nr. 183). Für die siebziger Jahre »sind Wertungskriterien folgender Problemkreise« nachgewiesen: »Aktualität der Probleme und Problembehandlung, Funktionalität der verwendeten künstlerischen Mittel, Klassifizierbarkeit der Werke und Werkaussagen, innere Struktur der Werke, Verhältnis von Intentionalität und Realisation« (Kröger, Nr. 184, S. 111; im Original mit Spiegelstrichen untereinander stehend).

Getreu der Tradition marxistischer Literaturkritik (vgl. z.B. Lunatscharski, Nr. 4, S. 7f. und 11) erstreckte sich der Wertungsakt primär auf den ›**Werkinhalt**‹. Es ging um »Wertung der Gesamtaussage, des Ideengehalts des Werkes in bezug auf den tatsächlichen historischen Entwicklungsprozeß« (S. Schmidt, Nr. 96, Bl. 136), wofür folgende Urteilskriterien herangezogen wurden: Thematik und Stoff des Buches in ihrer ideologisch-ästhetischen Fülle und Bewältigung, Folgerichtigkeit und Spannung des Geschehens, Überzeugungskraft und Typisches sowie Vorbildhaftigkeit sonderlich des Helden und anderer Hauptfiguren, Abbildung ›der Wirklichkeit‹.

Fragen nach der **Inhalt-Form-Relation** leiteten in der DDR gemeinhin auf die formale oder (in späterer Begrifflichkeit) strukturelle Ebene über, wobei Homogenität und Funktionalität der Form (Struktur) beurteilt wurden, ferner Übereinstimmung mit oder Abweichung von Gesetzlichkeiten der gewählten Form bzw. Gattung. Eigenständige Aufmerksamkeit fanden Formprobleme erst seit Ende der sechziger Jahre, als eifernde Formalismusdebatten (wie z.B. um Hanns Eislers *Faust*-Adaption) zurücktraten, deren Wurzeln meist noch aus der Zwischenkriegs- und Exilzeit herrührten (vgl. u.a. Nr. 594).

Am meisten vernachlässigt wurde die Ebene der **Sprachkritik.** Dies bezeugen Klagen schon aus den fünfziger Jahren (exemplarisch F.C. Weiskopfs *Bemerkungen über die Verrottung von Sprache und Stil*; in: Nr. 281, S. 291-296) und eine Studie für die Zeit zwischen 1975 und 1983 (Jokubeit, Nr. 179). Sie hat ergeben, dass bei 65 Prozent der untersuchten – rund 750 – Kritiken »Wertungen der sprachkünstlerischen Gestaltung« gänzlich fehlen (ebd., Bl. 156) und beim verbleibenden Rest teilweise »in eine abschließende Gesamtwertung« einfließen, wobei »Besonderheiten im Individualstil eines Schriftstellers« und »Gestaltungsmittel, die Anteil an einer bestimmten Wirkung haben«, hervorgehoben werden (ebd., Bl. 157).

Größere Schwierigkeiten als im Falle der DDR bestehen, wenn man versucht, **Kriterien und Maßstäbe der westlichen Literaturkritik** zwischen 1945/49 und 1989/90 zusammenzufassen. Denn erstens ist diese Kritik viel inhomogener und variantenreicher gewesen (s. Kap. 1.5.1 und 1.6.1), zweitens existieren zu wenig einschlägige Untersuchungen. Wie sich aus einem historischen Abriss zur westdeutschen Literaturkritik (von B. Zimmermann, Nr. 256, S. 304) ersehen lässt, wurde seitens der neokonservativen Richtung der fünfziger und teils noch der sechziger Jahre (z.B. von Hans Egon Holthusen, Friedrich Sieburg) eine »geschichtslose Kanonbildung im Zeichen der ›Klassiker der Moderne‹« vorgenommen, die absolut maßstabsetzend waren, und an denen gemessen die westdeutsche Nachkriegsliteratur als provinzialistisch galt. Für Holthusen stand 1954 fest: »Wo die großen dichterischen und kritischen Autoritäten der Vergangenheit mit Verstand gelesen werden, wo das Verhältnis des Kritikers zum Klassischen und Musterhaften noch nicht gleichgültig geworden ist, da sind die Maßstäbe immer schon gegeben.« (Zitiert nach Schonauer, Nr. 739, S. 251f.) Aber diese vermeintliche Sicherheit musste angesichts der weiteren Literaturentwicklung fragwürdig werden. Ein 1963 durchgeführtes Berliner Kritiker-Kolloquium über *Maßstäbe und Möglichkeiten der Kritik* (Nr. 154) brachte vielfach Maßstablosigkeit und Ratlosigkeit zutage; es blieb einerseits im überkommenen Genreschematismus befangen und verdeutlichte andererseits die Inadäquatheit traditioneller normierter Annäherungen an die Genres und besonders an neue Formen des Romans, der Lyrik usw. Wenig später brach dann ein weitreichender Widerspruch hervor zwischen dem kanonischen Generalmaßstab »Klassiker der Moderne« und traditionellen Kriterien, die sich in einem unvermittelten Gefüge zu Anachronismen wandelten; so »das Bedürfnis nach erzählerischer ›Substanz‹, nach Verständlichkeit der Darstellung und Wahrscheinlichkeit der Handlungsführung, welches die meisten Kritiker als Leser der im

XIX. Jahrhundert etablierten Romanformen ausweist«, und zugleich als Verfechter von »ahistorischen Gattungskonzepten« (Gumbrecht, Nr. 832, S. 188 und 189). Dieser Befund ist konkretisiert worden durch eine Dissertation über »literarische Tageskritik« zwischen 1955 und Mitte der siebziger Jahre, die zwei in sich differenzierte Hauptrichtungen unterscheidet und für sie folgende Urteilskriterien und Wertungsmaßstäbe resümiert (I. Fischer, Nr. 833, Bl. 229f. und 232f.), die hier – teilweise umgruppiert und umformuliert – zur Verdeutlichung direkt nebeneinander gerückt sind:

Traditionell werkimmanente Kritik	Ideologiekritische avantgardistische Kritik
Gesamtkomplex des Werkes:	
– innere Folgerichtigkeit und Vollkommenheit	– Stimulation für Weiterentwicklung der Literatur
– Stimmigkeit der angewandten Kunstmittel	– Innovation auf inhaltlicher, sprachlicher und formaler Ebene
– allgemeingültige, überzeitliche Gültigkeit	– relativierende und den Leser darin einbeziehende Darstellung
– Unterhaltung, Belehrung und Identifikation des Lesers	– Provokation und Distanz; kritischer Leser
Stoff:	
– Fülle: Verarbeitung und Bewältigung	– Auswahl: Aktualität und Relevanz
– Künstlertum und Literaturverständnis des Autors	– Engagement und Weltanschauung des Autors
– Schlüssigkeit der Handlung, Eindeutigkeit des Geschehens	– Mehrdeutigkeit und Unbestimmtheit des Textes
– Spannungsmomente und Heldengestaltung	– Verzicht auf Spannung und Helden
– Brüchigkeiten und Unstimmigkeiten	– experimentelles Textgefüge
– Glaubwürdigkeit der Handlung und der Personen	– Wirkungspotenz des Textes und der Personen
– objektive, stabilisierend wirkende Abbildung der Wirklichkeit	– Gestaltung veränderbarer subjektiver Wirklichkeit, Detailrealismus
Form:	
– Übereinstimmung von Form und Inhalt	– variable Form gemäß der Textstruktur
– Klarheit, Ordnung und Harmonie	– formale Innovation
– Einhaltung der Gattungsgesetze	– Aufhebung der Gattungsnormen
Sprache:	
– Übereinstimmung von Sprache und Inhalt	– Eigenbedeutung innovativer Sprachfindung
– Stilsicherheit des Autors	– Innovationsvermögen des Autors
– Korrektheit und Stimmigkeit der Sprachgestaltung	– Aufbruch und Erweiterung der Sprach- und Schreibnormen

Beide Hauptrichtungen wirken teils bis heute nach, teils haben sich nicht genauer benennbare (weil noch unerforschte) Mischformen der Wertung gebildet. Erhebungen über eine literaturkritische Hörfunksendereihe des WDR/Köln brachten zutage, dass zwischen 1973 und 1988 ein beträchtlicher Wertwandel eintrat: »Die 1973 vorherrschenden ›postmateriellen‹ Werte sind weitgehend zurückgenommen und durch traditionell konservative, subjektive Positionen ersetzt.« (Viehoff, Nr. 907, S. 5) Auf veränderte – in der Studie selbst nicht ausgewiesene – Urteilskriterien und Wertungsmaßstäbe deutet ein gewandeltes Literaturverständnis hin. Demnach war Literatur 1973: »rational, zweckgebunden, öffentlich, belehrend, sachlich, parteilich, geistig, tatsachengerecht, schematisch, begrifflich«; und 1988: »emotional, zweckfrei, privat, unterhaltend, gefühlvoll, neutral, sinnlich, frei erfunden, schöpferisch, symbolisch« (ebd., S. 20). Inwieweit die festgestellten Wandlungen verallgemeinerbar sind und vielleicht eine anhaltende Tendenz bezeichnen, lässt sich nicht sicher sagen.

Im (Sonder-)Bereich **Kritik der Kinder- und Jugendliteratur** blieben über die Umbrüche der 68er Bewegung hinweg traditionelle Positionen dominant (s. Kap. 1.5.2). Primäre Bedeutung hatten noch um 1990 die Wertungsmaßstäbe der Nützlichkeit oder Brauchbarkeit und der Angemessenheit, hauptsächlich in pädagogischer und moralisch-didaktischer, weniger in ästhetischer Hinsicht; die Frage nach Identifikationsmustern war wichtiger als Beurteilungen nach textbezogenen ästhetischen Kriterien (vgl. u.a. Ueding, Nr. 109, S. 17ff. und 25). Dieser Zustand führte zu der metakritischen Einsicht: »Es gilt Abschied zu nehmen von der Fiktion einer normierbaren oder jedenfalls auf Normen beruhenden Literaturkritik.« (Ebd., S. 27) Dieser Abschied scheint inzwischen eingeleitet zu sein.

Eindeutig vollzogen ist er in allen Richtungen **heutiger Kritik belletristischer Literatur**. Gleichfalls liegt hier offen zutage, dass literaturkritischer Avantgardismus durchweg verabschiedet ist. Kriterien wie stofflich-strukturelle Originalität, thematischer Zeitbezug und schlüssig spannungsvolles Geschehen stehen im Vordergrund, ebenso Maßstäbe wie Subjektivität oder Individualität und Unterhaltungswert. Außerdem lässt sich nicht übersehen, dass man Sprachkritik unverändert vernachlässigt.

Nicht mehr existent und irrelevant geworden sind die dafür einst in der DDR-Forschung angeführten Ursachen (Jokubeit, Nr. 179, Resümee Bl. 163): sozialistisches Funktionsverständnis von Literatur, Unterbewertung der Inhalt-Form-Dialektik, Defizite an praktikablen sprachwissenschaftlichen Methoden, ungenügende Sprachqualität in sozialistischer Gegenwartsliteratur. Wie sollen Kritiker heute veranlasst werden, wissenschaftliche Methoden – an denen es keineswegs mangelt – aufzunehmen? Im Übrigen wäre es gerade ein der undogmatischeren Spätphase der DDR entstammendes Modell praktikabler Sprachkritik (Lerchner, Nr. 95), das produktiv fortentwickelt und angewandt werden könnte. Es geht von einer unzweifelhaften Prämisse aus (ebd., S. 192):

»*Wirksame* Sprachkritik setzt mit der *Einstellung* des Kritikers zu Formfragen ein, mit der Wertzumessung, die er der Gestaltung literarischer Texte für die gesellschaftlichen Aneignungsprozesse grundsätzlich zu gewähren bereit ist, und nicht zuletzt mit dem Arbeitsaufwand und mit der Aufmerksamkeit, die er für die Lektüre aufbringt.«

Der Arbeitsaufwand, bei linguistischen Analysen meist sehr hoch und im Kritikeralltag nicht zu bewältigen, ist in Lerchners Modell reduziert. Mit den Wertungsmaßstäben funktionale und ästhetische Angemessenheit kann der Kritiker prüfen, »ob die Sprachgestaltung tatsächlich Regularitäten individuellen Stilwillens folgt, ob es sich also wirklich um einen ausgeprägten Individualstil handelt bei dem, was in dem zu beurteilenden Text vom Autor sprachlich geboten wird« (ebd., S. 205).

1.6.3 Traditionsbezüge und Vorbilder

Wie sich in den beiden vorangehenden Teilkapiteln bereits mehrfach angedeutet hat, gibt es in der neueren Literaturkritik Wechselverhältnisse von Tradition und Innovation, jeweils gebunden an bestimmte Richtungen oder Strömungen der Kritik (s. Kap. 1.5.1). **Nach 1945/49** knüpfte man im Westen teils an liberale Vorkriegspositionen an, teils bezog man sich auf konservative »abendländische« Kultur- und Literaturvorstellungen. Von besonderer Bedeutung dürften Nachwirkungen Alfred Kerrs, »des Symbolkritikers der Weimarer Republik«, gewesen sein (H. Mayer, Nr. 265, Bd. 4, S. 28). Neue Impulse ergingen bald vom nordamerikanischen New Criticism, dessen werkimmanente ästhetische Ausrichtung den dominanten geistesgeschichtlichen Traditionen in der Literaturkritik entgegenkam; die Hauptschriften von René Wellek beispielsweise wurden übersetzt und theoretisch-wissenschaftlich rezipiert. Allerdings sind Anregungen und Traditionsbezüge, die für literaturkritische Theorie außer Zweifel stehen, bislang hinsichtlich ihrer konkreten Auswirkung im Kritikeralltag zumeist nicht untersucht worden.

Auch die Neuansätze im **Umfeld der 68er Bewegung** erfolgten keineswegs traditionslos. Vom radikaleren bis hin zum gemäßigteren Flügel dieser ›avantgardistischen‹ Literaturkritik spielten – jedenfalls in theoretischen bzw. metakritischen Verlautbarungen – Adorno, Benjamin und Brecht eine herausragende Rolle. Für immer wieder zu vermutende Divergenzen zwischen Theorie und Praxis spricht diesmal, dass der Name Benjamin von Kritikern des Westdeutschen Rundfunks, die man 1973 nach ihren Vorbildern oder Anregern befragte, nicht erwähnt wurde; zudem veränderten sich die Nennungen bei einer nur 15 Jahre später wiederholten Erhebung sehr beträchtlich (laut Viehoff, Nr. 907, S. 24):

Rang	1973	1988
1.	Böll	Reich-Ranicki
2.	Heißenbüttel, Kaiser	Vormweg
3.	Vormweg	Kaiser
4.	Wallraff	Baumgart
5.	Brecht, Kühn	Jens, Schütte, Cramer
6.	Sartre	Reinhard, Baier, Karasek
7.	Handke	Witte, Wallmann, Grenz
8.	Grössel, Grass, Canetti	
9.	v. der Grün, Adorno, Engelmann, Bloch, Widmer	
10.	Walser	

Ebenso wenig begegnet hier Roland Barthes, der Verfasser der aufsehenerregenden Schrift *Critique et vérité* (Nr. 16) und Repräsentant einer neuen Kritikbewegung in Frankreich. Dass er ungenannt blieb, zeugt gewiss nicht von Wirkungslosigkeit überhaupt, wohl aber davon, wie nötig es ist, auf breiterer Materialbasis Bekundungen zu verifizieren wie diejenige: »Der letzte substantielle Reflexionsschub der Literaturkritik stammt aus den 60er Jahren. [...] Barthes bekämpfte den Dogmatismus der Kritik seiner Zeit, die streng aristotelisch die Qualität fiktiver Texte von ihrer Evidenz, ihrer Wahrscheinlichkeit ableitete.« (Cramer, Nr. 120, S. 98) Wie aber wirkte sich dieser Neuansatz auf das Alltagstun deutschsprachiger Berufskritiker aus? Wem sich die einzelnen Kritiker wahlverwandt fühlen, weiß man zumeist nicht, wenn sie es nicht über Jahre hin explizieren, so wie der Nestor der gegenwärtigen deutschen Literaturkritik:

»Die griffige Formel ›Bessere Bücher für bessere Leser‹, mit der Reich-Ranicki die Intentionen seiner Arbeit charakterisiert, weist ihn in seinem Selbstverständnis und Anspruch als Erbe der europäischen Aufklärungstradition aus, suggeriert jedoch gleichzeitig, daß das Kritikmodell der Aufklärungstradition gleichsam bruchlos in den Literaturbetrieb der Gegenwart transponierbar sei.« (B. Zimmermann, Nr. 256, S. 308)

Zudem hat sich Reich-Ranicki in einer Streitschrift für polemisch-negative Kritik (Nr. 671, Aufl. 1992, S. 25f.) und in einer Würdigung (Nr. 677) vehement auf Friedrich Schlegel berufen. Doch inwiefern, so wäre erst noch zu ergründen, setzt sich die sehr anspruchsvolle Wahlbeziehung methodisch-praktisch um? Die Frage gewinnt an allgemeiner Relevanz dadurch, dass mehrfach – freilich nicht von Berufskritikern – versucht wurde, zur Bewältigung von Krisenerscheinungen modifizierte Kritikkonzepte im Rückgriff auf Schlegels frühromantische Theoreme aufzustellen (z.B. Nr. 227 und 721).

Offenkundige Mängel und Defizite der Literaturkritik waren **in der DDR** eine Hauptursache für kulturpolitisch erwünschte bzw. eingeforderte Traditionsbeziehungen, neben denen sich individuelle Vorlieben behaupteten, solange sie nicht als ›revisionistisch‹, ›formalistisch‹ oder sonstig abweichlerisch galten. Diskussionen über Prinzipien- und Maßstablosigkeit der Kritik Anfang der fünfziger Jahre hatten zur Folge, dass verstärkt die Vorbildhaftigkeit russisch-sowjetischer Kritiker propagiert und zugleich auf Mehring und Lukács als Leitgrößen historisch-materialistischer Kritik orientiert wurde. Brecht hingegen war zu dieser Zeit bekanntlich keineswegs unumstritten und genoss viel weniger Autorität als andere literaturkritisch engagierte Schriftsteller (z.B. Becher, Seghers, Weiskopf). Die westliche Wiederentdeckung Benjamins hatte nur ein schwaches östliches Pendant, das für journalistische Literaturkritik wohl unerheblich blieb, zumal die sehr vereinzelten Hinweise auf ihn energisch abgeblockt wurden (so durch Jarmatz in Nr. 163, S. 130). Und Lukács, nachdem er wegen des Ungarn-Aufstandes 1956 in den Westen emigriert und dort 1971 gestorben war, wurde zwar rehabilitiert, doch für die Kritik nie wieder so vorbildhaft wie einst.

Traditionsbezüge spielten auch deshalb eine wichtige Rolle, weil es zur kulturpropagandistischen Funktion östlicher Literaturkritik (s. Kap. 1.4.1) gehörte, die **sozialistische Erbetheorie** zu verbreiten. Sie besagte, dass die DDR historisch berufen sei, progressives nationales und internationales Erbe zu bewahren und fortzuführen und insbesondere humanistische Gesellschaftsvorstellungen der aufklärerisch-klassischen Epoche, d.h. von Lessing bis Heine, zu verwirklichen (so genannte Vollstreckertheorie). Literaturkritische Konzeptionen besonders Lessings wurden auf marxistischer Basis exemplarisch von Paul Rilla verarbeitet (*Lessing und sein Zeitalter*, Berlin 1960), der dadurch seinerseits Vorbildcharakter bekam. Was aus dem lange Zeit kulturpolitisch einseitig favorisierten aufklärerisch-klassischen und dem erst ab etwa 1970 durch Schriftsteller wiederentdeckten romantischen Erbe ansonsten in die Kritikertätigkeit einfloss, wäre erst noch zu ergründen. Vermutlich klafften offizielle Programmatik und alltägliche Praxis, ähnlich wie bei anderen literaturkritischen Belangen, auch hier nicht wenig auseinander.

In jüngster Zeit geben sich deutschsprachige Literaturkritiker gern **postmodernistisch traditionslos** oder traditionsunabhängig. Aber dieser indirekte Anspruch auf individuelle Eigenständigkeit hat keine Basis. Denn er setzt größere Veränderungen der literaturkritischen Praxis voraus, die nicht eingetreten sind. Insgesamt scheint Kontinuität zu herrschen, Kontinuität eingeschliffener Verfahrens- und Urteilsweisen. Und dabei beeinträchtigt Selbstdarstellung nach wie vor publikumsorientierte Wirksamkeit.

1.7 Wirkungen und Wirkungsmöglichkeiten

Über die tatsächlichen Wirkungen von Literaturkritik gibt es keine aktuellen, d.h. nach 1990 veröffentlichten literatursoziologischen Untersuchungen bzw. exakten Marktforschungen. Und zwar nicht nur deshalb, weil sie immer teurer werden, sondern weil sie auch einem übergreifenden Problem unterliegen: »Die Frage, wie Massenmedien wirken, ist wohl die schwierigste der Kommunikationswissenschaft [und Literatursoziologie; W.A.] überhaupt.« (Reus, Nr. 118, S. 70) Einige wenige frühere Erhebungen in West und Ost haben bloß begrenztes Aussagevermögen. Sie stimmen alle darin überein, dass Literaturkritik nur teilweise direkt wirkt, indem sie zur Lektüre oder gar zum Kauf eines bestimmten Buches veranlasst. Die Ursachen dafür benennen sie nicht. Es wäre vermutlich zu kurz gegriffen, einen Kausalzusammenhang herzustellen zwischen dem eingeschränkten Wirkungsgrad und den unzureichenden Publikumsbezügen der Kritik, die seit den späten sechziger Jahren wiederholt attackiert wurden (s. z.B. Nr. 72 und 829). Denn andernfalls hätte eine häufig bemüht publikumsorientierte und angestrengt populär-didaktische Literaturkritik in der DDR viel wirkungsvoller sein müssen, als sie es gewesen ist allen vorliegenden Tatsachen nach, die zu dem Fazit geführt haben, dass gerade Rezensionen in der Tagespresse »vor allem von jenen rezipiert werden, die bereits zu den Lesern zählen« (Strauß, Nr. 108, S. 501).

Eher scheint hier ein – durch ›Lesererziehung‹ oder Leseförderung allein nicht zu lösendes – **Interessenproblem** zu bestehen, das zusammenhängt mit der bekannten Bevorzugung anderer Beiträge durch das Hauptpublikum der Massenmedien. Und im Übrigen dürfte es wenig sinnvoll sein, generell eine Orientierung am Publikum oder an spezielleren Publikumskreisen zu bezweifeln, da kein Kritiker ohne Wirkungsabsicht schreibt, sondern bestimmte Leser erreichen möchte. Hinzu kommt das Problem der Divergenz von Wunschleser und diffuser Publikumsmasse, dem in der Gegenwart jeder Autor gegenübersteht. Letztlich ist Wirkung von Literaturkritik ebenso wenig kalkulierbar wie die der Literatur selbst. Aufs Ganze gesehen lässt sich, in Anbetracht der Werbefunktionen der Kritik (s. Kap. 1.4.4), eine **ambivalente Wechselbeziehung zur Verlagswerbung** annehmen, die eine beiderseitige potentielle Wirkungssteigerung einschließt. Kommerzielle Wirkung wird heute im Einzelfall schon vor einer kritischen Verlautbarung zu erzielen versucht, wie die Gepflogenheit beim *Literarischen Quartett* beweist, die Buchauswahl für die nächste Sendung vorab bekannt zu geben und so für eigene und für verlegerische Werbung nutzbar zu machen. Die Schlagzeile »Am .... im *Literarischen Quartett*« gehört inzwischen zum Standard von Buchanzeigen.

Den größten **Einfluss auf das Lese- und Kaufverhalten** übte, schon Anfang der siebziger Jahre, in den westlichen Gebieten das Fernsehen aus, gefolgt von den Printmedien und dann erst vom Rundfunk (vgl. Lilienthal, Nr. 103, S. 196):

»16 Prozent der Befragten wurden durch die Behandlung eines Themas im Fernsehen zur Lektüre angeregt, 14 Prozent durch Verfilmungen von literarischen Stoffen im Fernsehen, 9 Prozent durch eine TV-Buchbesprechung und 8 Prozent durch die Vorstellung des Verfassers im Fernsehen.« (Ebd.)

Drews (Nr. 104, S. 468) hat für das Folgejahrzehnt eine solche Wirkungshierarchie bestätigt:

- Fernsehen (vorzugsweise Gesprächsrunden mit den Autoren),
- Zeitschriften bzw. illustrierte Nachrichtenmagazine (*Stern* und *Spiegel*) und
- überregionale Wochen- und Tageszeitungen (*Die ZEIT, Frankfurter Allgemeine Zeitung, Süddeutsche Zeitung, Frankfurter Rundschau, Neue Zürcher Zeitung* u.a.).

Viehoff indessen sieht aus einer anderen Perspektive Fernsehen und Rundfunk gemeinsam dominieren und veranschlagt insgesamt einen höheren Wirkungsgrad: »Den öffentlichen Medien [...] wird in der Regel vom Buchhandel ein Einfluss zugeschrieben, der bei rund 50 Prozent aller Buchkäufe wirksam wird.« (Viehoff, Nr. 902, S. 106) Das ist ebenfalls in den frühen Siebzigern gewesen, und man muss dabei beträchtliche Unsicherheiten mit veranschlagen, weil Buchhändler ihre Kunden nicht annähernd so differenziert befragen, wie es bei wissenschaftlichen Erhebungen zum Leseverhalten geschieht.

Eine solche Erhebung **in der DDR**, auch etwa zum selben Zeitpunkt durchgeführt, brachte vergleichbare, aber zugleich einige andersartige Ergebnisse. Als stärkster Einflussfaktor bei der Lektürewahl wurden Empfehlungen aus Familien- und Freundeskreisen genannt, nicht Kritiken in den Massenmedien (nur 4 Prozent der Befragten); während immerhin 58 Prozent angaben, die Kunst- und Literaturdebatten in diesen Medien regelmäßig oder gelegentlich zu verfolgen (vgl. T. Kupfer, Nr. 195, S. 218). Ein zusätzliches Indiz für geringe Resonanz der Literaturkritik, besonders bei thematisch, also politisch-ideologisch unpopulären Titeln, liefern zwei spezifische Gepflogenheiten der Distribution: nämlich solche Bücher als Prämien oder Auszeichnungen zu verschenken und in alle Gewerkschafts-, Betriebs- und Armee- sowie Kommunalbibliotheken einzustellen. (Auf irgendeine Weise brisante Bücher waren hingegen bloß ›unter dem Ladentisch‹ erhältlich und bedurften überhaupt nicht der Vermittlungsfunktion der Kritik.) Dies offiziell zu berücksichtigen, lag außerhalb der Möglichkeiten der Literatursoziologie, die anfangs beträchtlich überschätzt wurden:

»Neben exakten quantitativen Gruppierungen innerhalb des Leserpublikums müssen gerade die qualitativen Züge unserer Leserpersönlichkeiten durch weitere wissenschaftliche Untersuchungen bestimmt werden. [...] Unsere Literaturkritik könnte spezielle Leserkreise besonders ansprechen und ihnen den Weg zur Erschließung der Werke erleichtern.« (Oswald, Nr. 66, S. 8 und 11)

Dass Kritiker die Wunschvorstellungen von Parteifunktionären und Kulturpolitikern, unterschiedliche breitere Publikumsschichten und vor allem Werktätige zu erreichen, insgesamt nicht zufrieden stellend umsetzten oder umzusetzen vermochten, ergibt sich aus wiederholt angeordneten ›Verbesserungen der Kritik‹. Genauere Einzelheiten dazu sind (bisher) nicht bekannt. Denn erstens hatten es die Literatursoziologen – wie alle Fachsoziologen in der DDR – äußerst schwer, überhaupt Befragungen durchführen zu können; zweitens durften sie ihre Resultate nur teilweise bekannt machen, so dass noch entsprechende Archivfunde möglich sind. Geht man aus von den zahlreichen Zirkeln schreibender Arbeiter und von den regelmäßigen laienkritischen Beiträgen (s. Kap. 1.2.3), dann scheint es nicht völlig ausgeschlossen, dass das Publikum der Literaturkritik sich etwas anders zusammensetzte als in den westlichen deutschsprachigen Ländern.

Die **Rezeption der Literaturkritik** war im Westen, und sie ist es wohl heute im geeinten Deutschland mehr denn je, ein randständiger Teil des Kulturlebens einer gebildeten Minderheit aus den höheren Sozialschichten. Drews hat 1978 geschätzt, »daß literarische Kultur in der Bundesrepublik eine Sache ist, die von ungefähr 2000 Leuten für höchstens, allerhöchstens 200.000 Leute veranstaltet wird« (Nr. 29, S. 227). Von ihm stammt auch eine Art Erfahrungsbericht aus langjähriger Praxis (Nr. 104), der dem Einfluss nachspürt, den Zeitungsrezensionen während der achtziger Jahre auf den Verkauf belletristischer Neuerscheinungen ausübten. Er bestätigt und ergänzt die Einsicht, die anhand der – zunächst von der Literaturkritik unbeachteten – Bücher Herbert Achternbuschs gewonnen wurde (durch Klaus Ramm, in Nr. 27, S. 1-11): dass bei einem größeren Publikumsinteresse und bei einem Verkaufserfolg normalerweise mehrere Faktoren, und zwar entweder zusammen mit der Kritik oder unabhängig von ihr, eine Rolle spielen, u.a. Verlagswerbung, Mundpropaganda, Bekanntheit des Autors, Käuferberatung durch Buchhändler. Drews nennt Beispiele dafür, wie ein höherer Absatz zu verzeichnen war bereits vor Erscheinen der ersten Rezension oder durch eine einzige Besprechung; auch durch summierende Wirkung mehrerer kritischer Beiträge, die am bedeutsamsten für neue und ausländische Autoren sei. Eine daraus abgeleitete Schlussfolgerung lautet:

»Wenn ein Titel nicht an ein außerliterarisches Thema ankoppelbar, ein Autor nicht in anderem – etwa politisch-zeitgeschichtlichem – Kontext ins Bewußtsein der Leser zu bringen ist, dann steigt die Wichtigkeit von Kritiken, Porträts und Interviews konventionell literaturkritischer Art für die langfristige Durchsetzung eines Titels bzw. eines Autors.« (Drews, Nr. 104, S. 463)

Als Ursachen für »Wirkungslosigkeit vieler positiver und auch rhetorisch geschickter Rezensionen« werden angeführt (ebd., S. 469):

1. begrenzte Interessenkreise für bestimmte Literatur;
2. begrenztes Kaufvermögen im Gesamtbereich des Belletristikmarktes;
3. begrenzte Lesezeit innerhalb der Freizeitgestaltung;
4. Rezeption der Kritik zur bloßen Information und Unterhaltung.

Was bleibt angesichts dessen an Möglichkeiten gezielter Wirkungssteigerung? Keinesfalls, so warnt Drews (ebd., S. 470), eine Verwissenschaftlichung der Literaturkritik. Keinesfalls, so warnt Lodemann (Nr. 913, S. 135), ein anderer erfahrener Praktiker, Marktgängertum und Mediengeschrei. Vielleicht kommt es in der gegenwärtigen Situation auch gar nicht so sehr auf gesteigerte als vielmehr auf fortgesetzte

Wirkung an; auf eine längerfristige Wirkungspotenz durch Qualität und Gehalt, die journalistische Tageskritik über den Augenblick hinaus belangvoll machen. Und so würde ihr etwas vom bleibenden Gebrauchs- und Quellenwert zeitgenössischer Rezeption gesichert werden, wie ihn Rezensionen aus dem 18. und 19. Jahrhundert gewonnen haben (s. dazu Nr. 73); aus einer Zeit, als die unmittelbare Gegenwartsliteratur noch dem Kritiker vorbehalten war, während sie heute vielfach gleich nach der literaturkritischen Erstrezeption zum Gegenstand der Literaturwissenschaft wird.

1.8 Literaturkritik und Literaturwissenschaft

Ein Germanist mag leicht und womöglich eher als ein Berufskritiker geneigt sein, Walter Benjamins Postulat zuzustimmen: »Die grundsätzliche Scheidung von Literargeschichte und Kritik ist abzulehnen.« (Nr. 331, Bd. 6, S. 174) Wenn damit beispielsweise gemeint ist, dass Literaturgeschichtsschreibung als Teil der Literaturwissenschaft entgegen dem Standpunkt eines ihrer Gründungsväter, Gervinus' (abgedruckt u.a. in Nr. 31, S. 69f.), ohne ästhetisch-kritisches Beurteilen so wenig auskommt wie journalistische Literaturkritik, dann lässt sich dem gewiss zustimmen. Problematisch indessen wäre ein – vermutlich über Benjamins Intention hinausgehendes – Verlangen, die in den deutschsprachigen Ländern historisch gewachsene Trennung und Arbeitsteilung zwischen den Institutionen Literaturkritik (journalistischer Kritik) und Literaturwissenschaft (akademischer Kritik) zu überwinden. Solche Versuche hat es im ersten Drittel des 20. Jahrhunderts gegeben, wobei eine »allgemeine Literaturwissenschaft« als einigende Grundlage angesehen wurde; einerseits unter poetologischen Aspekten (Lempicki, Nr. 1), andererseits unter historischem Blickwinkel (Milch, Nr. 127). Dass diese Versuche »richtungweisend geblieben« seien (Gebhardt, Nr. 31, Einleitung, S. 4), trifft keineswegs generell für neueres Bemühen zu, die Trennung von Literaturkritik und Literaturwissenschaft, die vielfach für irreversibel gilt, wenigstens zu vermindern. »Wissenschaft und Kritik haben sich weit entfernt von ihrer ursprünglichen Gestalt und ihren gemeinsamen Wurzeln. Zwecklos, darüber zu klagen; nach dem Gewinn der Veränderung ist zu fragen.« (Irro, Nr. 143, S. 93) Vielleicht aber sollte man sich weniger um einen exakt bestimmbaren Gewinn als vielmehr um mögliche **Zusammenhänge und gemeinsame Belange** beider kümmern, wozu es aus jüngerer Zeit drei Hauptpositionen gibt. Obwohl sie überwiegend aus literaturwissenschaftlicher Blickrichtung konzipiert sind, zeugen sie doch davon, eine wechselseitige Wahrnehmung zu entwickeln, statt frühere beiderseitige Vorwürfe zu wiederholen, dass bestimmte Anforderungen im gegenwärtigen Literaturprozess nicht angemessen erfüllt würden.

– Zum Ersten wird davon gesprochen, dass Literaturkritik »als **praktische Literaturwissenschaft** aufzufassen« sei (Gebhardt, Nr. 32, S. 1081) oder als »angewandte Literaturwissenschaft« in einem Bezugsfeld von »Literaturkritik und Werkinterpretation« (Hinck, Nr. 140, S. 27 und 24). Während Gebhardt eine nicht näher ausgeführte Einheit von Literaturkritik, literarischer Wertung und Literaturwissenschaft postuliert, unterlässt es Hinck, das gemeinsame Bezugsfeld genauer abzustecken und reduziert die Möglichkeiten der journalistischen Kritik: auf eine »Gebrauchsform« Rezension mit lesergerichteter Informations- und Urteilsfunktion (»gerechteste Beurteilung ist ihr Ziel«; ebd., S. 24f.). Weiter gefasste Vorstellungen über »Kritik als angewandte Literaturtheorie«, verbunden mit gänzlich überzogenen Erwartungen, gab es in der DDR. Schon Ende der sechziger Jahre wurde verlangt:

> »Die Kritik darf sich nicht als ein passives Mittel auffassen, das theoretische Erkenntnisse weitergibt. Sie kann sich auch nicht nur der wissenschaftlich-analytischen Methode bei der Beurteilung des literarischen Kunstwerkes bedienen, sondern sie muß helfen, neue theoretische Fragen herauszuarbeiten und zu beantworten.« (Oswald, Nr. 66, S. 162)

Später wurde »der theorievermittelnde Funktionsaspekt der Literaturkritik« als Aufgabenstellung formuliert, »den Erkenntnissen der Literaturwissenschaft zu praktischer Wirksamkeit mitzuverhelfen bzw. diese Erkenntnisse zu praktizieren und damit einen Beitrag zu neuer Erkenntnisfindung zu leisten« (Krieger, Nr. 180, Bl. 245 und 246). Analog zur vorgeblichen wissenschaftlichen Fundierung durch die Weltanschauung des Marxismus-Leninismus wollte man eine fachspezifische Verwissenschaftlichung der Literaturkritik erreichen. Nicht zuletzt deshalb wurde 1966/67 ein »Aktiv Literaturkritik« beim Schriftstellerverband der DDR eingerichtet, an dem Wissenschaftler und Kritiker, kaum aber Schriftsteller mitwirkten (vgl. Nr. 195, S. 211; Nr. 197, S. 407). Das Verlangen nach Verwissenschaftlichung musste in der Alltagspraxis völlig überfordern und uneingelöst bleiben – abgesehen vielleicht von manchen literaturkritischen Beiträgen aus Germanistenkreisen und publiziert in germanistischen Fachzeitschriften.

– Zum Zweiten wird derartiges Herangehen, das einseitig von literaturwissenschaftlicher Warte aus erfolgt, problematisiert und zu einem provokativen Umkehrschluss geführt: »Die Literaturwissenschaft wird vielmehr durch die Literaturkritik auf ihre eigenen **Konstitutionsbedingungen** verwiesen.« (Mecklenburg, Nr. 79, S. 37) Als Fazit ergibt sich hierbei:

»Weder ›Verwissenschaftlichung‹ noch ›Demokratisierung‹ [eingeklagt z.B. bei Glotz, Nr. 829f.; W.A.], weder das Aufsteigen zur akademischen Disziplin noch das Hinabsteigen zu den Massen, scheint also das Dilemma der Literaturkritik, die zwischen Ohnmacht und Korruption steht, grundsätzlich beheben zu können.« (Ebd., S. 44)

Ob man diese Einschätzung der Kritik, die nur auf westliche Verhältnisse (der siebziger Jahre) abhebt, nun teilt oder nicht – entscheidend bleibt, dass keine Vereinnahmung einer Seite durch die jeweils andere intendiert ist, sondern »ein gemeinsamer kritisch-theoretischer Orientierungsrahmen« für eine »Arbeitsgemeinschaft« abgesteckt wird (ebd., S. 44f.). Diese Gemeinschaft soll sich entwickeln in zeitgenössischen Literaturdebatten, an denen sowohl Kritik als auch Wissenschaft partizipieren. Daraus leite sich ab, auf der Grundlage kritischen Selbstverständnisses den Bereich literaturwissenschaftlicher Forschung in die Gegenwart auszuweiten und den literaturkritischer Beiträge in die Vergangenheit: »Literaturkritik hat als literarische Geltungsreflexion im Horizont der Gegenwart auch die literarische Tradition einzubeziehen, was mit den beliebten, wiederum marktorientierten feuilletonistischen Jubiläumsritualen nicht getan ist.« (Ebd., S. 45) Solche Überlegungen enthalten eine der möglichen und angemessenen Schlussfolgerungen aus Benjamins These: »So wenig die Kritik von der Literaturgeschichte zu kommen hat, so tödlich muss an ihr die ausschließliche Beschäftigung mit dem Neuen und Akutellen sich auswirken.« (Nr. 331, Bd. 6, S. 170) Ein ausgewogenes Verhältnis zwischen Aktualität und Historizität findet sich in der journalistischen Literaturkritik bis heute immer noch nicht, wohingegen akademische Kritik durch die universitären Fachbereiche Neueste deutsche Literatur ein beträchtliches Gegenwartsmoment hinzu erlangt hat.

– Zum Dritten wird, aufgrund der Einsicht, dass sich die Differenzen zwischen Literaturkritik und Literaturwissenschaft nicht kurzweg rückgängig machen und allenfalls partiell überbrücken lassen, für ein **pragmatisches Nebeneinander** bzw. für eine realisierbare Kooperation zwischen beiden plädiert, die die historisch entstandenen Gegebenheiten beider Institutionen einkalkuliert. »Jede von ihnen hat trotz aller Überschneidungen ihre eigenen, institutionell vorgegebenen Aufgaben, Regeln, Normen und Spielräume.« (Anz, Nr. 148, S. 204) Außer den Gemeinsamkeiten, beispielsweise der gesellschaftlich-vermittelnden und ästhetisch-didaktischen Aufgaben, bestehen Unterschiede hinsichtlich der Medien, der Ausbildung, des Adressatenkreises sowie der Sprach-, Darstellungs- und Publikationsformen (ebd., S. 201f.). Gerade aber die neuere gesellschaftsbezogene Funktionalisierung in beiden Institutionen hat den Weg geebnet für ein Zusammenwirken, das hinausführt bzw. hinausführen kann über bloße (wenngleich kontinuierlich vermehrte) individuelle Personalunion von Rezensent/in und Germanist/in, ebenso über ein herkömmliches Komplementärverhältnis der Art, dass Kritik erste und vorläufige Darlegungen bietet, die dann literaturwissenschaftlich erweitert und vertieft werden. Es bestehen inzwischen durchaus »Möglichkeiten sinnvoller *Kooperation*«:

»[...] einmal kann Literaturkritik die Aufgabe übernehmen, empirische Ergebnisse literaturwissenschaftlicher Arbeit praktisch zu überprüfen bzw. zu erproben; zum anderen kann der Literaturkritiker aus seinem Aufgabenbereich Forschungsanregungen für die Literaturwissenschaft geben, die sich im Kontext der Literaturwissenschaft sonst nicht (oder so nicht) stellen würden.« (S. J. Schmidt, Nr. 33, S. 179)

Das Interesse an Kooperation scheint vorerst unter Wissenschaftlern stärker als unter Kritikern ausgeprägt zu sein. Beide Seiten aber sind gegenwärtig mit denselben Herausforderungen eines neuen Medienzeitalters konfrontiert, denen sie in einem problemorientierten Miteinander wahrscheinlich besser gewachsen wären als im bisherigen dominanten Neben- und vereinzelt fortdauernden Gegeneinander. Um die bestehende Situation zu verändern, müssten zunächst einmal seitens der Germanisten herkömmliche akademische Überlegenheitshaltungen und seitens der Kritiker Defizite methodologisch-wirkungsstrategischer Selbstreflexion abgebaut werden. Produktive Metakritik zur Literaturkritik, zu ihren krisenhaften Erscheinungen, kam bislang in erster Linie von Schriftstellern und Literaturwissenschaftlern.

1.9 Kritik der Institution Literaturkritik

1.9.1 Ansätze in neueren Diskussionen

Eine menschheitliche Erfahrung besagt, dass Kritik zumeist Gegenkritik auslöst. Dies gilt auch für literaturkritische Beiträge, und zwar verschärft im Zuge der Kulturkrisen der deutschsprachigen (wie der internationalen) Moderne seit dem 20. Jahrhundert. In der Gegenwart sind daraus nicht allein Legitimationsprobleme für die Institution Literaturkritik erwachsen, sondern auch Fragen danach, wer denn eigentlich diese Institution kritisiere oder kritisch wachsam begleite. Antikritisch auf Kritik reagieren von ihr Betroffene und an ihr beruflich Interessierte, also Autoren und beispielsweise wissenschaftliche und sonstige Literaturvermittler sowie Kritikerkollegen. Allerdings genügt keine beliebige Reaktion; konturierte Gegenkritik bedarf einer ideellen Basis und erfordert bestimmte klare Gegenvorstellungen. Viel von dem, was sich – gerade im Medienalltag – als Antikritik ausgibt, bleibt im Vorfeld spontaner individueller Meinungsbekundung, sehr wenig erreicht den Rang produktiver Metakritik an grundsätzlichen Problemen. Hauptsächlich werden Einzelheiten herausgegriffen (s. Kap. 1.9.2), selten umfassendere Alternativkonzepte entwickelt (Kap. 1.9.3).

Unter dem Eindruck einer tiefgreifenden »Krisis der Literaturkritik« im Nachkriegsdeutschland sah **Theodor W. Adorno** sich 1953 veranlasst, mit einem kurzen Rundfunkbeitrag (in Nr. 292, Bd. 11, S. 661-664) einigen Defiziten nachzugehen und Perspektiven aufzuzeigen. Er konstatierte Distanz zur traditionsreichen »produktiven Negativität«, deren vorläufiges Endstadium am Beispiel Polgars anklingt, Beschränkung »auf eine Art gehobener Information« und »sprachliche Verwahrlosung« (ebd., S. 662f.) – was er nicht so sehr auf individuelles Unvermögen zurückführt als vielmehr auf fehlende gesellschaftliche Voraussetzungen: »Große Kritik ist denkbar nur als integrales Moment geistiger Strömungen, denen sie sei's hilft, sei's widerspricht, und die selber ihre Kraft aus gesellschaftlichen Tendenzen ziehen.« (Ebd., S. 663) Mit seiner »Kritischen Theorie« (s. Kap. 1.9.3) versuchte Adorno, eine gesellschaftsbezogene Kritik zu fundieren, die als Alternative intendiert war zur konservativen Literaturkritik, die auf ihre Weise der westdeutschen Restaurationsströmung so viel »Kraft« entnahm, dass sie durch ihre Hauptrepräsentanten (Günter Blöcker, Hans Egon Holthusen, Friedrich Sieburg) eine zeitweilig »große Kritik« wurde und eine sehr einflussreiche dazu.

Diese Kritik bilanzierte **Walter Höllerer** zum Anfang der sechziger Jahre:

»Die Kritik in [West-]Deutschland hat sich weitgehend als nicht fähig erwiesen, die deutschen Bücher zu erkennen, die im internationalen Wettbewerb eine Rolle spielen könnten. Mit Voreingenommenheiten behaftet, hat sie viel Unbedeutendes gelobt, weil es den eingefahrenen Ansichten entsprach; Zukunftsträchtiges verkannt; von sich aus fast nie einen Autor entdeckt, sondern ihn erst, wenn es nicht mehr anders ging, nolens volens bestätigt.

Diese Kritik hat einen Ballast von Mittelmäßigkeit [...] weitergeschleppt.« (Nr. 514, S. 154)

Höllerer zog daraus statt einer theoretischen Konsequenz eine praktische; er fungierte 1963 als Mitbegründer und bis 1983 als Leiter des *Literarischen Colloqiums Berlin*, einer – bewusst außerhalb der Kunstakademien angelegten – literaturvermittelnden Einrichtung, die Autoren- und Kritikertreffen (s. z.B. Nr. 154), Lesungen u.ä. veranstaltet. Sie hat wesentlichen Anteil an der Herausbildung neuer Kritikrichtungen (s. Kap. 1.5.1), die darin übereintrafen, den antikritisch bilanzierten Zustand »Literaturkritik als Anachronismus« (Hamm, Nr. 457, Untertitel) zu überwinden. Aus diesem Zustand wurde u.a. folgendes Fazit von innovativer literaturwissenschaftlicher, und zwar von sozialhistorischer Seite her abgeleitet (1973):

»Zuerst müssen die Kritiker ihre soziale Ungleichzeitigkeit gegenüber den politischen und den industriellen Gegebenheiten des gesellschaftlichen Lebens im späteren 20. Jahrhundert abbauen, ehe sie mit Aussicht auf Erfolg daran gehen können, mit der Vermittlung von Literaturgenuß eine vernünftige und kompetente Literaturpolitik zu verbinden.« (Lämmert, Nr. 75, S. 122)

Der Gedanke, Kritik zeitgemäß literaturpolitisch zu funktionalisieren, erforderte zugleich veränderte Strukturen der Institution Literaturkritik, »neue und zweckmäßige Arbeitsformen« (ebd.) – die sich freilich nicht haben durchsetzen lassen.

Unter anderen Vorzeichen trifft dies auch **für die DDR** zu. Dort wurde Literaturkritik in größtem Ausmaß zu parteipolitischem Kulturpropagandismus verpflichtet (s. Kap. 1.4.1), so dass sie vielfach überfordert war. Offiziell musste man immer wieder kritisch einschätzen, sie habe einen »Rückstand hinter der Entwicklung des Lebens und der Literatur« (Koch, Nr. 155, S. 211), sie bleibe »hinter den gesellschaftlichen Anforderungen« zurück (vgl. z.B. Nr. 160, S. 4). Selten nur und erst nach 1970 wurden diese Anforderungen selbst problematisiert; aus praktischer Erfahrung beispielsweise:

»In den ersten Jahren ihrer Entwicklung erlitt unsere Literaturkritik deswegen peinlichen Tempoverlust, weil sie über die allgemeinverbindlichen revolutionären Grundsätze nicht hinauskam, weil sie nicht genug spezifische Kenntnisse entwickelte, um der Komplexität literarisch-künstlerischen Schaffens auf die Spur zu kommen. [...] Der Kritiker muß alles daran setzen, das Qualitätsniveau zu erkennen, in dem sich das Werk bewegt.« (Auer, Nr. 307, S. 112 und 113)

Ebenso blieb es die Ausnahme, hieraus unumwunden Konsequenzen zu ziehen, zu warnen vor der »Gefahr, daß die erheblichen Niveauunterschiede kritisch nicht kenntlich gemacht werden, daß man es etwa im Falle mißlungener Bücher, erst recht wenn sie von renommierten Autoren stammen, bei sogenannten kritischen Hinweisen als Annex beläßt« (Batt, Nr. 322, S. 108). Die Vereinseitigungen, die ein staatspolitisch vorgegebenes Primat der Ideologiekritik mit sich brachte, wurden angesichts differenzierterer Literaturentwicklungen immer deutlicher, doch zunächst nicht von Kritikern, sondern von Schriftstellern wie Fühmann öffentlich angesprochen (Nr. 407; s. Kap. 1.9.3). Christa Wolf hielt sich anfangs noch zurück, wenn sie, beispielsweise bei einer exponierten Gelegenheit wie der 2. Bitterfelder Konferenz von 1964 anmerkte:

»Woher kommt es eigentlich, daß die Kritiken so unlebendig und so schematisch sind? Ich habe manchmal den Eindruck, daß viele Kritiken nicht für die Leute geschrieben werden, die sie lesen sollen, und auch nicht für den Autor, sondern für irgendwelche in der Einbildung vorhandene höhere Instanzen, die sich dazu freundlich äußern sollen.« (Zitiert nach Nr. 197, S. 407)

So ganz eingebildet waren die höheren, nämlich die staats- und kulturpolitischen Instanzen wohl nicht. Dass sich die meisten Kritiker ihres Wohlwollens zu versichern suchten und deshalb konformistisch den vorgegebenen Maßstäben, Kriterien sowie Prinzipien folgten, liegt auf der Hand.

Festzuhalten bleibt, dass fundierte **Gegenkritik an der Institution Literaturkritik** während der letzten drei, vier Jahrzehnte von verschiedenen Positionen her gekommen ist (teils neben-, teils nacheinander, weshalb sich keine strenge Chronologie aufstellen lässt):

1. kommunikationswissenschaftlich: mit dem Ziel literaturkritische Monologe in Dialoge mit dem Publikum zu verwandeln (bahnbrechend Glotz und Langenbucher, Nr. 829f.);
2. aus westlicher literarischer und literaturkritischer Praxis: von Schriftstellern (z.B. Bodo Kirchhoff, Nr. 547; Peter Schneider, Nr. 732) und von Kritikern (u.a. Irro, Nr. 38; Vormweg, Nr. 759-769);
3. drittens innerhalb des Literatursystems der DDR: mit der Absicht, ein Missverhältnis zwischen dominanten politischen und untergeordneten ästhetischen Wertungen zu überwinden;
4. viertens sozialhistorisch: um herauszuarbeiten, »was durch den historisch-gesellschaftlichen Prozess überholt worden ist« (Hohendahl, Nr. 21, S. 10) und zeitgemäßer Innovation bedarf;
5. fünftens kulturphilosophisch: Unabgegoltenes aufgreifend, namentlich frühromantische Kritikkonzepte der Brüder Schlegel (H.-D. Weber, Nr. 227).

Es fehlt noch ein medienwissenschaftlicher bzw. multimedialer Alternativentwurf, der die jüngsten Entwicklungen kritisch verarbeitet und beispielsweise der Frage nachgeht, wie die viel diskutierte leser- oder publikumsnahe Kritik im Medienzeitalter beschaffen sein kann. (Schlimm wäre zweifellos, sich anzupassen an die eskalierende Praxis der audiovisuellen Privatmedien, all das, was nicht ›geht‹, kurzerhand zu streichen.)

Ebenso fehlt eine systematische Darstellung all dieser neueren Diskussionen um und gegen Literaturkritik. Gute Anknüpfungspunkte dazu bietet eine Untersuchung über »Tendenzen der deutschsprachigen journalistischen Literaturkritik« im Spannungsfeld von »Metakritik und Praxis« (Getschmann, Nr. 192), die jedoch die DDR ausklammert und insofern erst einen Teil, gewiss: den größeren, »der deutschsprachigen« Kritik berücksichtigt. Dieselbe Konzentration auf den westlichen Bereich findet sich in zwei referierenden Überblicksdarlegungen (Nr. 103, Kap. 5; Nr. 190). Insgesamt hat sich herausgestellt, »daß nur der Kreis oder die Spirale den Verlauf der Debatte bildhaft wiedergeben könnten, denn irgendeine Form von anhaltender Linearität, aufbauender Entwicklung ist nicht zu beobachten«, statt dessen ein wechselvolles Zurück- und Neuhervortreten bestimmter Argumente (Getschmann, Nr. 192, S. 201).

1.9.2 Hauptpunkte der Antikritik und Metakritik

Parallel zu praktischen Innovationsbemühungen Mitte der sechziger Jahre wurde der Zustand der Literaturkritik mit neuen wissenschaftlichen Methoden analysiert, so zunächst exemplarisch von Peter Glotz, der kommunikationswissenschaftlich folgende antikritischen **Hypothesen zur Kritik in Zeitungen** verifizierte (Nr. 829, S. 184 und 206):

- Vernachlässigung des Publikumsbezugs und damit der gesellschaftlichen Vermittlungsfunktion;
- formale Einseitigkeit durch Beschränkung auf Rezensionen;
- Beeinflussung regionaler Zeitungskritiken durch überregionale;
- Abhängigkeit von Werbung und Verlagsvorgaben wie Waschzetteln und Klappentexten;
- Dominanz lobender und ästhetischer Urteile;
- weitgehende Ignoranz der Trivialliteratur;
- unzulängliche Aufarbeitung der Problematik Nationalsozialismus.

Zwei der von Glotz aufgezeigten Probleme, mangelnder Publikums- und Gesellschaftsbezug, haben seitdem zusammen mit zwei weiteren, unzulängliche Bewertung und Sprachkritik, für kontroverse Auseinandersetzungen um Literaturkritik ganz besondere Bedeutung erlangt.

Das Postulat, literaturkritische »Gesprächsthemen« für die »Gesprächsgesellschaft« der Leser und von ihren Interessen her zu entwickeln (Glotz/Langenbucher, Nr. 72, S. 20), ist nicht ohne Widerspruch geblieben. Sie bedeute »Anpassung an das Massenpublikum« und »an die Verhältnisse der sozial-staatlichen Demokratie, der Industrie- und Massengesellschaft mit ihrer Wettbewerbswirtschaft« und gründe auf der Fiktion einer homogenen literarischen Öffentlichkeit (Gebhardt, Nr. 32, S. 1110; zur Öffentlichkeitsproblematik vgl. Kap. 1.2.1). Wäre die geforderte größere Einbeziehung der Trivial- und Massenliteratur in die Kritik erfolgt, hätte jene Anpassung permanent zunehmen müssen, kongruent zur inzwischen absolut marktbeherrschenden »Bestseller«-Produktion (die längst schon das Erscheinungsbild nahezu aller Buchhandlungen stereotyp prägt). Andererseits ist die forcierte Publikumsorientierung als eine Art »Paradigmawechsel« in der Literaturkritik angesehen worden (Lilienthal, Nr. 103, Kap. 5.1.1), und zwar berechtigt insofern, weil sie Fragen nach Sinn und Funktion der Kritik provozierte.

Hinsichtlich der Funktionalisierung von Kritik (s. Kap. 1.4) traten in West und Ost um 1970 **gegenläufige antikritische Tendenzen** hervor. Auf beiden Seiten ging es darum, überkommene Einseitigkeiten aufzubrechen: in den westlichen Ländern einen Ästhetizismus, in der DDR eine vorwiegend politisierte Vorgehensweise der Kritiker. Beide Male ergab sich ein Dilemma. Gesellschaftliche Funktionalisierung kollidierte mit marktwirtschaftlichen und medialen Zwängen, ästhetische Beurteilung mit staatspolitischen Vorgaben in Gestalt eines Primats ideologischer Wertungsmaßstäbe. Ein erstrebter Ausgleich zwischen beiden Aspekten war hier wie dort nicht von Dauer, in der DDR wohl ohnehin nur ansatzweise möglich, weil offiziell bis zuletzt an dem Primat der Ideologie festgehalten und seine Beachtung nachdrücklich eingefordert wurde. Als es zur deutschen Wiedervereinigung kam und die staatlich dirigierte marxistische oder sozialistische Literaturkritik unterging, existierte im Westen längst wieder ein starkes Verlangen nach dezidiert ästhetischen statt politisch-sozialen Urteilen; fast verschwunden war »die Bereitschaft« so mancher Kritiker, »eine Vermittlung von Literatur und Lebenswelt als Ziel ihrer Arbeit überhaupt noch in Betracht zu ziehen« (U. Schmidt, Nr. 193, S. 92).

Damit gewann auch der Grundsatz an Relevanz, dass **literaturkritische Wertung nachvollziehbar und überprüfbar** sowie stringent statt apodiktisch sein müsse. Gewiss nicht zufällig war es zunächst ein Schriftsteller, Peter Schneider, der einige markante Punkte hierzu resümierte (1965; Nr. 732, S. 28f.):

1. Die Urteile des Kritikers fallen vom Himmel. Der Leser ist ihnen auf Treu und Glauben ausgeliefert. Die Person des Kritikers wird dabei zwangsläufig wichtiger als seine Argumente. [...]
2. Im selben Maß, wie die Urteile unkontrollierbar sind, sind es auch die Informationen. Da das Urteilsprinzip nicht deutlich ist, ist auch das Prinzip für die Auswahl der Informationen nicht deutlich. [...]
3. Die Sprache des Kritikers wird anfällig für Gemeinplätze und Eitelkeiten. [...] Die Mehrzahl der Kritiken erscheint als eine lose Aufzählung von Eindrücken, die der Kritiker beim Lesen gesammelt hat.
4. [...] Da die fortschrittlichen Kritiker ebenso große Konzessionen an den Rückschritt machen wie die rückschrittlichen Kritiker sie an den Fortschritt machen, vermag der Leser sich für die Unterscheidung von reaktionären, modischen und neuen literarischen Entwicklungen keine Maßstäbe zu erarbeiten. [...]

All diese Punkte scheinen mehr oder weniger aktuell geblieben zu sein, auch wenn das Verhältnis von Progressivität und Reaktion sich nach dem Zusammenbruch des ›real existierenden Sozialismus‹ komplizierter darstellen mag. Und Schneiders Katalog beansprucht keine Vollständigkeit. Es kamen zu seiner Zeit und später noch einige wesentliche kontrovers diskutierte Einwendungen hinzu: Legitimation, Kompetenz, Autorität und Qualifikation der Kritiker; Angemessenheit und Geltung bestimmter Urteilskriterien und Wertungsmaßstäbe (s. Kap. 1.6.2); Vernachlässigung von sprachlicher Kritik durch die meisten Literaturkritiker (s. ebd.). Darüber wurde auch in der DDR gesprochen, während anderes dort umstandsbedingt keine Rolle spielte, wie beispielsweise ein Mitte der achtziger Jahre in der westlichen Diskussion hervorgetretenes Problem: »Korrumpierbarkeit ist zum Thema geworden, weil sie sich zum ersten Mal auch richtig lohnt.« Aber: »So plötzlich wie das Thema auftauchte, ist es auch wieder verschwunden.« (Getschmann, Nr. 192, S. 183 und 196)

Nie im Mittelpunkt des breiteren diskursiven Interesses haben kritische Reflexionen über Kritik der Kinder- und Jugendliteratur gestanden. Sie seien gleichwohl hier nicht übergangen, da diese Kritik ohnehin eine Randexistenz innerhalb der Institution Literaturkritik fristen muss (s. Kap. 1.5.2). Ihre Zurückdrängung in der Medienöffentlichkeit ist kritisiert, aber nur von einigen Mitbetroffenen metakritisch bedacht worden. Eine Art Zwischenbilanz aus den siebziger Jahren lautet:

»Der Hauptpunkt einer Metakritik an der traditionellen normativen, idealistischen K. [Kritik der Kinder- und Jugendliteratur; W.A.] ist der, daß es die Kinder- und Jugendliteratur nicht gibt, wie es auch nicht den Adressaten und Leser der Kinder- und Jugendliteratur gibt. Wahrscheinlich ist die Nichtbeachtung der sozialen Tatsache, daß die vorhandene Kinder- und Jugendliteratur die Lektüre einer privilegierten Gruppe ist und die Kritik diesen Sachverhalt durch Verschleierung noch unterstützt, mitverantwortlich für die mangelnde öffentliche Beachtung und Wirksamkeit der K. [...].« (Dahrendorf, Nr. 26, S. 268)

Diese Einschätzung zur Lektüre dürfte inzwischen revisionsbedürftig sein angesichts solcher Phänomene wie des *Harry Potter*-Fiebers, die das Feuilleton erreicht haben und dort nicht bloß ironische Kommentare erhalten. In neuerer Zeit ist davor gewarnt worden, eine anhaltende, indes keineswegs generelle und nur bedingt verbreiteten Leserneigungen entsprechende Tendenz zur »Literarisierung« der Kinder- und Jugendbücher undifferenziert als Wertungsmaßstab anzuwenden: »Literarischer Anspruch und kinder- bzw. jugendliterarische Brauchbarkeit sind nicht aufeinander reduzierbar; [...] wo sie in einem Werk glücklich zusammentreffen, liegt keine höhere Einheit, sondern bloß eine glückliche Interferenz vor.« (Ewers, Nr. 105, S. 91) Im Übrigen sind manche Hauptforderungen aus den westlichen und östlichen Kritikdebatten aufgegriffen worden, etwa die, Voraussetzungen und Prinzipien gesellschaftlich funktionalisierter Kritik zu verdeutlichen. »Zweck der Kritik wäre dann weniger die Ermöglichung von Auswahlentscheidungen als die Schärfung des Wahrnehmungsvermögens und die Ermöglichung von Kritik.« (Dahrendorf, Nr. 26, S. 269) Umfassendere alternative Vorstellungen, wie zur belletristischen Hauptsparte der Literaturkritik, gibt es bislang nicht.

1.9.3 Alternativentwürfe

In diesem Abschnitt gilt es auch zu berücksichtigen, was für die jüngere Gegenwart wichtig ist, aber schon früher konzipiert wurde. Das trifft in erster Linie für **Walter Benjamin** zu, der um 1930 eine zwar Fragment gebliebene, aber sehr weit – bis zu grundsätzlichen Fragen der Ästhetik und der Kunstphilosophie führende – Theorie der Literaturkritik skizzierte, die erst posthum bekannt wurde (s. Nr. 331, Bd. 6, S. 161-184). Sie entsprang partiell seiner eigenen literaturkritischen Praxis, auf die sie auch wieder zurückwirkte (u.a. exemplarische Brecht-Kritik), und gewann dann insbesondere für die Diskussionen der sechziger, siebziger Jahre an Bedeutung. Für den vorliegenden Band kann es nur um den Komplex Funktionalität der Kritik und Aufgabe des Kritikers gehen. Über den angedeuteten Gesamtzusammenhang informieren einige wenige, jedoch erhellende Spezialstudien (so z.B. von Kaulen, Nr. 338; von Kiefer, Nr. 340). Ihnen zufolge unterzog Benjamin sowohl die zeitgenössische bürgerliche als auch die materialistische (marxistische) Literaturkritik einer tiefschürfenden Metakritik, mit dem Ziel, Verfallserscheinungen bzw. bestimmten Versäumnissen entgegenzuwirken.

Der entscheidende Neuansatz gegenüber Benjamins Dissertation *Der Begriff der Kunstkritik in der deutschen Romantik* (1920; Nr. 332) besteht darin, dass dem Kritiker – statt Vollendung des literarischen Werkes im frühromantischen Sinn – eine **gesellschaftspolitische Funktion** und soziale Verantwortung übertragen wird, gerichtet darauf, eine entsprechende Rolle der Autoren wie der Leser zu stimulieren und vor allem der Intelligenz, deren angestrebte Politisierung ein Zentralthema in Benjamins Kritiken ist. Nach seiner Konzeption fungieren Kritiker als Verfechter eindeutig darzulegender Standpunkte, in einem »Literaturkampf« (Nr. 331, Bd. 4, S. 108), der die polemische Vernichtung abgelehnter Werke und Meinungen intendiert. Dabei verbinden sie, jenseits tradierter ästhetischer (Geschmacks-)Urteile, sozialhistorische Kommentierung und Polemik; eine engagierte Polemik, die nun offenbar nicht mehr auf Friedrich Schlegels Vorstellungen, sondern auf die von Karl Kraus (»als des einzigen Bewahrers polemischer Kraft und polemischer Technik in dieser Zeit«, Bd. 6, S. 175) und vielleicht auch von Lessing rekurrierte (und sei es fortgesetzt in der frühromantischen Vermittlung durch Schlegel, was zu überprüfen wäre). Konzeptionen sozialpraktisch orientierter literarischer Aufklärung bzw. Spätaufklärung jedenfalls regten wohl einen weiten Literaturbegriff mit an, den der Theoretiker und Kritiker Benjamin durchzusetzen versuchte, um tradierte »Werk«-Begriffe abzulösen. Gegen marxistische Literaturkritik in der Tradition Mehrings wandte er ein, dass soziales und literarisches Erkenntnisinteresse unverbunden nebeneinander stehe, Literatur zum Dokument für Geschichte reduziert werde. Dies »führt aber nicht in das Werk hinein, es führt einzig zu Feststellungen an ihm« (ebd., S. 179), und zwar schlimmstenfalls zu solchen, die nur noch vorgefasste Ansichten bestätigen. Von **Georg Lukács**, dem zeitgenössischen marxistischen Hauptkritiker, trennte ihn dessen normative Fixierung gegenwärtiger Literaturkritik auf einen überzeitlich allgültigen Kanon europäischer bürgerlicher Realisten des 19. Jahrhunderts.

Dass Benjamin eine beständige kritische Selbstreflexion gesellschaftsbezogener Literaturkritik verlangte und zeitlose Geltung jeglicher Urteilskriterien und Wertmaßstäbe bestritt, ließ ihn – neben Adorno – zu einer Leitfigur der nach 1960 einsetzenden metakritischen Diskussionen im Westen werden und bedingte die Aktualität seiner Einschätzung: »Denn es bezeichnet [...] das übliche Rezensentenwesen: sich hemmungslos den eigenen Reaktionen zu überlassen (das Resultat ist die berühmte ›eigne Meinung‹) und dabei doch den längst vergangnen Zustand zu fingieren, als gäbe es noch eine Aesthetik.« (Ebd., S. 177) Anknüpfungspunkte boten ferner Benjamins Überlegungen zum markt- und medienabhängigen Autor als Produzenten (Aufsatz *Das Kunstwerk im Zeitalter seiner technischen Reproduzierbarkeit*) und zur gesellschaftlichen Verantwortung auch der Verlage, die dahin führen müsse, dass Kritik »den Verleger schlechter Bücher als Verschwender des ohnehin geringen Kapitals denunziert, das der Bücherproduktion zur Verfügung steht« (ebd., S. 162).

Die von Benjamin als uneingelöst gekennzeichnete »Hoffnung des Marxisten, im Innern des Werkes sich mit dem Blick des Soziologen umzutun« (ebd., S. 179), war eines der Probleme, die **Theodor W. Adorno** in seine **Kritische Theorie** einbezog. Er betonte die ästhetische Autonomie und zugleich den Sozialcharakter der Literatur, der Kunst insgesamt. Dementsprechend zielte er darauf ab, kritische Formanalyse und soziologisch interpretierende Werkkritik zu vereinen. Als größte Gefahr hierbei betrachtete Adorno eine unvermittelte Übertragung gesellschaftlicher Kategorien auf Literatur und Kunst. So wurde der Kritiker letztlich »sehr viel bestimmter als bei Benjamin auf eine immanente Darstellung verpflichtet« (Kaulen, Nr. 338, S. 331). Zum Kern dieser Darstellung gehören, wie es Adorno beispielhaft in seinen literatur- und kunstkritischen Beiträgen vorführt, philosophisch fundierte Reflexionen über gesellschaftskritische Gehalte der Kunst. Denn da nach seiner Überzeugung alle bisherige »wissenschaftliche Gesellschaftskritik« unzulänglich war, sollte die Kunst selbst zu dem Medium werden, das die Funktion gesellschaftlicher Kritik erfüllt. Der von Adorno unternommene »Versuch, auf dem Wege immanenter Kunstkritik, ohne Zuhilfenahme einer transzendenten Gesellschaftstheorie, ein Medium unkorrumpierter Kritik zu etablieren«, gilt für gescheitert (Jablinski, Nr. 293, S. 11). Dennoch hat Adorno der zeitgenössischen Kunstkritik, im Einzelnen auch der Literaturkritik, fruchtbare Impulse gegeben; so etwa, indem er Diskurse über Theorien der literarischen Produktion anregte, das Verhältnis von Wahrheitsgehalt der Sache und Wahrheitsfähigkeit der Sprache in kritischen Wertungen problematisierte, bestimmte Vorbehalte gegen die Kritikform Polemik widerlegte und seine bevorzugte essayistische Darstellungsform als eine permanent selbstreflexive entfaltete.

Zu den durch Adorno mitgeprägten Diskussionen gehört ein zwischen **Helmut Heißenbüttel und Heinrich Vormweg** geführter *Briefwechsel über Literatur* (Nr. 484). In Abgrenzung von politisch-aktionistischen wie auch völlig apolitischen Literaturkonzepten kamen die Briefpartner darin überein, Literatur, insbesondere eine modern experimentelle, »beinflusse Praxis sprachlich«, und mit dieser Feststellung sei »der entscheidende Unterschied und der zentrale Ansatzpunkt für die zukünftige literarische Kritik und Theorie genannt« (Vormweg, ebd., S. 92). Wichtig für diese Kritik sei es vor allem, »sich in flexibler Kombinatorik von Wahrnehmung, Unterscheidung und Reflexion immer neu auf einzelnes einzulassen, ohne weiterhin allgemeine Verbindlichkeiten irgendwelcher Art vorauszusetzen oder als Untersuchungsergebnisse zu erwarten« (Vormweg, ebd., S. 91). Damit hatte Vormweg sich Grundsätze erarbeitet, die er nicht nur seiner eigenen Kritikertätigkeit zugrunde legte, sondern in metakritischen Beiträgen weiterentwickelte. So konsequent wie kaum ein anderer zeitgenössischer Kritiker zog er über Jahrzehnte hinweg Rückschlüsse aus den stetigen Wandlungen des Literaturprozesses und stellte sie öffentlich zur Diskussion. Nie systematisierte er sein Kritikerkonzept, doch als er 1989 unter der programmatischen Aufschrift *Literaturkritik ist keine Wissenschaft* seine Tätigkeit bilanzierte, bekundete er resümierend:

»Die Vermittlungsfunktion der Literaturkritik hat mich nie übermäßig interessiert, erheblich weniger jedenfalls als die Möglichkeit, Unbekanntes zu erkunden, die sie gab. [...] Zu keiner Zeit und in keinem Fall habe ich meinen Wunsch zu verstehen anderen Prioritäten untergeordnet, weder den modischen noch – so wichtig mir das nach und nach auch wurde – den politischen.« (Nr. 769, S. 481)
»Mich haben immer die Fragen interessiert und jene Werke, die entworfen und ausgeführt worden sind, um die Fragen zu verdeutlichen. [...] Jede Kritik ein Weiterfragen, und Urteile nur da, wo es nichts weiterzufragen gibt [...].« (Ebd., S. 484)

Insgesamt gesehen hat Vormweg sich stets für eine permanent ›offene‹ aktuelle Literaturkritik in Abgrenzung von tradierten Normensystemen eingesetzt und mit seiner Kritikerpraxis selbst zu ihr beigetragen.

Gegenentwürfe zur ideologisierten literaturkritischen Einheitspraxis in der DDR waren selten und kamen vor allem aus einem Freundeskreis Berliner Schriftsteller um Franz Fühmann und Christa Wolf (s. Nr. 802). **Franz Fühmann** hielt auf dem VII. Schriftstellerkongress der DDR (1973) ein – zu diesem Zeitpunkt – ungewöhnlich freimütiges Referat über *Literatur und Kritik*. Eigene Erfahrungen im ›real existierenden Sozialismus‹ verarbeitend, problematisierte er das eingeschliffene Abhängigkeitsverhältnis der Literaturkritik von der Politik, und er plädierte, sensibilisiert durch seine Rezeption romantischer Dichtung, für einen angemesseneren Umgang mit Literatur:

»Der Hauptmangel im Gesamtsystem der Kritik scheint mir in einer Tendenz zu bestehen, an der Spezifik der Literatur vorbeizusehen. [...] Eine Bestimmung des Wesens der Literatur nur von der Form her scheint mir unzureichend. [...] Ebenso unzureichend scheint es mir, den Inhalt eines Werkes nur von der Ideologie her zu bestimmen, denn Literatur geht in Ideologie nicht auf, weil der Mensch in Ideologie nicht aufgeht.« (Nr. 407, S. 70f.)

Daraus leitete Fühmann ein stichwortartiges, jedoch sehr weitreichendes alternatives Programm ab. Es läuft hinaus auf eine veränderte Praxis der Kritik in einer neugestalteten Öffentlichkeit und auf eine aufklärerischen Traditionen verpflichtete Emanzipation der Kritiker, versucht also, einen Teil des kulturpropagandistisch so viel berufenen aufklärerisch-klassischen Erbes praktisch umsetzen:

»Was uns fehlt, ist die Entwicklung von etwas, was ich Kultivierung der Kritikpraxis nennen möchte und wozu die Klärung solcher Fragen gehört wie: Kollegialität und kritische Schärfe; Autorität der Kritik und Kritik der Autorität; Möglichkeiten und Grenzen von Polemik; Gleichheit aller vor der Kritik; Öffentlichkeit der Kritik und klare Trennung von Kritik und Administration; sodann Rechtsfragen wie unbedingte Möglichkeiten von Repliken und sachlichen Richtigstellungen in der gesamten Presse [...]. Appellationen an außerliterarische Instanzen sollten aus der Praxis verschwinden.« (Ebd., S. 80)

Fühmanns Hoffnungen, im Diskurs mit Kollegen und Funktionären bestimmte Veränderungen anbahnen zu können, waren zu jenem Zeitpunkt noch ungetrübt, und so konzentrierte er sich auf eine Art praxisnahes Sofortprogramm. Verwirklichen ließ es sich allenfalls partiell. Die Verflechtung »von Kritik und Administration« war unauflösbar und wurde während des Schriftstellerkongresses nicht diskutiert, wo nur Fühmanns Insistieren auf »der Spezifik der Literatur« Zuspruch fand, auch bei einigen der anwesenden Kritiker (z.B. bei Annemarie Auer, s. Nr. 310). Und überhaupt ist dieser Spezifik von den siebziger Jahren an mehr Aufmerksamkeit geschenkt worden, vor allem in der Literaturkritik einiger (Fach-)Zeitschriften wie *Neue Deutsche Literatur* und *Weimarer Beiträge*.

Gegenvorstellungen zu aktuellen Zuständen der Literaturkritik sind aber nicht nur in der DDR ohne ersichtliche größere Konsequenzen geblieben, sondern auch in den westlichen deutschsprachigen Ländern und unverändert bis heute. Als Beispiel dafür, wie neuere anti- und metakritische Überlegungen glücklicherweise zumindest vereinzelt auf Berufskritiker zurückwirken, sei hier abschließend ein von Sigrid Löffler zusammengestellter »**Aufgabenkatalog des Literaturkritikers**« zitiert:

- Seine Kritik sollte Lust auf Literatur machen, sollte immer auch Leseanleitung sein [...], zugleich das Urteilsvermögen des Lesers schärfen.
- Kritik sollte plausibel und nachvollziehbar sein, sollte die Kriterien der Beurteilung immer auch mitliefern und sollte zugleich den Leser von diesen Kriterien emanzipieren, durch Aktivierung seiner eigenen Urteilskraft.
- Das kritische Urteil soll streitbar und begründet sein. [...]
- Literaturkritik sollte einen Gegenkanon zu den gängigen Bestsellerlisten aufstellen, sollte als Markt-Korrektiv wirken, indem sie vorzugsweise Bücher propagiert, die keine Massenbasis haben. [...]
- Kritiker sollten die Kritikfähigkeit des Publikums gegenüber [...] Marktstrategien schärfen [...].
- Und last not least sollten Kritiker die eigene Bevormundungsposition gelegentlich selber in Frage stellen – etwa, indem sie moderne Texte mit hohem Unbestimmtheitsgrad vorstellen, indem sie deren Irritation, deren Mehrdeutigkeit und Widersprüchlichkeit beschreiben, um damit die Produktivität des Lesers anzuregen. (Nr. 592, S. 38)

Wenn dies in der Alltagspraxis nach und nach, auch bei kleineren Provinzmedien wenigstens ansatzweise, und im Bezug zu Hörern und Zuschauern genauso wie zu Lesern umgesetzt werden würde – dann wäre eine ausbaufähige Grundlage dafür gewonnen, Legitimation und Kompetenz der öffentlich literaturvermittelnden Institution Literaturkritik im Medienzeitalter zu perspektivieren.

2. Überblick zur historischen Entwicklung in Theorie und Praxis

Eine ausführlichere Darstellung zur Geschichte der Literaturkritik im deutschsprachigen Raum ist in einem Einführungsband wie dem vorliegenden nicht möglich und auch gar nicht Hauptzweck. Es scheint genügend, Eckpunkte des historischen Werdegangs anhand exemplarischer phasenspezifischer Modelle und individueller Konzeptionen von Kritik zu vergegenwärtigen, und zwar nach Maßgabe neuerer Methodik (s. Kap. 3.2), d.h. im sozio-kulturhistorischen und mediengeschichtlichen Zusammenhang. (Literaturhinweise zu Detailfragen finden sich in der Auswahlbibliographie, Kap. 4.5-4.6.)

Literarische Kritik im Sinn beurteilender und wertender Beschäftigung mit Literatur durch bestimmte Leser für andere Teile der Leserschaft, beispielsweise in Werken oder Briefen, gab es seit der Antike (s. Nr. 2 und 14); nicht aber Literaturkritik als eigenständigen, öffentlich und vorwiegend professionalisiert geführten, institutionalisierten Diskurs, der die aktuelle Literaturproduktion begleitet. Denn dieser ist gebunden an Vermittlungsinstanzen wie das Buch-, Zeitschriften- und Verlagswesen. Vorstufen der Literaturkritik bildeten sich in Europa seit der frühen Neuzeit heraus: philologisch-historische Kritik (Textkritik) an Werken der Antike, Bibelkritik, Kritik an Schriften und Werken der Gegenwart (Näheres bei Jaumann, Nr. 212, Kap. II und III). Während der zweiten Hälfte des 17. Jahrhunderts, beim Übergang zur Frühaufklärung zunächst in West- und Mitteleuropa, fand ein Paradigmenwechsel statt, hin zu aktueller und periodischer Kritik nicht nur für Gelehrte.

2.1 Aufklärungszeitalter

Die Anfänge institutionalisierter deutschsprachiger Literaturkritik konzentrierten sich auf Zentren der Frühaufklärung, auf Städte wie Halle, Leipzig, Zürich (s. Nr. 221). Die Universitäten Leipzig und Halle gehörten zu den ersten frühaufklärerischen Institutionen, insbesondere durch das Wirken von **Christian Thomasius**. Dieser Philosoph trug entscheidend dazu bei, zwei wesentliche Vorbedingungen für öffentliche und über Gelehrtenkreise hinausreichende Literaturkritik zu schaffen: durch den Gebrauch der deutschen Sprache und durch die Gründung einer speziellen Zeitschrift, der *Monats-Gespräche* (1688-90). Die aus antiker bis neuzeitlicher Tradition übernommene Form des Dialogs ermöglichte etwas genuin Aufklärerisches: eine streitbare Auseinandersetzung – hier über Bücher –, die zu einem neuen Konsens oder zumindest zu neuen Einsichten oder Meinungen führen kann. Im Unterschied zu referierenden Gelehrtenjournalen (z.B. *Acta eruditorum*, 1682-1741; s. Nr. 840) ging es Thomasius nicht bloß um Information, sondern um unterhaltsame bis satirische Wissensvermittlung und Urteilsfindung, kurz um aufklärerisches Räsonnement. »Der publizistische Ort der aktuellen Kritik liegt um die Wende zum 18. Jahrhundert zwischen dem gelehrten Journal und den unterhaltenden Periodica, die [...] auf ein breiteres, gebildetes Publikum zielen und [...] manchmal auch kulturpolitische Ziele verfolgen.« (Jaumann, Nr. 212, S. 295f.)

Solche Ziele gehörten zu einem veränderten literaturkritischen Programm, das sich von der Messe- und Buchstadt Leipzig aus weit verbreitete. Begründet und organisiert wurde es durch **Johann Christoph Gottsched**, der so etwas wie die Frühform eines meinungsbildenden Kartells in einem Anfangsstadium literarischer Öffentlichkeit entwickelte, wobei er in zahlreichen eigenen Journalen und Einzelschriften alle zeitgenössischen publizistisch-kritischen und wissenschaftlichen Verlautbarungsformen nutzte. Seine Theorien gehörten zum Rüstzeug für eine aufklärerische Literaturrichtung, die erst reformerisch-innovativ und dann (wie Lessing einseitig darlegte) dogmatisch-hemmend wirkte. Gottsched hob Literaturkritik auf die Ranghöhe ihres Gegenstandes und identifizierte ihre grundlegenden Maßstäbe und Kriterien mit den seit der Antike tradierten poetologischen »Regeln«; in seiner eigenen literaturkritischen Praxis urteilte er zunehmend nach Grundsätzen des französischen höfischen Klassizismus. Regelkenntnis und »guter Geschmack« sollten den Kritiker legitimieren, der, gewandt an die Autoren sowie an ein Publikum von Kennern und Interessierten, eine informierend-belehrende und geschmacksbildende Tätigkeit zwischen Kunst und Wissenschaft ausübe, wie Gottsched als kritisierender Dichter-Professor selbst. Ein von ihm nicht diskutiertes Problem besteht darin, ob und inwieweit objektivierende regelgeleitete »Fehler«-Kritik und subjektives Geschmacksurteil des Kritikers als Kunstrichters ineins zu bringen wären. Die Antinomie zwischen beiden wurde durch die korrelierenden Kategorien Vernunft (Gültigkeit der Regeln) und Gelehrtheit (Urteilsvermögen) hypothetisch überbrückt. In der literaturkritischen Alltagspraxis Gottscheds und seiner Anhänger verschwamm sie einerseits, da häufig oberflächlich referiert und formelhaft gewertet wurde; andererseits trat sie um so schärfer hervor, je mehr die so genannten Gottschedianer ihre Position als allein gültige vortrugen und verkannten, was Lessing exemplarisch an der aristotelischen Dramaturgie nachwies: dass die antiken Regeln mit ihren kanonischen Leitbegriffen verschieden auslegbar sind, zumal im neuzeitlichen soziokulturellen und kunsttheoretischen Bedingungsgefüge. Während jahrelanger, immer unsachlicherer Kontroversen mit der von den Schweizern Bodmer und Breitinger repräsentierten Literaturrichtung verflüchtigte sich die von Gottsched propagierte völlig uneingeschränkte Möglichkeit förderlicher Einwirkungen ›der‹ bzw. seiner Kritik auf einzelne Autoren, wie insgesamt auf eine Höherentwicklung der deutschen Literatur.

Anfangs hatte man in Leipzig und Zürich übereinstimmende Ansichten, beispielsweise zur unterhaltsam-belehrenden und gesellschaftlich nützlichen Funktion der Literatur. Über die Aufgaben und Ziele der Literaturkritik gab es keine grundsätzlichen Meinungsverschiedenheiten. Denn auch die Schweizer **Johann Jakob Bodmer und Johann Jakob Breitinger** erwarteten, dass durch Kritik sich Dichtung und Geschmack sehr rasch vervollkommnen lassen würden, und außerdem ergänzten sie die Gleichsetzung des Kritikers mit einem Kunstrichter sogar noch um ein Strafamt. Bald jedoch konzentrierten sie sich auf vernachlässigte poetologische Probleme wie etwa den Zusammenhang von Phantasie und Rationalität, das Moment des Wunderbaren u.ä. Daraus resultierte ein mehr ans Poetische gebundener Literaturbegriff und ein anderer Ansatzpunkt für Literaturkritik: Dichtung sollte gewertet werden nach ihrem bildhaften Gehalt und nach ihren gefühlsbildenden Möglichkeiten, also nicht allein nach Regelhaftigkeit und Vernunftgründen. Ferner wurden statt der Wertungsmaßstäbe des französischen Klassizismus italienische und englische Werke seit der Renaissance als maßstabsetzend angesehen, wobei schließlich eine polemische Abgrenzung von den Gottschedianern unausweichlich war. Hinzu kam, dass die Schweizer für sich ein singuläres Modell von Literaturkritik beanspruchten, ein freies aufrichtiges Kritikertum, das nur in ihrer republikanischen Freiheit möglich sei.

Wochen- und Monatsschriften, noch nicht aber Zeitungen, wurden während der ersten Hälfte des 18. Jahrhunderts wichtigstes Medium frühaufklärerischer Literaturkritik. Daran hatten Gottschedianer, Schweizer und einige andere Kritiker ihren Anteil. Sie alle trugen zur Entfaltung einer bürgerlich-literarischen Öffentlichkeit bei, die durch Konkurrenz geprägt war: der Autoren, der Kritiker und schließlich der literarischen Richtungen. Eine anfängliche begrenzte Homogenität dieser Öffentlichkeit zerbrach sehr rasch, und mit ihr die Idealvorstellung von einem homogenen Lesepublikum. Die **Auswirkungen der Streitereien zwischen Leipzig und Zürich** waren für die Literaturkritik zwiespältig. Zwar erweiterte sich das zeitgenössische Spektrum literaturkritischer Formen beträchtlich über Rezensionen, Referate und Abhandlungen hinaus, da nahezu alle literarischen Gattungen genutzt wurden, doch verflachten sie dabei allesamt. Literaturkritik verkam zu einem Instrument des Parteiengehaders und eines Machtkampfes um Vorrangstellung in der deutschen Literatur. Die Gültigkeitsansprüche frühaufklärerischer Kritiker wurden obsolet, als sich herausstellte, dass der Maßstab vernunftgeprüfter Regeln durch quasi-absolutistische Herrschaftsansprüche korrumpierbar war.

In dieser Situation bedurfte es eines Neuansatzes. Geleistet wurde er hauptsächlich vom jungen **Lessing** und seinen engeren Freunden **Moses Mendelssohn und Friedrich Nicolai** in Berlin, der prosperierenden preußischen Metropole, die durch den aufgeklärten Absolutismus Friedrichs II. große Anziehung gewann und als ein Zentrum der norddeutsch-protestantischen Aufklärung galt. Jene jungen Leute bildeten einen ganz andersartigen Kreis von Gleichgesinnten als die Gottschedianer und Schweizer, bei denen es jeweils ein tonangebendes Oberhaupt gab und eine folgsame Anhängerschar sowie eine patriarchalische Struktur, innerhalb derer kein Widerspruch ohne Strafe des Ausschlusses oder der Verfolgung als Abtrünniger möglich war. In Berlin hingegen entstand ein Diskussionszirkel, in dem man einen gleichrangigen, ungezwungenen Umgang miteinander pflegte und sich auch kräftig gegenseitig kritisierte. Schon die vorurteilslose Integration eines Juden, des Philosophen Mendelssohn, war etwas Ungewöhnliches. Die drei Freunde einte der Überdruss am verwässerten Gottschedianer-Schweizer-Gehader und der Vorsatz, es zu beenden mittels schärfster überparteiisch werkbezogener Kritik und Polemik ohne Rücksicht auf das Ansehen eines Autors, d.h. mittels kritischer Negierung; gleichzeitig propagierten sie eine innovative Perspektive für die deutschsprachige Literatur (Anschluss an den Shakespeare-Diskurs, Verweis auf neueste englische und französische Literatur). So erweiterten sie, zunächst jeder für sich, während der fünfziger Jahre des 18. Jahrhunderts eine bereits bestehende Kritik an der gottschedischen Schule auf die Literaturrichtung der Schweizer und die von ihnen favorisierten Dichter (Klopstock, Wieland).

Dabei stieß besonders **Lessing** zu einer neuen literaturkritischen Praxis und Theorie vor. Er behielt zwar den zeitgenössischen Terminus »Kunstrichter« bei, doch tendierte er dahin, nicht nach allgemein gültigen Regeln, sondern von der Wirkung des einzelnen Kunstwerks her zu urteilen bzw. zu bewerten. An die Stelle rationalistischer Regelpoetik trat eine gesellschaftlich-moralische Wirkungspoetik, orientiert auf eine Literatur, deren unterhaltsam belehrende Potenz sich neben emotionalen Momenten auch und gerade einem Denkvergnügen verdankt, dessen Resultate wiederum zu möglichst guten, aufgeklärten Handlungen führen soll. Kritik erhielt die Vermittlungsfunktion, ein aus Gelehrten und Kennern wie auch aus interessierten Laien bestehendes Publikum unparteiisch zu informieren und es zu befähigen, selbst denkend mitzuurteilen. Als Anwalt oder Interessenvertreter des Publikums lässt der Kritiker Lessing seine Gedanken und Wertungen vor den Augen der Leser entstehen. Er tritt ins Gespräch mit ihnen und betreibt zugleich Leserlenkung, indem er sie hinleitet zu den gewünschten Einsichten und Einschätzungen, die er vorzeichnet, aber nicht festschreibt. Immer wieder regt er zum öffentlichen Meinungsaustausch an und entwickelt kontinuierlich eine diskursive Literaturkritik. Widerspruch coram publico ist ihm recht, sofern es sich um begründete Einwürfe handelt. Seine streitbare und polemische Grundhaltung bedingt eine Gattungsvielfalt seiner kritischen Beiträge. Neben Rezensionen begegnen neu gestaltete Formen wie die *Rettungen* verleumdeter oder verkannter Autoren der Vergangenheit und umgekehrt Polemiken gegen überschätzte Autoritäten der Gegenwart; ferner – wie auch bei Mendelssohn und Nicolai – zahlreiche Kritiken in Form der zeitgenössisch beliebten fiktionalen Freundesbriefe, die erprobte Vorteile boten: Themen- und Standpunktwechsel, Dialogizität und Polyperspektivität, Lebendigkeit und Gefühlssteigerung. Als einer der ersten ›freien‹ Schriftsteller und Kritiker Deutschlands erschloss sich Lessing, große Ideale und genaues sachliches Kalkül verknüpfend, immer neue Leser- und Käuferschichten.

Ihren Höhepunkt erreichte die von Lessing geprägte **briefartige Kritik** in der Wochenschrift *Briefe, die neueste Literatur betreffend* (1759-65), die zwar ursprünglich seine Idee, doch ansonsten ein Gemeinschaftswerk gewesen ist (dazu Albrecht, Nr. 859): von Lessing, Mendelssohn und Nicolai sowie einigen Gelegenheitsmitarbeitern; nach Lessings Ausscheiden Ende 1760 trat Thomas Abbt an seine Stelle und füllte sie eigenständig aus. Es dürfte dringend geboten sein, von einer traditionellen Konzentration auf Lessings Briefanteile wegzukommen und die ziemlich weitreichende ideelle sowie qualitative Homogenität des Gesamtunternehmens wahrzunehmen, die sich vor allem darin zeigt, dass die Zeitgenossen Mühe hatten, die mit Siglen versehenen Briefe einzelnen Autoren zuzuordnen und dabei nicht selten fehlgingen. Gewiss war Lessing, zumal er anfangs die Hauptarbeit leistete, primus inter pares für seine Mitstreiter, und sie erkannten ihn als – mitunter unerreichbares – Vorbild an, beispielsweise hinsichtlich der dialogischen Grundanlage seiner Briefe auf drei Bezugspartner: fiktiver Adressat, Werkautor und Publikum (des Werkes wie der Kritik); zudem hinsichtlich der Schärfe und Konsequenz vor allem in seiner kritisch-polemischen Auseinandersetzung mit Wieland als einem Parteigänger der Schweizer und in der kritisch-satirischen Vernichtung Gottscheds als eines Pseudogelehrten und Pseudodichters, was beides exemplarisch ist für eine untergründige Satirestrategie in der Tradition der Gelehrtensatire und für eine verdeckte ›berlinische Literaturpolitik‹ (so G. E. Grimm, in Nr. 571, Bd. 4, S. 1071-1076). Es handelt sich um die bestkalkulierte negierende Kritik bestimmter Literaturpositionen vor der frühromantischen Theorie und Praxis der »Annihilation« des unkritisierbar Schlechten (s. Kap. 2.2). Zweifellos verfolgte Lessing nach wie vor auch die Absicht, sich und seine Freunde auf dem entstehenden Literaturmarkt durchzusetzen, doch erschöpft sich gerade seine Kritikerstrategie nicht in solchen Rachefeldzügen (wie sie Seiffert darstellt, Nr. 857). Denn auffälligerweise beendet Lessing seine regelmäßige Mitarbeit an den Literaturbriefen keineswegs schlichtweg im Moment seiner Übersiedlung nach Breslau, sondern genau zu dem Zeitpunkt, wo in der literarischen Öffentlichkeit eine neue Richtung, die ›Berliner Schule‹ als etabliert gilt; und zu keiner weiteren literaturkritischen Unternehmung seiner Freunde trägt er noch etwas bei.

Trotz der Fortführung seiner satirisch vernichtenden Verfahren, bis hin zur berühmten Kontroverse mit dem Hamburger Hauptpastor Goeze im Fragmentenstreit, beschäftigte Lessing sich noch vielfach mit dem Problem objektivierend begründeter **Urteilskriterien und Wertungsmaßstäbe**. Er selbst leitete solche Argumentationen vielfach aus Vergleichen des zu kritisierenden Werkes mit anderen, beispielhaften Werken ab. Musterhaftigkeit schrieb er, im Einklang mit seiner Wirkungsästhetik, speziell der Literatur zu, die gattungstypische Wirkungsmöglichkeiten erreiche. Und deshalb auch hatte er besonderes Interesse an einigen verbreiteten Gattungen und Literaturformen: hauptsächlich dem Drama, der Fabel und dem Epigramm. In der *Hamburgischen Dramaturgie* (1767-69), dem theaterkritischen Pendant zu den Literaturbriefen, entfaltete er den Grundsatz, das Drama müsse »Wirkungen [...] haben, die ihm, vermöge der Gattung, zukommen« (79. Stück), d.h. es müsse gattungsspezifische Wirkungen anstreben. Immer wieder ging Lessing von antiker Literatur aus, durch die gültig gebliebene, doch nicht strikt normative Vorbilder geschaffen worden seien. Sie zeitgemäß zu bearbeiten, erfordere individuelle Fähigkeiten des Dichters, seines Genies. Das Genie, so meint

Lessing, gibt und sucht sich selbst die Regeln bzw. Arbeitsgrundsätze. Insofern löste Lessing das starre Normensystem der Gottschedzeit auf, teilte aber nicht die Genie-Ästhetik der Stürmer und Dränger, die auf Emanzipation von den Regeln abzielten, und stand dem jungen Goethe und dessen Freunden distanziert gegenüber. Umgekehrt gehörten zwei Wegbereiter des Sturm und Drang, Gerstenberg (*Briefe über Merkwürdigkeiten der Literatur*, 1766-70) und Herder, zu den wenigen produktiven Rezipienten der sonst nur äußerlich nachgeahmten Literaturbriefe (und anderer Schriften Lessings).

Als »Beilage« zu den Literaturbriefen konzipierte **Johann Gottfried Herder** die erste Auflage seiner »Fragmenten«-Sammlung *Ueber die neuere Deutsche Litteratur* (1767), in der er ein Kritikerideal entwarf. Es gründet auf einer Methode des Nachfühlens, d.h. der gefühlsintensiven Annäherung an ein Werk oder Buch, um es dann erkenntnismäßg durchdringen und beurteilen zu können. Erhalten blieb die aufklärerische Informations- und Vermittlungsfunktion für das Publikum. Anders hingegen sah er das Verhältnis zum Autor, dem der Kritiker verständnisvoller »Diener und Freund« sein sollte. »Der Kritiker wird zum verstehenden Deuter des Kunstwerks und zum Advokaten des Künstlers [...] und versucht, das Genie und das Ideal seiner Absicht zu verstehen.« (Berghahn, Nr. 220, S. 55) Herder selbst versuchte dies, indem er sich einiger der von Lessing heftig attackierten Schriftsteller (Klopstock, Wieland u.a.) annahm und sich intensiv mit Shakespeare auseinander setzte, der durch ihn (und übrigens auch Gerstenberg) zum Leitgenie des Sturm und Drang avancierte, wobei für die Literaturkritik neue geschichtsphilosophische Prinzipien und Kriterien erschlossen wurden.

Ähnlich wie Lessing bei den Literaturbriefen scheint Herder der Spiritus rector gewesen zu sein für den **berühmten Jahrgang 1772** der *Frankfurter Gelehrten Anzeigen*, an dem außer ihm und Goethe mitwirkten, und zwar als Herausgeber: Goethes Schwager Johann Georg Schlosser und Johann Heinrich Merck. Dieses zweite herausragende Gemeinschaftsprojekt in der Geschichte deutschsprachiger Literaturkritik des 18. Jahrhunderts war wie das erste ein Versuch, die eigene innovative Literaturkonzeption durchzusetzen und ihr gemäß Kritik zu üben. Und auch hier führten Gruppenidentität und einheitliches Auftreten zu der bis heute bestehenden Schwierigkeit, die anonymen Rezensionen sicher zuzuweisen (s. Nr. 870). In genuin aufklärerischer Traditionsbeziehung und zugleich verstärkt gesellschaftskritisch besprachen die Gruppenmitglieder sowohl praktisch nützliche als auch schöngeistig literarische Werke. Sie erweiterten das herkömmliche Literatur- und Kritikverständnis dadurch, dass sie eingehend die Volkspoesie berücksichtigten und die Kategorie des Volkstümlichen einführten. Insgesamt freilich strebten die Stürmer und Dränger nach einer Nationalliteratur hohen Ranges und Anspruchs – worin sie durchaus der von Lessing gewonnenen Position verpflichtet blieben.

Dementsprechend differenzierten Goethe und seine Freunde bei ihrer **Kritik an der zeitgenössischen deutschen Aufklärung**. Sie erkannten und anerkannten eine Sonderstellung Lessings im literarischen Gesamtprozess. Indirekt kritisiert und widerlegt wurde er öffentlich beispielsweise in den verschiedensten Schriften über Shakespeare und Dramatik, die alle namhaften Stürmer und Dränger vorlegten. Kritisch-satirisch attackiert wurden nach 1772 andere Repräsentanten der älteren Aufklärergeneration, namentlich Nicolai, als Kritiker der »Kraftgenies«, und Wieland, als rokokohafter Rezipient der Antike und als konkurrierender Shakespeare-Vermittler. Mit einigen gegen sie gerichteten Farcen und Satiren hatte der junge Goethe (Lenz gleichfalls) eine ihm gemäße Form literaturkritischer Auseinandersetzung gefunden, während ihm das Rezensieren zunehmend missfiel – nicht zuletzt wegen der vielen negativen Besprechungen, die er selbst erhielt. Davon zeugt der viel zitierte Schlussvers eines titellosen Gedichtes: »Schlagt ihn tot den Hund! Es ist ein Rezensent.«

Der Beitrag der **Stürmer und Dränger** zur Literaturkritik war zwar (Herder ausgenommen) knapp, aber sehr bereichernd, teilweise auch problematisch. Zeitweilig forcierten sie eine Politisierung der literarischen Kritik. Sie erhoben den Kritiker zum Partner des Autors und des Publikums, sofern es nicht um Antikritik ging. Das Bemühen um kongeniales Verständnis des Autors und des Werkes erreichte einen vorläufigen Höhepunkt. (In der Frühromantik konnte daran angeknüpft werden.) Unter dem Vorzeichen der Genie-Ästhetik erwuchsen aber auch Grenzen für produktive Kritik. Ein Genie bedarf ihrer wohl kaum und ist an sich nicht kritisierbar; ein von sich überzeugtes kritisierendes Genie hat Schwierigkeiten mit selbstkritischer Reflexion.

Bevor **Friedrich Nicolai** als einer der schärfsten **Kritiker des Sturm und Drang** auftrat, hatte er eine neue Entwicklungsphase der aufklärerischen Institution Literaturkritik eingeleitet durch die Gründung der Rezensionszeitschrift *Allgemeine Deutsche Bibliothek* (1765-1806; ab 1793 *Neue Allgemeine Deutsche Bibliothek*). Seine Absicht war es, Kritik im zersplitterten Deutschland zu zentralisieren, um möglichst vollständige und unparteiisch bewertende Informationen über Neuerscheinungen aller Literatursparten zu vermitteln. Er wollte ein »Integrationszentrum der Gelehrtenrepublik« (U. Schneider, Nr. 844), d.h. der literarisch-wissenschaftlichen Öffentlichkeit, schaffen; und außerdem ging es ihm in ideeller Übereinstimmung mit Lessing, Wieland u.a. namhaften Aufklärern darum, **Literaturkritik unter dem aufklärerischen Leitprinzip** vorzunehmen, dass alle menschlichen Belange in gemeinsinnigem Interesse kritisierbar seien (Gleichsetzung von Aufklärung und ständiger allumfassender Kritik, philosophisch fundiert durch Kant). Dies gelang Nicolai zeitweilig beispielgebend, obwohl er als Herausgeber, Hauptredakteur und ständiger Beiträger die von ihm verkörperte Literatur- und Kritikrichtung der Berliner Spätaufklärung favorisierte, und damit so wenig überparteilich war wie fast alle seiner rund 430 Mitarbeiter. Sie traten schließlich am Ende des 18. Jahrhunderts mit erstarrten Prinzipien zwei neuen Richtungen entgegen, der Weimarer Klassik und der Jenaer Frühromantik. Nicolai beanspruchte, die einzig angemessenen Urteilskriterien zu besitzen und ›der‹ deutschen Literatur den einzig richtigen Weg zu weisen. Bis zuletzt versuchte er, durch scharfe öffentliche Kritik die Vermarktung des Buchwesens (an der er doch selbst Anteil hatte) zugunsten aufklärerisch gemeinnütziger Schriften umzulenken und das rapide wachsende Lesepublikum umzuwandeln in einen geistigen Verbund aufgeklärter Menschen.

Die Expansion des Buchmarktes nach kommerziellen Gesichtspunkten war jedoch unaufhaltsam, das Publikum differenzierte sich immer mehr, vollständige Kritik wurde zur Illusion, auch angesichts steigender Spezialisierung in den Wissenschaften. Es entstanden einerseits zahlreiche Fachzeitschriften mit speziellen Informationen und Besprechungen, andererseits Rezensionsorgane wie die *Allgemeine Literatur-Zeitung* (1785-1803, dann Umstrukturierung) und die *Oberdeutsche allgemeine Litteraturzeitung* (1788-1808, dann Neukonstituierung), die einen Überblick der wesentlichen Neuerscheinungen in allen Literaturzweigen zu geben versuchten.

Die ständige Bücherflut und die fachspezifische Professionalisierung der Kritik verleiteten zu Nachlässigkeiten und sogar zu konkurrenzbedingten Entstellungen zuvor nicht gekannten Ausmaßes. Antikritische Stimmen sprachen von überhand nehmender Parteilichkeit, Unrichtigkeit, Oberflächlichkeit, verspäteter Berichterstattung u.ä. Fragwürdigkeiten. Die **Inhomogenität der spätaufklärerischen Kritikerschaft** spiegelt die der literarisch-wissenschaftlichen Öffentlichkeit. Wachsende Divergenzen der Spätaufklärer untereinander und mit ihren Widersachern (den so genannten Gegenaufklärern) führten nach 1780 zu verschärften, langjährigen Kontroversen um Wesen, Möglichkeiten und Ziele der Aufklärung, woran auch Literaturkritiker teilhatten. In dem Maße, wie neue Haupttendenzen der Aufklärungsbewegung (sozialpraktisches Reformstreben, erweiterter volksaufklärerischer

Adressatenbezug, Sozietätsbildung, Politisierung) und damit zusammenhängende unterschiedliche Richtungen sich ausbildeten, bestimmten sie, neben den Marktinteressen, Entwicklungen und Kritik zeitgenössischer Literaturproduktion.

Dennoch gab es weiterhin einen zumindest theoretischen oder idealischen Minimalkonsens hinsichtlich gesellschaftlich nutzorientierter **Funktionalisierung von Literaturkritik**: sie sollte informieren, nachvollziehbar und begründet werten sowie nicht anders als die Literatur selbst sachlich und unterhaltsam belehren, geschmacks- und verstandesbildend wirken. Aufklärerische Publikumserziehung wurde dahingehend modifiziert, dass man – doch auch durch Aufklärung – gerade erst gesteigerte, freilich vor allem triviale Lektürebedürfnisse als »Lesewut« oder »Lesesucht« attackierte, um sie einzudämmen. Die meisten einschlägigen spät- und gegenaufklärerischen Kritiken lehnten (partiell bloß vermeintlich) ›nutzlose‹ sowie sitten- und glaubensgefährdende Lektüre ab.

Infolge der Dissoziationsprozesse im literarischen Leben am Ende des 18. Jahrhunderts verloren die herkömmlichen polaren Wertungskategorien ›gut‹ und ›schlecht‹ sowie ›nützlich‹ und ›schädlich‹ ihre normative Gültigkeit, wurden jedoch überwiegend stereotyp, veräußerlicht beibehalten. Parallel zur Trivialisierung großer Literaturbereiche erfolgte eine Verflachung in der (bislang erst ansatzweise untersuchten) alltagsbezogenen spätaufklärerischen Kritikpraxis, wodurch die Vielfalt individueller Standpunkte nivelliert wurde.

Ausgewogen funktionalistisch und ästhetisch urteilende **Dichtungskritik** betrachtete nur eine winzige Minderheit als ihr Anliegen (Wieland, Karl Philipp Moritz, Georg Forster z.B.). Eine andere Minorität, bestehend aus revolutionär-demokratischen Spätaufklärern, wie den Mainzer und den Wiener Jabobinern sowie Georg Friedrich Rebmann, modifizierte Qualitäts- und Nützlichkeitskriterien von Literaturkritik nach dem verfolgten gesellschaftspolitischen Ziel, die Feudalordnung abzulösen bzw. tiefgreifend zu reformieren; hier kulminierte die **Politisierung der Kritik** seit dem Sturm und Drang.

Größer war die Anzahl spätaufklärerischer Kritiker und Schriftsteller, die ebenso gutmeinend wie kurzschlüssig glaubten, jene Dissoziationen aufhalten oder gar rückgängig machen zu können. Es entstand aber nicht nur innerhalb der Spätaufklärung, sondern bald auch innerhalb der Romantik und der folgenden Strömungen ein Neben- und Gegeneinander unterschiedlicher Literatur- und Kritikkonzepte. Denn Trivialität und Marktgängertum breiteten sich, abgesehen vom Sonderfall der Weimarer Klassik, überall unaufhaltsam aus.

2.2 Weimarer Klassik und Romantik

Überzeugt von der Vergeblichkeit des spätaufklärerischen Vorgehens gegen Trivialliteratur, orientierten sich **Goethe und Schiller** während der Zeit ihres Zusammenwirkens (1794-1805) auf die gebildeteren Publikumskreise. Beide stellten **poetische Aspekte** über utilitaristisch-didaktische sowie über politische Funktionalisierung von Literatur und Literaturkritik. Sie wandten sich von der zeitgenössischen, durch die Französische Revolution beschatteten Realität ab, deren Widersprüche sie zu überwinden suchten, indem sie sie ästhetisierten und – besonders Schiller – in geschichtsphilosophischer Perspektive auf ›rein‹ oder ›allgemein‹ Menschliches bezogen. Nach Schillers Einsicht führte das arbeitsteilige Industriezeitalter zur »Vereinzelung und getrennten Wirksamkeit unsrer [der menschlichen; W. A.] Geisteskräfte«; und nicht konkrete aufklärerisch-sozialpraktische Tätigkeit, sondern Dichtung höchsten Ranges hielt er für die Kraft, »welche gleichsam den *ganzen Menschen* in uns wieder herstellt« und einen »veredelnden Einfluß auf das Jahrhundert« ausübt (Nr. 703, Bd. 22, S. 245f.; Bürger-Rezension). Insofern entbehrt auch die so genannte Autonomie-Poetik der Weimarer Klassik durchaus nicht jeglicher Zwecksetzung, vielmehr ist sie idealistisch-ästhetisch funktionalisiert. Sie zielt auf Herausbildung einer »Gegenöffentlichkeit«, und Kritik »dient einer schönen Öffentlichkeit« (Berghahn, Nr. 220, S. 75).

In diesem Zusammenhang wurde **Literaturkritik wieder Bestandteil angewandter Ästhetik**, allgemeiner Kunstlehre – jedoch anders als während der früheren Aufklärung. Sowohl in ihrem Publikationsorgan *Die Horen* (1795-97) als auch in den *Xenien* (1797) demonstrierten Goethe und Schiller als zentrale Aufgabe der Literaturkritik: »das durch die neuen, minder kritischen Leserschichten gefährdete literarische Niveau zu verteidigen« (Hohendahl, Nr. 17 [Druck von 1974], S. 20), und zwar durch satirische bis polemische Distanzierung statt durch eingehende Werkkritik. Als fundamentale Unzulänglichkeit spätaufklärerischer Berufskritiker benannte Schiller, dass sie »nur *technische* (die Zweckmäßigkeit eines Werkes betreffende) nicht aber *ästhetische* Urtheile bilden, welche immer das Ganze umfassen müssen, und bey denen also die Empfindung entscheiden muß« (Nr. 703, Bd. 20, S. 488; *Über naive und sentimentalische Dichtung*).

Wie schwierig aber diese Entscheidungsfindung im Einzelfall auch für Schiller und Goethe war, zeigen ihre *Xenien*, rund 400 als literaturkritische Zweckform gebrauchte Distichen (Doppelverse). Aus provokatorisch-satirischer Intention, zur Vergeltung der fast durchweg ablehnenden Kritik an den *Horen* (Rezensionen Friedrich Schlegels eingeschlossen) wie zur Bekräftigung der eigenen Literaturkonzeption geschrieben, wurde kritische Sachlichkeit durch diverse Begleiterscheinungen (persönliche Schmähungen, Unterstellungen u.ä.) eingeschränkt. Schon die Vergeltungsabsicht führte dazu, dass sich Schillers Annahme bestätigte, spottende Satire »würde unvermeidlich [...] jede poetische Würde verlieren, wenn hier nicht die Behandlung den Inhalt veredelte« und der Dichter nicht affektfrei wäre (ebd., S. 444). Die *Xenien* aber gerieten nicht besonders würdevoll und sogar überaus affektbelastet; poetisch-satirische Qualität trat hinter außerliterarischen (ideologischen, weltanschaulichen) Urteilskriterien zurück. Literarische und heftiger noch politische Gegner wurden persönlich diskreditiert, mit Invektiven regelrecht überschüttet. (Dies bot Ansatzpunkte zur Empörung und zu meist noch derberer Antikritik, wodurch die keineswegs irrelevanten Sachprobleme vollends in den Hintergrund gerieten.) Es tat sich auch eine Divergenz auf. Während Goethe sich vorerst noch bemühte, die Brüder Schlegel für das Weimarer Kunstprogramm zu gewinnen, behandelte Schiller sie nicht anders als so manche spätaufklärerische Trivialautoren. Insgesamt wird durch die **gemeinsame Literaturkritik Goethes und Schillers** der neuere Befund erhärtet: »Zweifellos verteidigen die Klassiker [...] das höchste Niveau der Kunst [...], aber sie entfremden sich auch mehr und mehr vom realen Publikum, ja sie schlossen es mit der Zeit vom Kunstgenuß aus.« (Berghahn, Nr. 220, S. 68) Kunstwerke, Dichtungen wie bildende Kunst, als Schöpfungen nach Maßgabe ästhetischer Normen rückten in den Mittelpunkt des Interesses. Legitimiert wurde Literaturkritik durch Poesie allein, nicht durch das Gesamtgefüge literarischer Öffentlichkeit. Und hier ergaben sich Berührungspunkte mit frühromantischen Vorstellungen.

Indessen waren es nur zeitweilige Annäherungen Goethes, des Dichters und des Ästhetikers, an diese Vorstellungen. Nach der Krise der Frühromantik führte er eine vieljährige kritische Auseinandersetzung mit romantischer Literatur und Kunst; er führte sie eingedenk der Erfahrungen mit den *Xenien* unpolemisch und vorwiegend mittelbar in ästhetischen Schriften, ausgerichtet am Maßstab einer selbst erstrebten Klassizität, gleichwohl unerbittlich und ohne die ihm öfter angerühmte »Toleranz, die seinem Temperament liegt« (Wellek, Nr. 202, Bd. 1, 1959, S. 227). Ansonsten begleitete er die zeitgenössische Literaturentwicklung nicht kontinuierlich kritisch, schon gar nicht als Rezensent. Dieses ›Geschäft‹ übertrug er gleichsam an die von ihm mitgelenkte *Jenaische Allgemeine Literatur-Zeitung* (1804-41). Goethe besprach in seinen späteren Jahren fast nur noch die Titel, die er nicht von vornherein ablehnen musste und äußerte sich dabei zunehmend als betont subjektiver Kunstliebhaber: »Wohlwollende Leser geben mir schon lange zu, daß ich, anstatt über Bücher zu urtheilen, den Einfluß ausspreche, den sie auf mich haben mochten.« (Nr. 410, Bd. 3, S. 134; Rochlitz-Rezension, 1824) Goethe vollzog in solchen Fällen die Selektionsfunktion von Literaturkritik in einem privaten Vorfeld des öffentlichen kritischen Verfahrens und privatisierte zugleich weitgehend ihre Mittlerfunktion. Andererseits hielt er am Wertungsmaßstab des allgemein Menschlichen fest und legte ihn seiner »Weltliteratur«-Konzeption zugrunde, die in Korrelation zum Maßstab der Klassizität zu einer hohen Wertkategorie wurde.

Vor allem über die Weltliteratur ließ sich schwerlich urteilslos reden, und so fand Goethe denn zwischen kritischer Schärfe und Indifferenz eine Art Mittelweg mit einem bestimmte aufklärerische Kritikideale wiederbelebenden **Prinzip »produktiver« Kritik**, die einen Dreischritt vorzunehmen habe: »Zuerst solle man untersuchen und einsehen was denn eigentlich der Dichter sich vorgesetzt, sodann scharf beurtheilen, ob dieses Vornehmen auch vernünftig und zu billigen sey, um endlich zu entscheiden, ob er diesem Vorsatze denn auch wirklich nachgekommen?« (Nr. 410, Bd. 2, S. 80; Rezension zu Manzonis *Il conte*) Das Problem hierbei besteht weniger in einem nivellierenden Relativismus (s. z.B. Wellek, Nr. 202, Bd. 1, S. 228), als vielmehr darin, dass Goethe Literaturkritik reduzierte, ihre Gültigkeit und Reichweite einschränkte. Zurückgreifend auf eine Überzeugung seiner Frühzeit, hielt er Kritik nicht ohne weiteres für förderlich und am ehesten unter Gleichgesinnten. Dies entsprach nun ebenfalls seiner eigenen Situation, konnte er sich doch nicht mehr einer Literaturströmung zugehörig fühlen wie die Aufklärer oder die Romantiker; er war vereinzelt und empfand seine Vereinzelung nach Schillers Tod immer deutlicher.

In der **Frühromantik** um 1800 wurden die wichtigsten Neuansätze und die bis dahin umfassendsten Konzeptionen deutschsprachiger Literaturkritik erbracht, vorwiegend durch theoretische und praktische Beiträge der Brüder Schlegel. Diesen konstitutiven Zusammenhang von Theorie und Praxis gilt es bewusst zu halten, weil in der Forschung in der Regel die frühromantische Konzeptionsbildung bevorzugte Aufmerksamkeit findet (insbesondere bei Schulte-Sasse, Nr. 228). Die Einheit erwuchs daraus, dass Literaturkritik der Frühromantiker einen integralen Bestandteil ihrer Gesellschafts- oder Zivilisationskritik bildet, die gerichtet ist gegen die Vermarktung des Denkens und Tätigseins, gegen den Verfall ideeller Werte durch Favorisierung des Ökonomischen und Materiellen. Abgelehnt wurden Kehrseiten des modernen, des aufgeklärten bzw. sich für aufgeklärt haltenden Zeitalters: verschiedene Tendenzen, Vernunft zu instrumentalisieren, zu ideologisieren, zu enthumanisieren. Somit entstand ein zwiespältiges Verhältnis zur Aufklärungsbewegung, das von der strikten Ablehnung verflachter Spätaufklärung bis zur produktiven Rezeption exponierter Aufklärer (Lessing, Herder, Georg Forster) reicht.

Alle Frühromantiker, also auch Novalis und Tieck, entbanden die Poesie von lebenspraktischen Funktionalisierungen und von Bezugnahmen zum gegenwärtigen Lebensalltag, der ihnen als absolut unpoetisch, weil gleichbedeutend mit Gelddenken galt. Autonome Dichtung hingegen wurde sakralisierend aufgewertet. Profaner Alltag und »heilige Poesie« oder »heiliges Dichtertum« bezeichnen eine Aporie, aus der **Friedrich Schlegel** einen **neuen Begriff von Literaturkritik** entfaltete. Er ist grundlegend verändert erstens durch einen stark reduzierten unmittelbaren Bezug zur literarischen, im Banne des (Massen-)Publikums stehenden Öffentlichkeit, an deren Stelle ein enzyklopädischer Gesamtzusammenhang tritt, der philosophisch ausgerichtet ist auf das Denken alles Denkbaren, zu dem folgerichtig (literatur)kritisches Denken und Verlautbaren gehört; zweitens durch Verzicht auf argumentative Urteilsbegründung. Kritik soll sich laut Schlegel nicht im Beurteilen erschöpfen, sondern einerseits bedeutende Kunstwerke der Vergangenheit und Gegenwart in einem universellen kritischen Akt vollenden, andererseits zugleich neue Dichtung befördern, eine »progressive Universalpoesie« (Nr. 714, Bd. 2, S. 182; *Athenaeums-Fragmente*), d.h. romantische Dichtung. In diesem Kontext nun erging das berühmte Diktum Schlegels: »Poesie kann nur durch Poesie kritisiert werden. Ein Kunsturteil, welches nicht selbst ein Kunstwerk ist, [...] hat gar kein Bürgerrecht im Reiche der Kunst.« (Ebd., S. 162) Frühere Überlegungen (etwa Herders) zu einer kooperativen Gleichrangigkeit von Dichter und Kritiker wurden fortgedacht – bis zu der Konsequenz, dass sich die Frühromantikergruppierung um die Brüder Schlegel kein gesondertes Kritikorgan schuf, vielmehr ihre kritischen und anderen Werke neben- und miteinander publizierte.

Friedrich Schlegels »Konzept der Kritik als Reproduktion [und Stimulation; W. A.] der Originalproduktion« (Gebhardt, Nr. 32, S. 1091) impliziert die Ablehnung schlechter Literatur (»Nullität«) mittels »Annihilation«, verachtungsvollen Verschweigens. Dies bedeutet aber keineswegs (entgegen Benjamins Annahme, Nr. 331, Bd. 1, S. 79f.) generelle Unkritisierbarkeit des Schlechten, Trivialen usw. Vielmehr rekurrierte Schlegel, anknüpfend an Lessing, für den »Fall [...], daß man sich des Beweises dieser [...] Nullität nicht überheben darf« (Nr. 714, Bd. 2, S. 411), auf Polemik.

Wenn Kritik sich derart konzentriert auf eine bestimmte **hochrangige Poesie**, dann entfallen, anders als bei Lessing und sonstigen Aufklärern, herkömmliche Selektions- und Vermittlungsfunktionen der Literaturkritik, und es verändert sich ihre Urteilsfunktion. Die Wertfrage ist a priori beantwortet, nur das Problem der Urteilskriterien und Wertungsmaßstäbe bleibt. Friedrich Schlegel versuchte es theoretisch zu lösen, indem er Herders Ansatz, dass nur historisches Literatur- und Werkverständnis kritische Einschätzungen ermögliche, stringent fortführte und universalistisch ausgerichtete Geschichtsphilosophie zur Grundlage von Literaturkritik erklärte. Außerdem stellte er eine dialektische Beziehung zwischen Literaturkritik und Hermeneutik (Textdeutung) her, wobei er, wie alle Frühromantiker jegliche regelgeleitete Poesie und Ästhetik ablehnend, tradierte »›ästhetische Auslegungskunst‹ und deren regelhermeneutische Verfahren« überwand und statt dessen einte: »die ars intelligendi, die eigentliche Kunst des Verstehens, die ars explicandi, die Kunst des Auslegens, und die ars applicandi, die Kunst der Anwendung des Verstandenen« (Michel, Nr. 722, S. 348 und 349). Diese Dreiheit wurde werkbezogen angewandt, da Schlegel durch seine Beschäftigung mit Lessing zu der weitreichenden Erkenntnis gelangt war, es könne nicht darum gehen, die Absicht(en) des Autors zu ergründen, sondern die des poetischen wie des literaturkritischen Werkes oder eines bestimmten Werkzusammenhangs.

An einer solchen »kunstvoll verbundenen *Werkfolge*« (ebd., S. 26) hat Schlegel zwischen 1795 und 1801 gearbeitet; sie reicht von umfänglichen Rezensionen (u.a. zu Herder, Schiller, Goethe) und Fragmenten (einschließlich der berühmten *Lyceums*- und *Athenäums*-Fragmente) bis zu den *Charakteristiken und Kritiken*, die die Brüder Schlegel 1801 in einer Gemeinschaftspublikation sammelten. Charakterisieren als neues Kritikverfahren bedeutete ihnen kritisch gründliches Verstehen, eine hermeneutisch-rekonstruierende, urteilende und formgebende Tätigkeit. Die Charakteristiken blieben jüngst verstorbenen Repräsentanten aufklärerischer Literatur (Forster, Lessing) vorbehalten, deren Lebenswerk unter bestimmten Aspekten kritisch bilanziert und geschichtsphilosophisch ins historisch-kulturelle Kontinuum einbezogen wurde.

Während Friedrich Schlegel das Prinzip der Annihilation fast ausnahmslos befolgte, ging **August Wilhelm Schlegel**, zum Ärger seines Bruders, anfangs näher auf den zeitgenössischen ›Literaturbetrieb‹ ein. Er schrieb für das *Athenäum* (1799, Stück 2) ein aus Kurzprosa bestehendes, *Literarischer Reichsanzeiger* betiteltes Seitenstück zu den *Xenien*. Vor allem aber verfasste er 1796-99 für die *Allgemeine Litera-*

turzeitung (Jena) rund 300 Rezensionen, darunter zwar Goethe zuliebe einige Gefälligkeitsrezensionen, aber keine Besprechung von trivialliterarischen und pseudowissenschaftlichen Titeln. Unvermeidlich kam es zwischen dem Frühromantiker und den spätaufklärerischen Redakteuren zu einem Bruch (vgl. Härtl, Nr. 852, S. 292ff.). An der Gesamtreihe der Rezensionen ließe sich (ein dringliches Forschungsdesiderat einlösend) verfolgen, wie August Wilhelm Schlegel ein frühromantisches Kritikeramt ausführte und vervollkommnete. Nach 1800 wandte er sich vorzugsweise anderen Literaturbereichen zu; ebenso **Ludwig Tieck**, der stets weniger Rezensent gewesen war und stattdessen beispielsweise satirisch-kritische Prosa gegen die Berliner Spätaufklärung geschrieben hatte. Beide leiteten dann eine neue Phase historisch-philologischer Literaturkritik ein, indem sie bedeutendes für ältere und außereuropäische Literaturepochen leisteten: Tieck für englische Literatur der Shakespeare-Zeit, August Wilhelm Schlegel für indische Sanskrit-Literatur.

Die weitere Entfaltung des Kritikprogramms von Friedrich Schlegel wurde teils durch die Krise der Frühromantik und teils durch andere romantische Literaturkonzeptionen abgebrochen. Achim von Arnim und Brentano, die Begründer der **Heidelberger Romantik**, favorisierten gemeinsam mit Görres und den Brüdern Grimm eine altüberlieferte Volks- oder Nationaldichtung, die sie gegenwärtiger Literatur zwar durchaus kulturkritisch, doch auch vereinseitigend entgegenstellten. Frühromantische geschichtsphilosophische Perspektiven verkehrten sich zu einer mystifiziert christlichen Mittelalterutopie. Und dabei verlor Literaturkritik aus zwei Hauptgründen beträchtlich an Relevanz. Erstens galt moderne Literatur für unvollkommen und kaum kritisch vervollkommnungsfähig, zweitens wurde eine erneuerte Volksdichtung nicht durch Kritik, sondern als Eingebung Gottes erwartet. Literatur und Lebenswelt sowie Literaturkritik und Historie klafften auseinander.

Demgegenüber engagierte sich **Adam Müller** (*Vorlesungen über die deutsche Wissenschaft und Literatur*, 1806) für eine Verknüpfung dieser Bereiche. Nach aufklärerischen Vorbildern wies er (zufolge Luserke, Nr. 624) Literaturkritik wieder eine politische Funktion zu, eine Vermittlungsfunktion zwischen Literatur und historischem Prozess, zugleich zwischen Autor und Publikum. Die Rückbesinnung auf das breitere Publikum bedingte eine Erneuerung aufklärerischer Urteilskriterien wie Deutlichkeit und Verständlichkeit. Der an ihnen orientierte Kritiker sollte gemeinsam mit der großen Leserschaft Zugänge zur Literatur eröffnen. Müller zielte auf eine historisch ausgleichende und Publikumsinteressen berücksichtigende Literaturkritik, die sich neben Goethe auch der Berliner Spätaufklärung Nicolaischer Observanz oder der Trivialdramatik Ifflands und Kotzebues zuwandte. Insgesamt gesehen wollte Müller, seinerseits mystifizierend, moderne Literatur und christliche Gesellschaft miteinander versöhnt wissen. Doch anders, als er es sich vorstellte, politisierte sich deutschsprachige Literaturkritik während der Restaurationsperiode.

2.3 Vom frühen bis zum späten 19. Jahrhundert

Nach dem Wiener Kongress (1815) wurde in Deutschland und Österreich die literarische Öffentlichkeit durch verschärfte Presse-, Zensur- und Verlagsgesetzgebung stärker denn je reglementiert. Die einstige Pluralität literaturkritischer Richtungen um 1800 wandelte sich zu einer **Polarität von konservativer** Kritik, die im Sinne der Restaurationspolitik auftrat, **und von liberaler Kritik**, die die verbliebenen Wirkungsräume auszunutzen und allmählich wieder zu erweitern versuchte. Aufklärerische, klassische und romantische Konzeptionen der Literatur und Literaturkritik spielten immer wieder, wenn auch sehr unterschiedlich, in aktuelle Vorgänge mit hinein. Besonders das Spätwerk Goethes wurde zum Scheidepunkt nicht nur zwischen den verschiedenen Richtungen, sondern auch innerhalb des liberalen Lagers.

Der Goetheverehrer und Schriftsteller **Varnhagen von Ense** trug dazu bei, Verengungen romantischer Dichtungskritik zu überwinden. Er gründete, u.a. gemeinsam mit Hegel, 1827 die *Jahrbücher für wissenschaftliche Kritik*, die sich, von einem breiten Literaturbegriff ausgehend, programmatisch sachlich-objektiv und unparteiisch gaben. Als preußischer Diplomat vermied Varnhagen Kollisionen mit den Staatsgewalten, aber er »beherrschte die Kunst der Andeutung, der versteckten Hinweise und der unauffälligen Anspielung, die der Zensur entgehen mußte« (Hohendahl, Nr. 234, S. 161). Und er förderte Autoren wie Heine und Laube, von denen er sich auch nicht abwandte, als sie sich politisch radikalisierten. Das unterschied ihn von **Wolfgang Menzel**, dem einflussreichsten national-liberalen Kritiker, der mit seinem *Literatur-Blatt* (1819-49) im *Morgenblatt für Gebildete Stände* Literatur- und Hausmachtpolitik in einem betrieb. Teils propagierte er eine einigende Erziehungsfunktion der Literatur und der Kritik für die Herausbildung eines deutschen Nationalcharakters, teils attackierte er Andersdenkende, beispielsweise erst Goethe und dann die zur Konkurrenz gewordene Kritikergruppierung innerhalb der Literaturrichtung des Jungen Deutschland, ferner Heine und andere Emigranten. Immerhin setzte Menzel in den zwanziger Jahren neben Varnhagen und Ludwig Börne hohe Maßstäbe für die zeitgenössische journalistische Literaturkritik, deren krisenhaften Tiefstand **Börne** so ironisch-polemisch wie niemand sonst kommentierte. An aufklärerische Prinzipien anknüpfend, hielt er Verständigung mit allen Publikumsbereichen für unabdinglich und berücksichtigte in seinen offenkundig nach Lessings Vorbild dialogisch angelegten Kritiken Autoren und Werke sehr unterschiedlichen Ranges. Börne und **Heine** nahmen die romantische Beschränkung auf Dichtungskritik zurück, hoben klassisch-romantische Distanzsetzung zwischen Literatur und Lebensalltag auf und gaben der Literaturkritik, vor allem im Gefolge der französischen Julirevolution von 1830, wieder gesellschaftskritische Funktionen. So wurden sie zu Vorbildern für das Junge Deutschland, mit dem gemeinsam sie den Übergang zur politisierten Literatur und Literaturkritik des Vormärz vollzogen; einer Periode, in der, erstmals wieder seit der Spätphase der Aufklärung, **gesellschaftsbezogene Kritik** nahezu aller menschlichen Belange zu einem Grundprinzip öffentlicher Diskurse erhoben wurde.

Mit den **Jungdeutschen** (Gutzkow, Laube, Wienbarg u.a.) trat eine politisch-literarische Gruppierung hervor, deren Mitstreiter Bestrebungen revolutionär-demokratischer Aufklärer (Forster, Rebmann z.B.) erneuerten, die literarische Öffentlichkeit zwecks gesellschaftlicher Emanzipation in eine politische umzuwandeln. Abermals sollte Literatur zum Medium und Vorbereiter für Befreiungskämpfe werden, woraus der Literaturkritik nun eine viel größere Mittlerrolle erwuchs, hin zum »Leben«, wie der zeitgenössische Leitbegriff lautete. Es entstand allerdings auch ein größeres Dilemma, insofern die Jungdeutschen sich im Unterschied zu den spätaufklärerischen Revolutionärdemokraten keiner populären Darstellungs- und Publikationsformen bedienten. Vielmehr hielten sie theoretische Schriften (z.B. Wienbargs *Ästhetische Feldzüge*, 1834) und reflexionsreiche Periodika (wie Theodor Mundts *Literarischer Zodiakus*, 1835) sowie eine politisierte Neuformung der frühromantischen Charakteristiken (u.a. Gutzkow: *Öffentliche Charaktere*, 1835; Laube: *Moderne Charakteristiken*, 1835; dazu Nr. 229) für geeignet, ihre primär bewusstseinsbildend funktionalisierte **so genannte Gesinnungskritik**, die bei der Person des Autors und beim ideellen, weltanschaulichen Gehalt seines Werkes ansetzte, weit zu verbreiten. (Danach verlor die Textform Charakteristik ihre eigenständige Bedeutung und wurde ersetzt durch literaturkritische Essayistik, aber auch durch die weniger tiefgründige Form des Autorenportäts; s. Kap. 1.5.3.) Neu war, dass die Jungdeutschen, nach dem Durchlauf des Literaturprozesses durch die klassisch-romantische

Schule, Kritik so historisierten und verwissenschaftlichten, dass sie zum ästhetisierten Politikum wurde, in dem Traditionen der Ästhetik seit der Aufklärung nachwirkten (s. Albrecht, Nr. 241, Abschn. 1). Sie kritisierten vorwiegend gegensätzlich zugespitzt: »Altes« polemisch-destruktiv und Ansätze für eine erstrebte politisch-poetische Literatur sachlich-produktiv, wobei sie aufklärerische Muster (namentlich Lessings) nutzten, hier wie da über den Rezensionsbereich hinausgingen und Prosaliteratur mit Literaturkritik verbanden.

Dies alles beendete gewaltsam ein 1835 vom Frankfurter Bundestag erlassenes förmliches Verbot der Schriften führender jungdeutscher Schriftsteller. Es wurde ausgelöst durch Denunziationen Menzels und begleitet von **Attacken protestantisch-konservativer Literaturkritik** aus dem Umkreis der von Ernst-Wilhelm Hengstenberg redigierten *Evangelischen Kirchenzeitung* (gegründet 1827). Hengstenberg und seine Verbündeten in ähnlichen Organen (vgl. Draeger, Nr. 232) werteten, literarästhetische Aspekte vernachlässigend, nach orthodox christlich-moralischen Gesichtspunkten und lasteten den Jungdeutschen und ihren Nachfolgern, den Junghegelianern, sowie weiteren politisierten Literaturrichtungen im Vormärz sittlich-politische Verwerflichkeit an oder inkriminierten sie gar als Hochverräterbünde. (Untersuchungen über katholisch-konservative Literaturkritik fehlen.)

Hegel-Schüler aller politischen Schattierungen bestimmten weithin die deutsche Literaturkritik der ausgehenden dreißiger Jahre bis zur bürgerlichen Revolution von 1848/49. Insbesondere die **Links- oder Junghegelianer** um Arnold Ruge und Ernst Theodor Echtermeyer, die sich mit den *Hallischen* und den *Deutschen Jahrbüchern* (1838-43) ein heftig umkämpftes Meinungsforum schufen, setzten die jungdeutsche gesellschaftspolitische Funktionalisierung von Literatur und Kritik fort und entfernten sich dabei am weitesten von Hegel. Konsequent über ihn hinausgehend, konstituierten sie einen engen Traditionszusammenhang zwischen deutscher Klassik und Aufklärung, während sie an der Romantik scharfe Ideologiekritik übten. Sofern sie – gemeinhin aufs Formale und Sprachliche bezogen – ästhetisch urteilten, bedienten sie sich klassischer und hegelscher Kriterien und Maßstäbe. Nach Maßgabe der Religions- und Geschichtsphilosophie Hegels historisierten sie (namentlich Robert Prutz) literaturkritisches Werten und beschleunigten so einen institutionellen Trennungsprozess zwischen Literaturkritik und Literaturgeschichtsschreibung.

Andere Hegelianer, wie beispielsweise **Friedrich Theodor Vischer**, tendierten von Anfang an zu einem Primat des Ästhetischen gegenüber dem Politischen. Der Hegelschen absoluten Idee wurde das anschaulich Sinnliche der schönen Erscheinungen übergeordnet, wobei gerade Vischer weder die Grundprinzipien seiner neu systematisierten Ästhetik noch die seiner Literaturkritik historisch fundierte. Er unterstellte Dichter und Kritiker der Allmacht einer säkularisierten Phantasie, durch die die Dichtkunst zur höchsten aller Künste werde. Auf dieser Position schien Poesie ihm besonders geeignet, in Zukunft eine gesellschaftliche Funktion zu erfüllen. Und so kam es zu dem Phänomen, dass Vischer politische Schriftsteller seiner Zeit (Herwegh, Prutz u.a.) heftig ablehnte und sie dennoch auf gesellschaftsbezogene Wirkungsabsichten verpflichtete, selbst aber letztlich eine »größere objektive Poesie« der Zukunft im Auge hatte.

Nach weitreichender Ernüchterung und Enttäuschung durch die gescheiterte Revolution setzten tonangebende deutschsprachige Literaturkritiker dort wieder an, wo Vischer aufgehört hatte: bei Diskussionen um politische Literatur. Es war indessen keine bruchlose Fortsetzung, ebenso wenig wie (einem neueren Forschungskonsens zufolge) die Jahre 1848/49 eine unbedeutende Zäsur für die Literatur erbrachten. Exemplarisch zeigt sich dies bei **Julian Schmidt**. Mitte 1848 hatte er, gemeinsam mit Gustav Freytag, die politisch-literarische Zeitschrift *Die Grenzboten* (1841-1922) übernommen, in der er als politischer Journalist, aber als betont unpolitischer, trotzdem nicht entpolitisierter **Literaturkritiker** und als Theoretiker einer Hauptrichtung **des bürgerlichen Realismus** auftrat. Er verkündete, was Vormärzautoren vielfach demonstriert hatten: das Ende des romantischen Zeitalters. Neu war, dass er statt internationaler gesellschaftspolitischer Umwälzung eine – durch bürgerliches Bildungsgut zu begründende – internationale kulturelle Epochenwende propagierte und dabei häufig englische sowie französische Gegenwartsliteratur mit der ›nachmärzlichen‹ Produktion Gutzkows, Kellers, Stifters und anderer bürgerlich realistischer Schriftsteller des deutschen Sprachraums konfrontierte. An ihnen übte er, vermeintlich allgemein gültige klassizistische und in Freytags Romanen maßstabgebend berücksichtigte Grundsätze normativ anwendend, »Fehler«-Kritik längst vergangener Art, die mitunter an die Gottsched-Zeit gemahnt. »Der Kritiker beschreibt und beurteilt das Werk in bezug auf programmatisch formulierte Erwartungen und im Hinblick auf die gewünschte Reaktion des Publikums. [...] Worauf es ankommt, ist die Bewahrung und Förderung des literarischen Systems im ganzen.« (Hohendahl, Nr. 234, S. 199.)

Dieses System, das nie ein homogenes war, zerbrach **im Umfeld der deutschen Reichsgründung** von 1871, die die so genannte kleindeutsche staatliche Einigung, ohne Österreich, erbrachte. Parallel zur Durchsetzung des ökonomisch-politischen Imperialismus im Reich verlief eine stärker denn je partikularisierende Kommerzialisierung des Literaturmarktes einschließlich der Presse, in der literaturkritisch anspruchslose bis desinteressierte Familienzeitschriften (prototypisch: *Die Gartenlaube*, 1853-1944) und feuilletonistisch geprägte Zeitungen (wie z.B. das 1872 gegründete *Berliner Tageblatt* und die 1880 begonnene *Tägliche Rundschau*) hervordrängten. Literaturkritik wurde zur Aufgabe angestellter Redakteure oder ›freier‹ Mitarbeiter, die sich überwiegend mit partikularen Verlagsinteressen und parteipolitischen Richtungen konfrontiert sahen oder selbst einer bestimmten politischen Überzeugung anhingen. So stellten sich für die Kritiker zunehmend Legitimationsprobleme und Prestigeverluste ein.

Niemand hat diese Entwicklungen schärfer attackiert als **Friedrich Nietzsche**, der im Rahmen seiner umfassenden Kulturkritik eine Literaturkritik ganz eigener Art betrieb, wobei er die entschiedenste Gegnerschaft zu nationalistischem Hurrapatriotismus wie zu christlichem Heilsanspruch pointiert ausformulierte. Folgerichtig setzte er sich mit Literatur nie journalistisch-rezensorisch auseinander, sondern stets philosophisch-kulturkritisch; geleitet von der Vorstellung, dass sich alle Kunstentwicklung seit Aischylos im Niedergang befinde. Und dies hat zwiespältige Folgen gehabt:

»Nietzsche überträgt die an der Antike gewonnenen Einstellungen unmodifiziert auf die Neuzeit und legt sie den Kriterien seiner Beurteilung von Literatur pauschal zugrunde. [...] Nietzsches Ablehnung der Literatur seiner Zeit läßt sich anhand weniger, aber stereotyp wiederholter Vorwürfe als extrem konservative Kulturkritik nachweisen.« (Manthey, Nr. 650, S. 566f.)

Allerdings ist dieser Konservativismus von der vorherrschenden imperialen Politik jener Zeit genauso weit entfernt gewesen wie von christlicher oder völkischer chauvinistisch-antisemitischer Literaturkritik, wie sie z.B. der österreichische Schriftsteller Sebastian Brunner und der deutsche Literarhistoriker Adolf Bartels übten, und von liberalem bürgerlichem Feuilletonismus.

Feuilletons als literarisch-journalistisches Genre, das sich während der ersten Hälfte des 19. Jahrhunderts von Frankreich her verbreitet hatte (s. Haacke, Nr. 52), zielten auf pointiert informative und unterhaltsame Darstellung aktueller Gegebenheiten. **Feuilletonistische Literaturkritik** entfaltete sich dementsprechend zwischen unverbindlicher Plauderei, eines **Paul Lindau** oder **Julius Rodenberg** beispielsweise, die intuitiv urteilen zu können glaubten, und gesellschaftskritisch vertieften Causerien, wie **Theodor Fontane** sie entwickelte. Bei ihm »wurde die Person des Kritikers als Träger einer ästhetischen Sensibilität zum Kern des kritischen Modells, das sich gegen die etablierte Kritik des Kanons und der tradierten Poetik stellte«, um so auch und gerade »für solche Werke Platz zu gewinnen, die nicht den Konventionen entsprachen« (Berman, Nr. 246, S. 214), d.h. vor allem Werke zeitkritischer Richtungen des bürgerlichen Realismus und der Jüngstdeutschen, der Naturalisten.

Die neue, in München und Berlin zentrierte Strömung des **Naturalismus**, die heftig befehdet wurde, bildete ihrerseits eine **engagierte Literaturkritik** aus. Diese richtete sich zunächst gegen die ›feindlichen‹, die etablierten feuilletonistischen und christlich-konservativen Kritiker und zugleich darauf, eigene literarische Programme und Werke durchzusetzen. Dem Münchener Flügel, vereint unter dem Schriftsteller-Kritiker Michael Georg Conrad in der Zeitschrift *Die Gesellschaft* (1885-1902), ging es nicht so sehr um einen Meinungsaustausch mit dem Publikum als vielmehr um eine polemische Meinungsbildung im Zeichen des Antikapitalismus, und zwar mit teils traditionsbezogenen bürgerlichen und teils antibürgerlich modernistischen Lebens- und Literaturidealen. Auch im Berliner Umkreis, so beispielsweise bei den Brüdern Heinrich und Julius Hart, trat der Bezug zum Leser zurück. Sie brachten im Eröffnungsbeitrag ihrer aufsehenerregenden Reihe *Kritische Waffengänge* (1882-84) die Aufgabe eines zeitgemäßen Literaturkritikers auf die Formel »Pflügen und Pflegen«, d.h. sie verpflichteten ihn, primär zur Weiterentwicklung gegenwärtiger Literatur beizutragen. Andere Berliner Naturalisten, für die Otto Brahm genannt sei (der hauptsächlich als Theaterkritiker und Regisseur hervortrat), versuchten der literaturkritischen Mittlerfunktion zwischen Autor und Publikum nachzukommen. Dabei gerieten sie in ein für naturalistische Kritik bezeichnendes Dilemma: gleichzeitig sachlich beobachtend und unmittelbar beteiligt zu urteilen – nach Maßstäben und Kriterien, die oft wenig theoretisch fundiert waren.

Der Naturalismus löste eine der ersten großen Literaturkontroversen der deutschen Moderne und in der Arbeiterbewegung aus, die so genannte Naturalismus-Debatte von 1891-96, ausgefochten durch sozialdemokratische Publizisten. Dabei wurde »Literatur sowohl auf Realismus und speziell auf historische Klassenperspektive wie auf kämpferisch-humanistischen Idealismus, auf historisch begründeten Optimismus, auf Lebens- und Kampfhilfefunktion und nicht zuletzt auf politische und menschliche Moralität hin überprüft« (Rothe, Nr. 273, Einleitung, S. XV). War die Grundtendenz der Debatte die einer Annäherung an den Naturalismus, so entfernte sich von ihm der führende sozialdemokratisch-materialistische Literaturkritiker, **Franz Mehring**. Er warnte nun vor dieser Moderne, weil sie unrealistisch und dem Proletariat wesensfremd sei, und erhob aufklärerisch-klassische Literatur und Kunst zur Alternative. Eine solche Alternative blieb umstritten, wie sich besonders bei einer sozialdemokratischen Schiller-Debatte 1905 zeigte (s. Nr. 275). Jedoch wurde Mehrings Standpunkt insofern dominant, als die Problematik einer proletarischen oder sozialistischen Kunstentwicklung Anfang des 20. Jahrhunderts innerhalb der SPD kein vorrangiges Interesse mehr fand (was sich niederschlug in der Tendenzkunst-Debatte 1910-12 über die Frage, ob und inwieweit sozialdemokratische Kritik und Bildungspolitik die für das Proletariat irrelevante Kunst vergangener Epochen verwerfen solle; vgl. Nr. 274). Mehring einte in seiner Publizistik Literaturgeschichtsschreibung (*Die Lessing-Legende*, 1893) und Literaturkritik (zahlreiche Rezensionen und Theaterkritiken, seit 1891 in der Theorie-Zeitschrift der SPD *Die Neue Zeit*, deren Mitherausgeber und Redakteur er war). Historische Aufarbeitung der Literatur sollte genau wie ihre kritische Durchdringung aktuelle polititisch-kulturelle Auseinandersetzungen fördern. Literaturkritik erhielt die Funktion, sich klassenbewusst der Kommerzialisierung des Literaturbetriebes zu widersetzen, »Reklameschwindel aufzudecken« (Mehring, Nr. 609, Bd. 11, S. 318). Beispielgebend wandte der polemisch scharfe Literatur- und Theaterkritiker Mehring Prinzipien des historischen Materialismus an, verband sie jedoch normativ mit Kategorien der klassischen Ästhetik (Kants, Schillers). Dementsprechend schied er, Zusammenhänge von Werk und Autor trennend, mehr oder weniger mechanistisch zwischen ideologisch bewertetem Gehalt und ästhetisch beurteilter Gestaltung. Seine Wertungsmaßstäbe waren Widerspiegelung und Umsetzung von Gesellschafts- und Sozialproblemen sowie Parteilichkeit und Rolle der Literatur im politisch-kulturellen Klassenkampf. Den zeitgenössischen Ansätzen sozialistischer Literatur stand Mehring skeptisch gegenüber, da er ihre künstlerischen Mängel unter den bestehenden Verhältnissen für unüberwindbar hielt. Überhaupt schien ihm eine große Gegenwartskunst erst nach dem unbezweifelten weltweiten Sieg des Proletariats möglich.

Antipodisch zu dieser Position entwickelte sich insbesondere eine österreichische Literaturrichtung, **das Junge Wien** (Hofmannsthal, Schnitzler u.a.), eine Spielart der europäischen Literatur des Fin de siècle. In entschiedener Kritik am deutschen, weniger am französischen Naturalismus, geführt vor allem von Hermann Bahr, wurde ein Kunstprogramm vorgebracht, das den Nationalismus zu überwinden versuchte und auf eine hochästhetische europäische Moderne hinzielte. Diese mit wegweisender Literatur statt durch literaturkritische Beiträge durchzusetzen, lautete die Devise des Jungen Wien. Es wurde selbst um so heftiger attackiert, und keineswegs bloß nach literaturbezogenen Aspekten. »Die maßgebenden österreichischen Kritiker konnten sich in ihrer Ablehnung der neuen Richtung mit dem Publikumsgeschmack einig wissen.« (Rieckmann, Nr. 247, S. 15) Dem Naturalismus verbundene Kritiker in Deutschland sprachen tendenziell nationalistisch von einer undeutschen, dekadent-formalistischen »Wiener Schule« (vgl. ebd., S. 188ff.) Ungeachtet dessen richteten die Autoren des Jungen Wien den Blick über die Jahrhundertwende hinaus. Fin de siècle bedeutete ihnen keine Endzeit-, sondern eine Aufbruchshaltung.

2.4 Erste Hälfte des 20. Jahrhunderts

Die unter dem Vorzeichen von Imperialismus und Kunstmoderne hervorgetretenen Antinomien der Literaturkritik verfestigten sich nach der Jahrhundertwende. Fortan bestand ein wechselvolles, doch permanentes Nebeneinander von ästhetisierter und politisierter Kritik. Namhaftester Repräsentant der ersteren wurde **Alfred Kerr**, vorwiegend Theaterkritiker, der sich in der Weimarer Republik antifaschistisch engagierte, wobei er Literatur- und Theaterkritik weiterhin primär ästhetisch und nicht gesellschaftspolitisch praktizierte. In mittelbarer Romantiker-Nachfolge hatte er schon in seinen Anfängen die Kritik neben Epik, Lyrik und Dramatik zur vierten literarischen Gattung und damit zur Kunst erhoben. Allerdings verzichtete er, im Unterschied zu romantischen Autoren, auf die »Erschaffung poetischer Gegenwelten zum bourgeoisen Alltag« und produzierte seit dem Kriegsausbruch »unter dem Vorwand von poetisch-kritischer Schöpfung nur noch willkürliche Schmähungen, Verrisse, Lobeshymnen« (Hans Mayer, Nr. 265, Bd. 4, S. 29 und 30). Dieser Kritiker rückte sich, wie kaum ein anderer vor ihm, selbst in den Mittelpunkt; was ihm um so besser gelang, als er im doppelten Wortsinn blendend formulieren konnte. Hingegen misslang es letztlich auch ihm, die immer wieder thematisierte zeitgenössische Divergenz von Kritik und Kunst gänzlich aufzulösen. »Literaturgeschichtlich wurzelte sie in den rivalisierenden Modellen des Feuilletonismus und der naturalistischen Polemik, sozialgeschichtlich in der Isolation des Kritikers von einem räsonnierenden Publikum.« (Berman, Nr. 246, S. 229) Andererseits förderte Kerr scharfsichtig vielversprechende junge Autoren (Musil beispielsweise) und neue Richtungen wie den Expressionismus, für den er aus eigener Sicht wegbereitend wirkte, indem er zu seinem

»Sprachschöpfer« geworden sei (vgl. Nr. 271, S. 458, Anm. 2). Umgekehrt beriefen sich Expressionisten wiederholt auf ihn.

Was die Kerrsche und die **expressionistische Literaturkritik** jedoch trennte, war der Grad der Politisierung, der bei Kerr vor der Weimarer Republik relativ gering war, bei den Expressionisten von Anfang an aber relativ stark ausgeprägt. Ludwig Rubiners berühmter Programmtext *Der Dichter greift in die Politik* (1912), womit freilich weniger ein konkret (partei)politisches als vielmehr ein allgemein humanistisch-pazifistisches Engagement gemeint war, fand sein Pendant in literaturkritischer Programmatik, die bei teilweiser Zustimmung, besonders zum Künstlertum der Kritik, unübersehbare Gegenentwürfe zu Kerr implizierte. So etwa schrieb Kurt Pinthus während des Ersten Weltkriegs (1917) über den ihm vorschwebenden Kritikertypus »vorausstürmendster Gebärer, Aufpeitscher, Verkörperer des Geistes«, dass sich in diesem »der künstlerische und der politische Mensch zu vollkommenster Harmonie« füge, aus der »nicht der ästhetische, sondern der ethische Mensch« hervorgehe und seine »Aufgabe« sei: »Aufrüttelung. Aufrütteln zur Vervollkommnung!« (Zitiert nach Nr. 271, S. 452-454) Der Kritiker sollte also eine Mittlerfunktion zwischen avantgardistischer, d.h. expressionistischer, Literatur und zurückstehendem Publikum und für dies letztere zugleich eine umfassend humanisierende Funktion erfüllen. Doch dies war ein Ideal, eine Zukunftsvision. Auch von anderen Expressionisten, beispielsweise von Kasimir Edschmid wurde konstatiert (1919): »Die Kritik unserer Zeit ist noch nicht erfunden. Ihr heutiges Niveau ist eine Unerträglichkeit.« (Ebd., S. 459) Gemeint war die massenjournalistische Tageskritik, vielleicht aber auch die bisherige expressionistische Kritik-Praxis (u.a. in den beiden Avantgardezeitschriften *Die Aktion* und *Der Sturm*, ediert von Franz Pfemfert bzw. Herwarth Walden, jeweils 1911-32), die weder aus einer Randexistenz im Literaturbetrieb noch aus einem Defizit an Urteilskriterien und Wertungsmaßstäben herausfand. Da genauere Untersuchungen darüber fehlen, lässt sich vorläufig nur der Eindruck formulieren, dass ethisch-politische Befunde insgesamt gesehen hinter pathetischer (Selbst-)Propaganda von Kritiker-Dichtern, die sich weitreichender Ignoranz zu erwehren versuchten, zurücktraten. Dennoch bildet die expressionistische Literaturkritik mit ihrer Einheit von gesellschaftlichen und ästhetischen Aspekten ein wichtiges Mittelglied zwischen den naturalistischen Ansätzen und den Ausformungen politisierter Kritik nach dem Ersten Weltkrieg.

Wesentlich mitgeprägt wurde diese Zeitspanne durch **jüdische Kritiker**, unter denen Moritz Heimann und Efraim Frisch vor dem Auftreten Walter Benjamins eine herausragende Rolle spielten. Bei allen individuellen Unterschieden trafen sich Heimann (langjähriger Cheflektor des Fischer-Verlages) und Frisch in einem »praktischen Humanismus« und einer philosophischen »Auslegung der Literatur in lebenspraktischer Hinsicht [...], verbunden mit einer fast konsequenten Vernachlässigung von literarischen Qualitäten, die sich auf sinnliche Lust und Unterhaltung, Vergnügen und Zerstreuung beziehen« (Mattenklott, Nr. 473, S. 96). Dies aber bedeutete eine weitreichende Gegenposition zu aktuellen Entwicklungen.

In der **Weimarer Republik** ebenso wie in der **Republik Österreich** kam es zu einem weiteren Kommerzialisierungs- und Ideologisierungsschub der Literatur und der Literaturkritik. Demokratische Verhältnisse und gesetzliche Pressefreiheit boten die Grundlage für einen quantitativen Aufschwung des Literaturbetriebes wie des Pressewesens, begleitet von einer Vervielfältigung der literarischen Öffentlichkeit bis hin zu den Wirkungsbereichen rechts- und linksextremistischer Fraktionen. Stärker denn je versuchten Parteien und Sektiererorganisationen, diese Öffentlichkeit(en) zu beeinflussen. Der Leser gewann verstärkte Aufmerksamkeit, ein bestimmtes Zielpublikum jeweils rückte in den Mittelpunkt der Kritik. Literaturkritik und politische Meinungsbildung gingen nunmehr fast ständig ineinander über.

So auch in den liberalen bis demokratischen bürgerlichen Kritikerkreisen, wo man betont unabhängig urteilen wollte. Der Österreicher **Alfred Polgar** und der Berliner **Kurt Tucholsky** beispielsweise verzichteten zwar darauf, Politisierung von Literatur und Kritik programmatisch-systematisch zu entfalten, doch waren sie alles andere als unpolitisch. Fast jede ihrer vielfältigen Äußerungsformen zur Literatur (von der Rezension bis zum Essay, publiziert in verbreiteten Zeitschriften wie *Die Weltbühne* und *Das Tagebuch)* bot ihnen Gelegenheit, von einem humanistisch-antimilitaristischen Standpunkt aus literaturkritisch wie gesellschaftskritisch zu sein. Kriterien und Maßstäbe dafür lieferten allerdings subjektive Eindrücke, Vorlieben oder Erfahrungen; und insofern wurde ein feuilletonistisches Verfahren fortgeführt, sich ohne theoretische Grundlegungen zu bekunden. »Die bürgerlichen Literaturkritiker der zwanziger Jahre analysierten selten und interpretierten meist, manchmal geradezu kongenial.« (Rietzschel, Nr. 277, S. 17, Einleitung). Das gilt jedoch nur für einige wenige selbstreflexive und publikumsbezogene Kritiker, während das Gros der deutschsprachigen Tageskritik sicher nicht unberechtigt einem Verdikt Ernst Blochs aus dem Jahre 1937 verfallen ist: »Weniges war verrotteter als die Kunstkritik im letzten Abschnitt des bürgerlichen Zeitalters, weniges so beliebig, so verantwortungslos, so einflußreich und unwiderruflich zugleich.« (Nr. 351, S. 120) Aus solchen Zuständen erwuchs sowohl die traditionsorientierte Kritik und Antikritik des Wieners **Karl Kraus**, der in seiner ab 1911 allein verfassten Zeitschrift *Die Fackel* (1899-1936) den journalistischen Literaturbetrieb und dessen Sprachverfall unermüdlich attackierte, als auch die alternative Programmatik Benjamins, der ein Ungenügen an sozialdemokratischer und kommunistischer Kritikpraxis darlegte (s. Kap. 1.9.3).

Dass aus der **Sozialdemokratie** als der größten politischen Opposition des wilhelminischen Kaiserreiches eine staatstragende Partei der Weimarer Republik geworden war (während die SPÖ nur kurzzeitig, 1919/20 die Regierungsverantwortung trug), blieb nicht ohne kultur- und literaturpolitische Folgen. Die schon vorher strittige Problematik einer proletarischen oder sozialistischen Kultur (s. Kap. 2.3) wurde zurückgedrängt, kommunistische Konzeptionen proletarisch-revolutionärer Kultur wurden abgelehnt. Fast zwangsläufig setzten sich bürgerliche Vorstellungen durch und beherrschten zunehmend die parteioffizielle Literaturkritik. Diese unterstützte das Bestreben, relativ unpolitisch und desto unterhaltsamer aufzutreten, um einiges von der Massenwirksamkeit der reaktionären Blätter, der Hugenbergpresse (benannt nach dem medialen Großunternehmer Alfred Hugenberg), auf sich selbst zu ziehen.

Wie stark der Sog des unterhaltenden Feuilletonismus war, zeigt sich daran, dass auch die Presse der **KPD** (bis hin zum Parteiorgan *Die Rote Fahne*, gegründet 1918) und der viel weniger einflussreichen KPÖ ihm teilweise nachgab, obwohl sie sonst vehement antibürgerlich und klassenkämpferisch auftrat und **Literaturkritik als integralen Bestandteil der Parteiarbeit** ansah. Urteilskriterien und Bewertungsmaßstäbe entstammten den Richtlinien der Partei und dem von ihr sanktionierten Marxismus-Leninismus. Folgerichtig machte diese Kritik prinzipiell alle Hauptetappen der zunehmend von der Sowjetunion abhängigen kommunistischen Kulturpolitik mit: von der radikalen Ablehnung der Moderne über die Favorisierung des Proletkults, d.h. proletarisch-revolutionärer Kunst, bis hin zu einer literaturbezogenen Variante der Volksfrontpolitik im Zeichen des Antifaschismus. Wirkte jene Ablehnung noch länger fort, so hatte der Proletkult rasch zwiespältige Folgen. Zum einen ermöglichte er eine neue Form der Kritik, eine auf Einbeziehung des Zielpublikums beruhende Massen- oder Leserkritik (wieder angestrebt in der DDR; s. Kap. 1.2.3), zum anderen führte er verstärkt dazu, dass politische Ansichten und Vorurteile undifferenziert auf Literatur übertragen wurden. Außerdem erforderte er die spätestens seit Mehring anstehende genauere Ausarbeitung einer marxistischen Ästhetik. Diese aber kollidierte mit der traditionsorientierten, antimodernistischen Konzeption des bürgerlichen Realismus, nach der der einflussreiche Theoretiker und Kritiker Georg Lukács urteilte. Es kam zu Auseinandersetzungen mit ihm, die sich im Exil fortsetzten. Die Volksfrontpolitik wiederum erlaubte es umsichtigen Kritikern wie Hans Günther, dem dominanten »bequemen Schema (proletarische Tendenz – loben, nicht-proletarische Tendenz – schimpfen!)« (zitiert nach Nr. 277, S. 23) beispielsweise in der politisch-kulturellen Zeitschrift *Die Linkskurve* (1929-32) entgegenzuarbeiten.

Untrennbar an Schwarz-Weiß- und Feind-Freund-Schemata geknüpft blieb die völkische Traditionen (s. Kap. 2.3) fortführende **rechtsradikale Literaturkritik.** Zunehmend von der **faschistischen bzw. austrofaschistischen Ideologie** beherrscht, wurde sie gleichbedeutend mit einer »Literaturreglementierung«, die in Deutschland drei Phasen durchlief:

»1. die Kampfperiode, in der völkisch-nationalistische Schriftsteller und Publizisten vor 1933 mit antisemitischen und chauvinistischen Parolen die demokratische Literatur bekämpfen. 2. die Periode der Säuberung und Überwachung von 1933-1936. 3. die Periode einseitiger Würdigung, Anpreisung und Steuerung der Themenstellungen nach 1936.« (Geißler, Nr. 251, S. 264f.)

Einzig und allein darauf orientiert, einen wirkungsvollen Beitrag zum Sieg des Faschismus zu leisten, agierte diese Kritik im 1920 gegründeten Parteiblatt *Völkischer Beobachter* und in Zeitschriften wie etwa *Die neue Literatur* (1931-43, herausgegeben von Will Vesper) anfangs unablässig zwischen Schmähung und Verherrlichung. Alle rhetorisch-demagogischen Kniffe nutzende Schmähkritiken und vielfältige Boykottversuche ergingen gegen die »System«-Literatur der Weimarer Republik; Lobpreisungen und Kaufempfehlungen sollten die eigene Literatur durchsetzen helfen. So zeigte sich die faschistische Ideologie auch hier bestens dafür geeignet, handfeste ökonomische Interessen und Publikumsmanipulation miteinander zu verbinden.

Eine derartige Instrumentalisierung erhielt sich über die »Machtergreifung« der NSDAP und den »Anschluß« Österreichs (1938) hinaus, während Literaturkritik dann weithin ihr spezifisches, öffentlichkeitsgerichtetes Wesen verlor, da ihre Selektionsfunktion von staatlichen Zensur- und Kulturbehörden übernommen wurde und ihre Urteilsfunktion zur ideologisierten Inhaltsangabe und Nützlichkeitsbewertung ohne ästhetische Kriterien schrumpfte. Weil es dennoch Reste liberal-bürgerlicher Kritik gab und die Richtlinien der Naziführung nicht immer eilfertig genug befolgt worden waren, untersagte Goebbels Ende 1936 *»endgültig die Weiterführung der Kunstkritik in* *der bisherigen Form*« und ließ sie durch den »Kunstbericht« ersetzen, dessen Anliegen er deutlich genug definierte: »Der Kunstbericht soll *weniger Wertung als vielmehr Darstellung* und damit Würdigung sein.« (Zitiert nach dem Abdruck bei Haacke, Nr. 52, Bd. 2 der Erstaufl., S. 454-456, hier S. 455; zum Kontext vgl. Nr. 250.) Etwas anderes war auch kaum mehr nötig, da nahezu alle unerwünschten Schriftsteller sich im Exil befanden, verbliebene Andersdenkende in die Unterhaltungsliteratur auswichen (Hans Fallada, Ehm Welk z.B.) und sich allemal loyal verhielten (Gerhart Hauptmann, Walter von Molo). Die herkömmliche, inhomogene literarische Öffentlichkeit verschwand in der uniformen staatlich-politischen Sphäre. Die offiziöse nationalsozialistische Literatur versank in einer Serienproduktion thematischer Vorgaben und entsprach so nie den hohen Kunsterwartungen der Kulturpolitiker, die deshalb paradoxerweise als die letzten Kritiker auftraten. Das Dilemma dieser Literatur und Pseudokritik war unlösbar. Folgerichtig erwiesen sie großenteils ihre Entbehrlichkeit, als das Presse- und Buchwesen des Großdeutschen Reiches kriegsbedingt reduziert wurde.

Vor permanenten Schwierigkeiten anderer Art stand die **deutschsprachige Literaturkritik im weltweiten Exil** ab 1933. Politisches Engagement und materielle Nöte veranlassten außergewöhnlich viele Schriftsteller zu publizistisch-kritischer Tätigkeit und zu Zeitschriftengründungen, die unter den Exilgegebenheiten zwar meistens keinen langen Bestand hatten; immerhin schufen sie eine umso schätzbarere begrenzte Öffentlichkeit, denn der Rundfunk war den Exilanten anfangs selten zugänglich. Einige Ausnahmen gab es im Sowjetexil, wo einschlägige Zeitschriften (wie *Internationale Literatur*, 1931-45; *Das Wort*, 1936-39, herausgegeben von Brecht, Bredel, Feuchtwanger) und Rundfunksendungen subventioniert wurden und die Autoren vor dem Kriegsausbruch in der Regel keine elementare Existenznot hatten, sofern sie sich aus den stalinistischen ›Säuberungen‹ herauszuhalten, also ›linientreu‹ zu sein verstanden. So fanden Exilanten auch in der Sowjetunion nur eine reduzierte literarische Öffentlichkeit, eingeschränkt zudem durch das Sprachproblem. Zur geographischen Zersplitterung kam die politisch-ideologische hinzu. Gegnerschaft zur faschistischen Diktatur und deren Bekämpfung mittels Literatur, Literaturkritik und Gesellschaftskritik einte nur partiell:

»Einvernehmen behauptete sich augenscheinlich allein bei der etwas unsicheren Vorstellung, daß zwischen der gesellschaftlichen Funktion, die man der deutschen Literatur im Ausland zuzugestehen bereit war, und der Funktion der Literaturkritik in den Exilzeitschriften ein gewisser wechselseitiger, allen

Trennungsversuchen widerstrebender Zusammenhang nicht gut zu leugnen sei.« (Dahlke, Nr. 253, S. 13)

Diese auf eine frühe Literaturdebatte des Exils bezogene Feststellung trifft für alle Phasen der Exilkritik zu, die ebenso in polarisierte Richtungen zerfiel wie die linke bis liberal-bürgerliche Literaturkritik während der Weimarer Republik. Nachgewiesen ist, »daß höchstens zwei Jahre lang – vom Sommer 1935 bis zum Frühjahr 1937 – die ideologischen Streitigkeiten zwischen den exilierten Intellektuellen nicht im Vordergrund standen« (Grunewald, Nr. 260, S. 196). Zu dieser Zeit kulminierte der Volksfrontgedanke, der sich wie alle politischen Belange in der Literaturkritik niederschlug. Ansonsten dominierte dort von der Periode der Weimarer Republik her Kontinuität hinsichtlich der jeweiligen Literaturauffassungen, Urteilsverfahren und Funktionalisierungen der Kritik. Exemplarische Indizien des Kontinuums liefern ab 1933 im Exil fortgeführte oder gleich begründete Zeitschriften: *Die Neue Weltbühne* (Prag/Zürich/Paris, bis 1939, herausgegeben von Hermann Budzislawski), *Die Sammlung* (Amsterdam, bis 1935, herausgegeben von Klaus Mann), *Neue Deutsche Blätter* (Prag, bis 1935, herausgegeben u.a. von Anna Seghers und Wieland Herzfelde) und andere.

Neue Themen, die in allen Richtungen **der Exilkritik** vorkamen, waren die Selbstverständigung unter den gewandelten Rahmenbedingungen, eine angesichts der räumlichen Zerstreuung gewachsene Informationsfunktion und eine Zweiteilung der Kritik, nämlich einerseits und umfassender die Exilliteratur betreffend, andererseits die faschistische bzw. »gleichgeschaltete« Literatur in Deutschland. Diese Differenzierung fiel im Einzelnen ebenso unterschiedlich aus wie die Selektion der besprochenen Exilschriften, primär jedoch in Abhängigkeit von der weltanschaulichen Position. Während der zweiten Hälfte der dreißiger Jahre verstärkte sich die Tendenz, unbequeme Publikationen aus den jeweiligen anderen Lagern zu verschweigen oder ideologisch vereinseitigt abzulehnen. Dieser gegenüber der Zeit vor 1933 noch verschärften so genannten Ausgrenzungskritik erlagen schließlich auch liberale, selbstkritisch ihren früheren und nunmehrigen Standpunkt reflektierende Kritiker (etwa Hermann Kesten, Klaus Mann, Ernst Weiß). Für kommunistische Kritiker (neben Lukács z.B. Willi Bredel, Alfred Kurella, Ernst Ottwaldt) kam der Zwang hinzu, sich den Kurswechseln Stalins und der eigenen Partei anpassen zu müssen. Nahezu wirkungslos blieben die Alternativentwürfe Benjamins, die erst zwanzig Jahre nach Kriegsende und zunächst im Westen intensiver rezipiert wurden. An den Spaltungen unter den Exilautoren änderte die Anti-Hitler-Koalition wenig. Und so geriet die durch den Kriegsverlauf ohnehin zurücktretende Literaturkritik insgesamt unter den Antagonismus, der dann, im Vorzeichen des Kalten Krieges, zum Ausbau zweier Weltsysteme führte und zur Gründung der beiden deutschen Staaten, aus denen ein Großteil der deutschsprachigen Literaturkritik der Gegenwart hervorging.

3. Grundlageninformationen

3.1 Hilfsmittel, Quellensammlungen, Dokumentationen

Eine grundlegende, kontinuierlich geführte **Spezialbibliographie** zum Thema »deutschsprachige Literaturkritik« gibt es nicht. Lediglich Referate und Rezensionen aus verschiedenen, auch wissenschaftlichen Literaturbereichen der ersten Hälfte des 20. Jahrhunderts sind in einem bibliographischen Reihenwerk von Felix Dietrich erfasst (Nr. 806). Singulär geblieben ist bis jetzt leider die Zusammenstellung *Bibliographische Beiträge zur deutschen Literaturkritik in der ersten Hälfte des 19. Jahrhunderts* von Alfred Estermann (Nr. 811, Bd. 11). Zeitgenössische Rezensionen und darüber hinausreichende Dokumentationen verzeichnen gewöhnlich die Personalbibliographien zu deutschsprachigen Schriftstellern. (Kap. 4.7 im vorliegenden Band bietet einen auswahlweisen Überblick zur Literaturkritik von und an Autoren.) Rezensionszeitschriften, die bis 1900 erschienen sind, nennt eine Zeitschriftenbibliographie von Joachim Kirchner (Nr. 809), und zwar im Kapitel »Allgemeinwissenschaftliche Zeitschriften«. Einzelne Hinweise auf Rubriken zur Kritik bringen Indices und Repertorien, die deutschsprachige Literaturzeitschriften von der Mitte des 18. Jahrhunderts bis 1970 nachweisen, lückenlos aber vorerst nur seit 1815 (s. Nr. 810-815; zwei ältere Veröffentlichungen: Nr. 807f.). Über ausgewählte exemplarische Kritikorgane seit der Aufklärung informieren verschiedene Bände der *Sammlung Metzler*, die literarische und politische Zeitschriften vorstellen (s. Nr. 816-820). Im Übrigen sei verwiesen auf eine zentrale deutsche *Zeitschriften-Datenbank* (ZDB), die sowohl über CD-ROM als auch über das Internet (ZDB-OPAC.de:7000) zugänglich ist; sie bietet übrigens auch die stets aktuellsten Ergänzungen und Korrekturen zur Bibliographie Kirchners.

Das bislang umfangreichste **Verzeichnis zur Sekundärliteratur** findet sich bei Dirk Getschmann (Nr. 192, S. 211-232). Es reicht bis etwa 1990 und enthält sowohl Forschungsarbeiten als auch Äußerungen von Kritikern oder Schriftsteller-Kritikern und Beiträge zur Kritik der Literaturkritik. Für die fortlaufende Information empfehlen sich das bilbiographische Referateorgan *Germanistik* (Tübingen) und die *Bibliographie der deutschen Sprach- und Literaturwissenschaft* (Frankfurt/M., seit 1990 auch auf CD-ROM), die beide im Sachregister das Stichwort »Literaturkritik« führen.

Überblicksartige Quellensammlungen oder Gesamtdokumentationen mit ausgewählten Kritiken von den aufklärerischen Anfängen bis zur Gegenwart existieren nur wenige, vorwiegend unter dem Aspekt »Meisterwerke« (ediert von Hans Mayer, Nr. 262, 264f.) und »Meister der Kritik« (hg. von Gerhard Friedrich Hering, Nr. 263). Ähnlich ist auch das speziellere, leider unabgeschlossene Standardwerk *Ein Jahrhundert deutscher Literaturkritik (1750-1850)* von Oscar Fambach (Nr. 261) angelegt. Es reicht, abgesehen vom Goethe gewidmeten Band, nur bis 1815 und konzentriert sich auf wesentliche literaturkritische Auseinandersetzungen. Sie werden dokumentiert mittels exemplarischer öffentlicher Beiträge und interner brieflicher u.ä. Bekundungen, die alle sehr gut kommentiert sind. Diese traditionelle Orientierung auf Höhepunkte der Kritik erklärt sich aus einem früher dominanten Forschungsinteresse (s. Kap. 3.2), das analog zur so genannten Gipfelschau in der germanistischen Literaturwissenschaft lange Zeit ›die Niederungen‹ der Literaturgeschichte vermied. Neue Wege geht die noch erscheinende mehrbändige Textdokumentation zur Geschichte der Literaturkritik, die Alfred Estermann begründet hat (Nr. 267). Aus historischer Sicht wird weniger nach dem qualitativen Rang gefragt als vielmehr nach der Beispielhaftigkeit des einzelnen kritischen Beitrags, seiner Beispielhaftigkeit und Relevanz auch hinsichtlich bestimmter Richtungen und Publikationsorgane der Kritik.

Reichhaltiger ist der Bestand an **Quellensammlungen zu einzelnen Epochen** und Perioden der Literaturkritik (verzeichnet im Abschnitt 4.6 der Auswahlbibliographie). Fast alle diese Sammlungen enthalten informative Vor- oder Nachworte sowie kürzere Angaben zu den ausgewählten Texten und Autoren. Da allerdings in jüngerer Zeit keine derartigen Bände mehr erschienen sind, hat sich ein Nachholbedarf für die Jahre ab etwa 1980 ergeben. Er wird etwas ausgeglichen durch zwei Reihen, die im Jahresüberblick eine Auswahl an Rezensionen bieten: *Deutsche Literatur* (Nr. 285; bis 1989 hauptsächlich auf die westlichen Länder begrenzt) und *Kritik 75* bis *Kritik 88* (Nr. 282; für die DDR).

Gänzlich fehlen **Dokumentationen zur Wirkung**, also beispielsweise gesammelte Stellungnahmen von kritisierten Autoren und Äußerungen von Schriftstellern zur Literaturkritik allgemein.

3.2 Forschungsgeschichte und Desiderate

Anfänge einer methodisch bewussten und zielgerichteten Erforschung deutschsprachiger Literaturkritik ergaben sich seit 1920/25, von zwei Richtungen her: einerseits und vereinzelt im Zusammenhang mit Diskussionen zur Geschichtsschreibung der Germanistik, wobei versucht wurde, eine Typologie der Kritik analog zu poetischen Formen zu entwickeln (Lempicki, Nr. 1; dagegen Milch, Nr. 127); andererseits und systematischer im Umfeld einer entstehenden Presse- und Zeitschriftenforschung (s. Eckardt, Nr. 3), unter deren Einfluss auch die ersten einschlägigen Dissertationen geschrieben wurden (u.a. H. Zimmermann, Nr. 822; Förtsch, Nr. 823). So bildete die neue Forschungsrichtung vorerst nur ein Randgebiet der ›zünftigen‹ Germanistik, verfiel mit dieser zusammen bald der faschistischen Gleichschaltung und stagnierte infolge eines 1936 ergangenen Verbotes aller Literaturkritik (s. Kap. 2.4), das ab 1938 auch für Österreich galt. Außerdem wurde, im Unterschied zum angelsächsischen und romanischen Bereich, kein größerer Beitrag zur Historiographie deutscher bzw. europäischer Literaturkritik vorgelegt.

Neuansätze der **deutschsprachigen Forschung nach 1945/49** beschränkten sich zunächst auf unsystematische, kleinere Einzelbeiträge (Aufsätze, Artikel, Essays u.ä.), die auf die veränderten Literaturverhältnisse und -entwicklungen zu reagieren versuchten. Und während in Ost wie West seit den fünfziger Jahren ziemlich regelmäßig Treffen von Kritikern und Schriftsteller-Kritikern stattfanden, widmete sich die germanistische Literaturwissenschaft beider Seiten erst vom folgenden Jahrzehnt an umfassender und systematischer dem Gegenstand Literaturkritik. Indizien dafür, dass es dann noch einige Zeit dauerte, bis er in diese Wissenschaft integriert wurde, sind im Osten beispielsweise von der Redaktion der Fachzeitschrift *Weimarer Beiträge* initiierte Gespräche über *Probleme der Literaturkritik* (s. Nr. 161) und im Westen u.a. der Germanistentag 1976 mit seiner Sektion »Literaturkritik – Medienkritik« (dokumentiert in Nr. 27).

Entscheidende Impulse für **Hochschulschriften über deutschsprachige Literaturkritik** ergingen um 1965 von der Literatursoziologie und von der Rezeptionsforschung (z.B. Nr. 829; DDR: Nr. 66), um 1970 dann vor allem von der sozialgeschichtlichen Germanistik (exemplarisch verarbeitet in Nr. 21); d.h. durch Innovationsschübe, die stark von nordamerikanischen und europäischen Literatur- und sonstigen Fachwissenschaftlern herkamen. Fortan wirkten sich neue (literatur)wissenschaftliche Richtungen und Theorien meist sehr rasch, wenn auch mit unterschiedlicher Intensität und Fruchtbarkeit, auf die

Kritikforschung aus. Diese wurde, seit dem letzten Jahrzehnt des 20. Jahrhunderts, unter medienwissenschaftlichen Aspekten ansatzweise interdisziplinär und fand so auf anderer Stufe wieder ihre ursprüngliche engere Beziehung zum Fach Journalismus.

Nur mit großer Verspätung hingegen gewann die deutschsprachige Forschung den Anschluss an eine **internationale Geschichtsschreibung** europäischer Literaturkritik, die um 1900 vom angelsächsischen und romanischen Bereich ausgegangen war (s. Nr. 200) und von ihm noch lange methodisch geprägt wurde. Denn dort hat Literaturkritik traditionell einen anderen Stellenwert inne und ist mit Literaturwissenschaft viel direkter verbunden als in Deutschland, Österreich und der Schweiz, was sich bis heute zeigt, beispielsweise in dem großangelegten Standardwerk *The Cambridge history of literary criticism* (Nr. 213).

Zunächst dominierten folgende **Haupttypen der Historiographie**: Urteilsgeschichte, Theoriegeschichte und Kritikergeschichte. Im Zuge eines Paradigmenwechsels von geistes- zu sozialgeschichtlicher Methodik der Literaturwissenschaft, der in den USA bereits während der fünfziger, in Deutschland dann während der sechziger Jahre einsetzte, entwickelte sich schließlich als ein weiterer Typ: Institutions- und Modellgeschichte.

Urteilsgeschichte in europäischer Dimension und seit den antiken Frühformen (bzw. Vorstufen) »literarischer Kritik« schrieb zu Beginn des 20. Jahrhunderts von positivistischer geistesgeschichtlicher Position her George A. Saintsbury (Nr. 200). Dagegen ist aus neuerer Sicht eingewandt worden, dass diese Methode »den jeweiligen literarischen wie sozio-kulturellen Systemzusammenhang ausklammert«, weil sie »nur die Veränderungen von Meinungen konstatiert, ohne den historischen Stellenwert dieser Veränderungen einsehbar zu machen« (Hohendahl, Nr. 207, S. 72. Sofern die deutsche Literaturkritik-Forschung anfangs überhaupt historiographische Beiträge leistete (marginal z.B. H. Zimmermann, Nr. 822), folgte sie dem urteilsgeschichtlichen Ansatz, bezog ihn auf einzelne herausragende deutsche Kritiker und verdeutlichte dabei insbesondere Zusammenhänge mit ihren Publikationsorganen (so Förtsch, Nr. 823).

Theoriegeschichte und Kritikergeschichte vereint exemplarisch ein etwa 1950 begonnenes Standardwerk von René Wellek (Nr. 201f.), das bis heute die umfassendste Geschichtsdarstellung zur Literaturkritik geblieben ist, zumal es Saintsburys europäische Dimension nicht nur nach Osteuropa, sondern auch nach Nordamerika hin beträchtlich ausweitet. Doch nicht allein durch die Blickrichtung, mehr noch durch seine Methode, eine gegenstandsbezogene Anwendung des New

Criticism, unterscheidet sich Wellek von seinen Vorgängern. Den spezifischen ideengeschichtlich-ästhetischen Konstruktivismus des New Criticism hebt Wellek partiell auf, indem er anhand sowohl der Konzeptionen als auch der praktischen Leistungen herausragender Kritikerpersönlichkeiten materialreich den Höhepunkten einzelner Perioden in zwei Jahrhunderten »moderner Kritik« (1750-1950) nachgeht. Dabei teilt er zum einen und im Einklang mit der neueren internationalen Forschung die Ansicht, dass Literaturkritik als ein integraler Bereich des (öffentlichen) literarischen Lebens sich vollends erst im Aufklärungszeitalter herausbildet. Zum anderen dehnt er diesen Kritikbegriff bis zur allgemeinen Literaturtheorie und Ästhetik aus. Ferner ist als problematisch festgestellt worden:

»Um den Relativismus zu meiden, zwingt Wellek seinem Gegenstand einen Maßstab von außen auf. Beurteilt werden die untersuchten Anschauungen letztlich nach Maßgabe ihrer Übereinstimmung mit dem New Criticism. Der dogmatische Charakter dieser Position entzieht sich der kritischen Selbstreflexion, da für Wellek die Literaturkritik ihr geschichtliches Ziel, von dem aus sie beurteilbar wird, mit dem New Criticism gleichsam erreicht hat.« (Hohendahl, Nr. 207, S. 73)

Von Wellek nicht unbeeinflusst, doch insgesamt in nationaler geistesgeschichtlicher Tradition angelegt ist die Geschichtsdarstellung zur deutschen »Buchkritik«, die Anni Carlsson vorgelegt hat (Nr. 204f.). Es handelt sich um den ersten größeren einschlägigen Beitrag aus (West-)Deutschland. Noch stärker literaturimmanent als Wellek gibt die Verfasserin einen Überblick von der Renaissance bis etwa 1960. Die bereits von der früheren pressegeschichtlich orientierten Forschung hervorgekehrten Zusammenhänge werden kaum beachtet.

Zum sozialhistorischen Neuansatz einer **Institutions- und Modellgeschichte** hat Peter Uwe Hohendahl zunächst einige *Vorüberlegungen* publiziert (Nr. 207), bevor er 1985 ein entsprechendes Gemeinschaftswerk herausgab (Nr. 208), das von der Frühaufklärung bis 1980 reicht. Geleitet von einem aktuellen, durch Krisenerscheinungen der unmittelbar gegenwärtigen Kritik stimulierten Erkenntnisinteresse, stellen Hohendahl und seine Mitarbeiter deutschsprachige Literaturkritik erstmals konsequent dar als eine gesellschaftlich-zeitgeschichtlich geprägte literaturvermittelnde Institution des öffentlichen Kulturbereiches; und zwar im übergreifenden Zusammenhang mit dem allgemeinen soziokulturellen historischen Werdegang und andererseits mit der Entwicklung institutionsspezifischer Medien, Äußerungsformen, Urteilskriterien und Wertungsmaßstäbe. Angemessen berücksichtigt werden Wandlungen bei der gesellschaftlichen Rolle und Einbindung des Kritikers, bei der Organisation und Funktionalisierung der Kritik; nicht immer aber die oftmals widersprüchlichen Verhältnisse zwischen literaturkritischer Theorie und Alltagspraxis (Extremfall: Kapitel *Der Begriff der Literaturkritik in der Romantik*), Wechselbeziehungen, die freilich auch ungenügend erforscht sind, da es an Sonderstudien zu Kritikorganen besonders des 19. Jahrhunderts mangelt. Insgesamt treten bestimmte Modelle von Literaturkritik in einzelnen gesellschaftshistorischen Abschnitten (statt nach herkömmlicher literaturgeschichtlicher Periodengliederung) prägnant hervor.

Unter einem anderen hermeneutischen Zugang ist die am Doppelaspekt Institutionalisierung und Modellbildung ausgerichtete Geschichtsschreibung fortgeführt worden von Herbert Jaumann (Nr. 212). Ihm geht es um die seit Wellek vernachlässigte so genannte Vorgeschichte der Literaturkritik und insbesondere um die Rekonstruktion eines zentralen Modellwechsels: des Übergangs vom »alteuropäischen Modell« zu einem »neuen Modell der literarischen Kritik« bis zu seiner Ausprägung bei Thomasius. Die gegenüber Hohendahls Projekt ansonsten nicht gravierend veränderte primäre Absicht besteht darin, »die kulturellen Schemata, die literaturgesellschaftlichen Kategorien und die institutionellen Rahmenbedingungen, unter denen die medialen Träger der Kritik, die kritischen Normen und die kritischen Autoren wirken, zu untersuchen« (ebd., S. 23).

Erforschung und Geschichtsschreibung der Literaturkritik sind im deutschsprachigen Raum mittlerweile kein so »vernachlässigtes Thema« mehr und nicht mehr befangen im Stadium einiger weniger »Vorarbeiten« zu einer »Geschichte des Rezensionswesens«, wie noch 1983 zu konstatieren war (Koopmann, Nr. 34, S. 348). Es erschien seither eine Vielzahl vertiefender, aktuell problembezogener wie auch historischer Sonderstudien (vgl. Kap. 4).

Trotzdem bestehen noch manche **Desiderate**, von denen abschließend nur die vordringlichsten aufgeführt seien. Ein von Sigmund von Lempicki bereits 1924 gefordertes Grundlagenwerk über »das Wesen und die Arten der Kritik« (Nr. 1, S. 517) fehlt noch immer, oder genauer: es fehlt ein dem heutigen Forschungsstand und Problembewusstsein sowie Methodendiskurs entsprechendes Handbuch, das alle zum Themenbereich ›institutionalisierte (journalistische) Literaturkritik im Medienzeitalter‹ gehörigen relevanten Einzelheiten darlegt und die nötigen historischen Rückblicke einbezieht. Bei der Erforschung der Entwicklung vom späten 17. bis zum mittleren 20. Jahrhundert hat man bislang noch nicht systematisch genug die literaturkritische Tagespraxis untersucht, die sich in zunehmender Breite neben den bisher kanonisch berücksichtigten Zeitungen und Zeitschriften (s. Kap. 4.8) entwickelte. Für den Zeitraum nach 1945/49 sind vor allem drei Problemfelder vernachlässigt worden: Kritik in Zeitschriften (gegenüber einer dominanten Betrachtung der Kritik in überregionalen Tages- und Wochenzeitungen sowie in einigen Magazinen); Sprache der Kritik; Klassifikationen und Analysen zu literaturkritischen Gebrauchsformen und Textsorten. Hinsichtlich der jüngsten, im letzten Jahrzehnt erfolgten Entwicklungen müssten zunächst Haupttendenzen anhand exemplarischer Kritiker und Organe der verschiedenen traditionellen wie auch neuen Medien herausgearbeitet und die zur empirischen Fundierung nötigen Erhebungen durchgeführt werden.

4. Auswahlbibliographie

4.1 Allgemeines und Grundlegendes, Lexikonartikel

01 Lempicki, Siegmund von: Über literarische Kritik und die Probleme ihrer Erforschung. In: Euphorion. Bd. 25. Leipzig, Wien 1924, S. 501-517. – Auch in: Nr. 31, S. 77-101.
02 Lempicki, Siegmund von: Literarische Kritik. In: Reallexikon der dt. Lg. Hg. v. Paul Merker u. Wolfgang Stammler. Bd. 2. Berlin 1926-28, S. 145-158. (Beitrag in 2. Aufl. des Lexikons s. Nr. 14.)
03 Eckardt, Fritz: Das Besprechungswesen. Eine Einführung in die Praxis. Leipzig 1927.
04 Lunatscharski, Anatoli: Thesen über die Aufgaben der marxistischen Kritik (1928). / Gedanken über die Kritik (1933). In ders.: Die Revolution und die Kunst. Essays, Reden, Notizen. Ausgew. u. aus d. Russ. übers. v. Franz Leschnitzer. Dresden 1962, S. 5-18 u. 19-25.
05 Sommerfeld, Martin: Zum Problem der literarischen Kritik. In: DVjs. Jg. 7. Halle 1929, S. 693-704.
06 Schneider, Peter: Über die Grenzen der Literatur u. die Aufgabe der Kritik. In: Neue Schweizer Rundschau. NF. 13. Zürich 1945/46, S. 730-739.
07 Schönwiese, Ernst: Fünf Thesen zur heutigen Lk. In: Wort in der Zeit. Jg. 4. Graz, Wien 1958, S. 649-657.
08 Melchinger, Siegfried: Keine Maßstäbe? Kritik der Kritik. Ein Versuch. Zürich, Stuttgart 1959.
09 Hennecke, Hans: Die Situation der Lk im Zeitalter der Wissenschaft. In: 30. Kongreß des Internationalen PEN 1959. Frankfurt/M., Berlin 1960, S. 126-146.
10 Read, Herbert: Die Kunst der Kunstkritik u.a. Essays zur Philosophie, Literatur u. Kunst. Gütersloh 1960.
11 Situation de la critique. Actes du premier colloque international de la critique littéraire. Paris 1964.
12 Slawinski, Janusz: Funktionen der Lk [1963]. In ders.: Literatur als System und Prozeß. Strukturalist. Aufsätze zur semantischen, kommunikativen, sozialen u. hist. Dimension der Literatur. Ausgew., übers., komm. u. eingel. v. Rolf Fieguth. München 1975, S. 40-64.
13 Horst, Karl August: Die Aufsplitterung der kritischen Maßstäbe. Versuch e. soziolog. Ortsbestimmung des Kritikers heute. In: Zeitwende. Jg. 35. Hamburg 1964, S. 103-113.
14 Kohlschmidt, Werner u. Wolfgang Mohr: Literarische Kritik. In: Reallexikon der dt. Lg. 2. Aufl. Hg. v. W. Kohlschmidt u. W. Mohr. Bd. 2. Berlin 1965, S. 63-79. (Beitrag in 1. Aufl. s. Nr. 02.)

15 Wellek, René: Grundbegriffe der Lk. Stuttgart, Berlin, Köln, Mainz 1965. ^{2}1971. (Amerikan. EA: Concepts of criticism. Ed. by St. G. Nichols. New Haven, London 1963.)
16 Barthes, Roland: Kritik und Wahrheit. Frankfurt/M. 1967 (u. ö.). (Frz. EA: Critique et vérité. Paris 1966.)
17 Hohendahl, Peter Uwe: Lk und Öffentlichkeit. In: Lili. Zs. f. Lw u. Linguistik. Jg. 1. Stuttgart 1971, H. 1/2, S. 11-46. – Auch in: Nr. 21, S. 7-49. – Auch in: Nr. 31, S. 269-311.
18 Hohendahl, Peter Uwe: Das Ende e. Institution? Der Streit über die Funktion der Lk. In: Revolte und Experiment. Die Literatur der sechziger Jahre in Ost u. West. Hg. v. Wolfgang Paulsen. Heidelberg 1972, S. 41-72. – Auch in: Nr. 21, S. 151-186.
19 Béguin, Albert: Création et destinée. Essais de critique littéraire. Neuchâtel 1973.
20 Gumbrecht, Hans Ulrich: Lk. Didaktische Bearbeitung v. Gerhard Blitz. München 1973. (Arbeitsbuch mit Fragen zur selbständigen Problemvertiefung.)
21 Hohendahl, Peter Uwe: Lk u. Öffentlichkeit. München 1974. – Erw. engl. Ausg. udT: The institution of criticism. Ithaca, London 1982. ^{2}1987.
22 Nowitschenko, L.: Einige methodologische Probleme der gegenwärtigen Lk. In: Kunst u. Literatur. Jg. 22. Berlin 1974, S. 923-947.
23 Laemmle, Peter: Lk contra Literaturjournalismus. In: Literarische Hefte. Jg. 13. Frankfurt/M. 1975. H. 50, S. 5-14.
24 Über Literatur- und Kunstkritik. Studienmaterial zum Kulturpolitischen Journalismus. 3 Bde. Karl-Marx-Universität. Sektion Journalistik. Leipzig 1976.
25 Weber, Heinz-Dieter: Kritik, Lk. In: Historisches Wörterbuch der Philosophie. Hg. v. Joachim Ritter u. Karlfried Gründer. Bd. 4. Darmstadt 1976, Sp. 1282-1292.
26 Dahrendorf, Malte: Kritik der Kinder- und Jugendliteratur. In: Lexikon der Kinder- u. Jugendliteratur. Hg. v. Klaus Doderer. Bd. 2. Weinheim, Basel 1977, S. 265-270.
27 Lk – Medienkritik. Hg. v. Jörg Drews. Heidelberg 1977.
28 Kulturpolitischer Journalismus. Über Literatur- u. Kunstkritik. Ausgew. u. zs.gest. v. Siegfried Schmidt u. Christina Matte. Leipzig 1977.
29 Drews, Jörg: Lk und literarische Wertung. In: Protokolle. Jg. 1978. Wien 1978. H. 1, S. 223-241.
30 Bleicher, Thomas: Literarische Kritik – ratlos? In: Cahiers roumains d'études littéraires. Bucarest 1980. No. 1, S. 90-113.
31 Lk und literarische Wertung. Hg. v. Peter Gebhardt. Darmstadt 1980.
32 Gebhardt, Peter: Literarische Kritik. In: Erkenntnis der Literatur. Theorien, Konzepte, Methoden der Lw. Hg. v. Dietrich Harth u. P. Gebhardt. Stuttgart 1982 (Sonderausg. 1989), S. 79-109. – Gekürzt u. überarb. udT: Lk. In: Fischer Lexikon Literatur. Bd. 2. Hg. v. Ulfert Ricklefs. Frankfurt/M. 1996, S. 1080-1117.

33 Schmidt, Siegfried J.: Lk als spezielle Form der Teilnahme am Literatur-System. In ders.: Grundriß der Empirischen Lw. Bd. 2. Braunschweig, Wiesbaden 1982, S. 151-184.
34 Koopmann, Helmut: Literarische Kritik in Deutschland. Ein vernachlässigtes Thema. In: Textsorten und literarische Gattungen. Dokumentation des Germanistentages in Hamburg vom 1. bis 4. April 1979. Berlin 1983, S. 348-361.
35 Heydebrand, Renate von: Wertung, literarische. In: Reallexikon der dt. Lg. 2. Aufl. Bd. 4. Hg. v. Klaus Kanzog u. Achim Masser. Berlin 1984, S. 828-871.
36 Rees, Cees J. van: Wie aus einem literarischen Werk ein Meisterwerk wird. Über die dreifache Selektion der Lk. In: Analytische Lw. Hg. v. Peter Finke u. Siegfried J. Schmidt. Braunschweig 1984, S. 175-202.
37 Gründlich verstehen. Lk heute. Hg. v. Franz Josef Görtz u. Gert Ueding. Frankfurt/M. 1985.
38 Irro, Werner: Kritik und Literatur. Zur Praxis gegenwärtiger Lk. Würzburg 1986.
39 Nemec, Friedrich: Prospekt einer wissenschaftlichen Lk. In: Dichtung, Wissenschaft, Unterricht. Hg. v. Friedrich Kienecker u. Peter Wolfersdorf. Paderborn 1986, S. 228-251.
40 Schuhmann, Klaus und Claus Träger: Lk. In: Wörterbuch der Lw. Hg. v. C. Träger. Leipzig 1986, S. 305-306 u. 633.
41 Meier, Peter: »Schlagt ihn tot, den Hund! Es ist ein Rezensent.« Theater- u. Lk. Bern 1987.
42 Schmitz, Heinz-Gerd/Jürgen Egyptien/Monika Neukirchen: Hat Literatur die Kritik nötig? Antworten auf die Preisfrage der Dt. Akademie für Sprache u. Dichtung vom Jahr 1987. Frankfurt/M. 1989.
43 Lk – Anspruch und Wirklichkeit. DFG-Symposion 1989. Hg. v. Wilfried Barner. Stuttgart 1990.
44 Anz, Thomas: Lk, Theaterkritik. In: Literatur Lexikon. Hg. v. Walther Killy. Bd. 14. Gütersloh, München 1993, S. 38-41.
45 Gardes-Tamine, Joelle; Hubert, Marie-Claude: Dictionnaire de critique littéraire. Paris 1993.
46 Man, Paul de: Romanticism and contemporary criticism. The Gauss Seminar and other papers. Ed. by E. S. Burt. Baltimore 1993.
47 Ravoux Rallo, Elisabeth: Méthodes de critique littéraire. Paris 1993.
48 Starobinski, Jean: Vom Beruf des Kritikers. Rede aus Anlaß der Verleihung des Hansischen Goethepreises. In: NR 105, 1994, 4, S. 111-117.
49 Menck, Claire: Urteilsmacher. Die Literatur in der Kritik. In: Kursbuch 125: Die Meinungsmacher. Berlin 1996, S. 51-67.
50 Seibt, Gustav: Lk. In: Grundzüge der Lw. Hg. v. Heinz Ludwig Arnold u. Heinrich Detering. München 1996, S. 623-637. – Auch in ders.: Das Komma in der Erdnußbutter. Essays zur Literatur u. literarischen Kritik. Frankfurt/M. 1997, S. 9-25.
51 Lk. Theorie u. Praxis. Hg. v. Wendelin Schmidt-Dengler u. Nicole Katja Streitler. Innsbruck, Wien 1999.

4.2 Einzelprobleme und Kritikformen

52 Haacke, Wilmont: Feuilletonkunde. Das Feuilleton als lit. u. journalist. Gattung. 2 Bde. Leipzig 1943-44. (In Bd. 2, Kap. VII.4: Kunstbetrachtung statt Kunstkritik. Der Kunstschriftleitererlaß [von 1936].) – Neubearb. udT: Handbuch des Feuilletons. 3 Bde. Emsdetten 1951-53.
53 Martini, Fritz: Kritik der Kritik. In: DASDJb 1953/54. Heidelberg 1954, S. 78-103.
54 Ross, Werner: Christliche Lk? In: Hochland. Jg. 48. München 1955/56, S. 434-445.
55 Koch, Hans: Zur Parteilichkeit der marxistischen Lk. In: Einheit. Jg. 12. Berlin 1957, S. 1405-1421. – Auch in Nr. 155, S. 209-236.
56 Levin, Harry: Zur Krise der Kritik. In: NR 68, 1957, H. 1, S. 155-172.
57 Utley, Francis Lee: Structural linguistics and the literary critic. In: The Journal of Aesthetics and Art Criticism. Jg. 18. Cleveland 1959/60, S. 319-328.
58 Lohner, Edgar: Tradition und Gegenwart deutscher Lk. In: SITZ 1, 1961/62, S. 238-248.
59 Eco, Umberto: Apokalyptiker und Integrierte. Zur krit. Kritik der Massenkultur. Frankfurt/M. 1984. (Zuerst ital.: Milano 1964.)
60 Peters, Hans Georg: Das Wagnis der Urteilskraft. Umrisse e. Philosophie der Kunstkritik. In: Neue Deutsche Hefte. Jg. 12. Gütersloh 1965, H. 103, S. 28-40.
61 Wellek, René: Wort und Begriff der Lk. In: Nr. 15, S. 24-34.
62 Gollhardt, Heinz: Studien zum Klappentext. In: Börsenblatt für den Deutschen Buchhandel. Jg. 1966. Frankfurt/M. 1966, Nr. 78, S. 2101-2212. (Diss.; u.a. zur Verwendung in Rezensionen.)
63 Rohner, Ludwig: Der deutsche Essay. Materialien zur Geschichte u. Ästhetik e. lit. Gattung. Neuwied, Berlin 1966. (S. 548-565: Essay und Kritik.)
64 Sauter, Hermann: Moderne deutsche Literatur, Lk u. Literaturbetrieb. In: Saarbrücker Hefte, Nr. 27, 1966, S. 7-24.
65 Helms, Hans G.: Über die gesellschaftliche Funktion der Kritik. In: Nr. 288, S. 134-141.
66 Oswald, Horst: Literatur, Kritik und Leser. Berlin 1969. (Diss.)
67 Haas, Gerhard: Essay. Stuttgart 1969.
68 Zimmer, Dieter E.: Sprache im Kulturbetrieb. Kritik der Lk. In: Der Monat. Jg. 21. Weinheim 1969, S. 97-107.
69 Dahrendorf, Malte: Zur Situation der Jungendbuchkritik heute. In: Westermanns pädagogische Beiträge. Jg. 24. Hamburg 1972, H. 7, S. 365-376. – Auch in ders.: Literaturdidaktik im Umbruch. Aufsätze zur Literaturdidaktik, Trivialliteratur, Jugendliteratur. Düsseldorf 1975, S. 212-233. – Dass. in: Die Diskussion um das Jugendbuch. Ein forschungsgeschichtl. Überblick von 1890 bis heute. Hg. v. Jörg Becker. Darmstadt 1986, S. 311-336.

70 Hohendahl, Peter Uwe: Lk im Zeitalter der Massenkommunikation. In: Essays on European Literature. Ed. by P. U. Hohendahl, Herbert Lindenburger, Egon Schwarz. St. Louis 1972, S. 217-236. – Auch in: Nr. 21, S. 128-150.
71 Glotz, Peter: Die Bedeutung der Kritik für das Lesen. In: Lesen. Ein Handbuch. Hg. v. Alfred Clemens Baumgärtner. Hamburg 1973, S. 604-622.
72 Glotz, Peter und Wolfgang R. Langenbucher: Plädoyer für den Leser. Thesen aus kommunikationssoziolog. Sicht. In: Nr. 74, S. 18-27.
73 Hermand, Jost: Vom Gebrauchswert der Rezension. In: Nr. 74, S. 32-47.
74 Kritik der Lk. Hg. v. Olaf Schwencke. Stuttgart, Berlin, Köln, Mainz 1973.
75 Lämmert, Eberhard: Über die zukünftige Rolle der Lk. In: Nr. 74, S. 109-124. – Auch in: Nr. 31, S. 312-330.
76 Oehrens, Eva-Maria: Das ästhetische Selbstverständnis des zeitgen. Lit.kritikers im sozialen u. ideolog. Kontext der publizist. Praxis. Hamburg 1973. (Diss.)
77 Hohendahl, Peter Uwe: Promotor, Konsumenten und Kritiker. Zur Rezeption des Bestsellers. In: Nr. 21, S. 187-234.
78 Strube, Werner: Kurze Geschichte des Begriffs »Kunstrichter«. In: Archiv für Begriffsgeschichte. Jg. 19. Bonn 1975, S. 50-82.
79 Mecklenburg, Norbert: Die Rhetorik der Lk. Ein Gedankengang mit Vorschlägen zur Praxis. In: Nr. 27, S. 34-48.
80 Thiele, Eckhard: Übersetzungskritik als Lk. In: NDL 26, 1978, H. 11, S. 40-46.
81 Dallmann, Sabine: Die Rezension. Zur Charakterisierung von Texttyp, Darstellungsart u. Stil. In: Linguistische Studien. Reihe A, Bd. 51: Sprachnormen, Stil u. Sprachkultur. Hg. v. Wolfgang Fleischer. Berlin 1979, S. 58-97. (Zur Unterscheidung v. »Kunst- u. Wissenschaftsrezensionen«.)
82 Kühnemann, Horst: Kinder- und Jugendbuchkritik. Von wem? Für wen? Wozu? In: Kinder- und Jugendliteratur. Hg. v. Margareta Gorschenek u. Annemarie Rucktäschel. München 1979, S. 289-311.
83 Creutziger, Werner: Ermunterungen – nicht nur im eigenen Interesse. Übersetzungskritik als Lk. In: NDL 28, 1980, H. 2, S. 55-61.
84 Dahrendorf, Malte: Kinder- und Jugendliteratur im bürgerlichen Zeitalter. Beiträge zu ihrer Geschichte, Kritik u. Didaktik. Königstein 1980.
85 Jokubeit, Werner: Das Erörtern in der Rezension. Dresden 1980. (Diss. masch.)
86 Dimpfl, Monika: Literarische Kommunikation und Gebrauchswert. Theoretische Entwürfe. Bonn 1981. (Über Lk im Kap. I.4: Zur literarischen Distribution u. Vermittlung.)
87 Graf, Günter: Lk und ihre Didaktik. Modellanalysen zur Wertungspraxis. München 1981.
88 Jarmatz, Klaus: Dialektik von Literatur und Lk im Sozialismus und im Kampf der beiden Systeme. In: WB 27, 1981, 3, S. 5-26.

89 Tielebier-Langenscheidt, Florian: Werbung für deutsche Gegenwartsliteratur. Ein Beitrag zur Theorie u. Praxis der Literaturvermittlung. In: Archiv für Geschichte des Buchwesens. Bd. XXIII. Frankfurt/M. 1982. Lfg. 1-2, Sp. 1-386. – Als seitenident. Sonderdr.: Frankfurt/M. 1983. (Kap. 3.5.2 u. 5.5.2 zur Verwendung v. Rezensionen.)
90 Zillig, Werner: Textsorte »Rezension«. In: Sprache erkennen und verstehen. Hg. v. Klaus Detering, W. Schmidt-Radefeldt u. Wolfgang Sucharowski. Bd. 2. Tübingen 1982, S. 197-208. (Zu wiss. Rezensionen sprachwiss. Publikationen.)
91 Elm, Theo: Lk als Feuilletonrezension. Krit. Perspektiven zu Funktion u. Methode aktueller Literaturvermittlung. In: Germanistik in Erlangen. Hundert Jahre nach der Gründung des Deutschen Seminars. Hg. v. Dietmar Peschel. Erlangen 1983, S. 419-433.
92 Fischer, Heinz-Dietrich: Kritik in und an Medien – vororientierende Positionen. In: Nr. 94, S. 11-42.
93 Kesting, Marianne: Buch-Kritik. In: Nr. 94, S. 217-235.
94 Kritik in Massenmedien. Objektive Kriterien oder subjektive Wertung? Eingel. u. hg. v. Heinz-Dietrich Fischer. Köln 1983.
95 Lerchner, Gotthard: Sprachform von Dichtung. Linguistische Untersuchungen zu Funktion u. Wirkung lit. Texte. Berlin, Weimar 1984. ^{2}1986. (S. 190-220: Maßstäbe für Text- u. Sprachkritik.)
96 Schmidt, Siegfried: Zur Spezifik der journalistischen Literatur- und Kunstkritik. Leipzig 1984. (Diss. B masch.)
97 Weigel, Sigrid: Frau und »Weiblichkeit«. Theoret. Überlegungen zur feminist. Lk. In: Feministische Lw. Dokumentation der Tagung vom Mai 1983. Hg. v. Inge Stephan u. S. Weigel. Berlin 1984, S. 103-113.
98 Lamping, Dieter: Zur Rhetorik des Verrisses. In: Kontroversen, alte und neue. Akten des VII. Int. Germanisten-Kongresses, Göttingen 1985. Hg. v. Albrecht Schöne. Bd. 2. Tübingen 1986, S. 34-40.
99 Zimmermann, Eva: Einige Beobachtungen zu Rezensionsstrategien im Bereich der Kinder- u. Jugendliteratur. In: Komplexanalyse von Texten. Bedeutung, Gehalt, Sinn. Greifswald 1986, S. 58-67.
100 Mit verschärftem Blick. Feministische Lk. Hg. v. Karen Nölle-Fischer. München 1987. (»Reader« mit übersetzen engl., amerik. u. afrik. Beiträgen; S. 13-23 Einführung der Hg.)
101 Drews, Jörg: Bücher und Zahlen, Rezensenten und Honorare. Zur Sozioökonomie der Lk. In: Protokolle. Jg. 1988. Wien 1988. H. 2, S. 24-36.
102 Leiter, Helmut: Jugendbuchkritik, Lk. In: 1000 & 1 Buch. Linz, Wien 1988, H. 2, S.30-38.
103 Lilienthal, Volker: Lk als politische Lektüre. Am Beispiel der Rezeption der »Ästehtik des Widerstands« von Peter Weiss. Berlin 1988. (Diss.; mit verallgemeinernden Kap.: 4. Die PR-Funktion v. Lk im Distributionssystem des Buchmarktes; 5. Modelle e. alternativen Praxis.)
104 Drews, Jörg: Über den Einfluß von Buchkritiken in Zeitungen auf den Verkauf belletristischer Titel in den achtziger Jahren. In: Nr. 43, S. 460-473.

105 Ewers, Hans-Heino: Die Grenzen literarischer Kinder- u. Jugendbuchkritik. In: Nr. 110, S. 75-91.
106 Dahrendorf, Malte: Die notorischen Dilemmas sind keine Entschuldigung. Jungendliteraturkritik im Kreuzfeuer. In: Nr. 110, S. 57-67.
107 Scharioth, Barbara: Dem Leser Diener oder Freund? Funktionen u. Möglichkeiten der Kinder- u. Jugendliteratur-Kritik heute. In: Nr. 110, S. 92-107.
108 Strauß, Gerda: Die Rezension in der Tagespresse – ein Mittel zur Leseförderung. In: Leser und Lesen in Gegenwart und Zukunft. Hg. v. Jutta Duclaud, Reimar Riese u. G. Strauß. Leipzig 1990, S. 500-503.
109 Ueding, Gert: Literatur mit beschränkter Haftung? Über die Misere der Kinder- u. Jugendbuch-Kritik. In: Nr. 110, S. 17-31.
110 Zwischen allen Stühlen. Zur Situation der Kinder- u. Jugendliteraturkritik. Hg. v. Barbara Scharioth u. Joachim Schmidt. Tutzing 1990.
111 Drews, Jörg: Entscheidender Faktor oder Schuß in den Ofen? Über den Einfluß v. Rezensionen auf den Verkauf belletristischer Titel in den achtziger Jahren. In: Protokolle. Jg. 1991. Wien 1991. H. 2, S. 93-106.
112 Müller, Lothar: Krise der Kritik. In: DDU 43, 1991, 1, S. 6-20.
113 Klauser, Rita: Die Fachsprache der Lk. Dargestellt an den Textsorten Essay u. Rezension. Frankfurt/M., Bern 1992. (Diss., mit dem genaueren Titel: Fachtextlinguistische Untersuchungen zu den engl. Textsorten lit.krit. Essay u. lit.krit. Rezension. Ein Beitrag zur Erforschung der engl. Fachsprache der Lk.)
114 Kulturjournalismus. Ein Handbuch für Ausbildung und Praxis. Hg. v. Dieter Heß. München, Leipzig 1992. ^{2}1997. (Darin auch zur Lk.)
115 Kaminsky, Amy: Issues for an international feminist literary criticism. In: Signs. Jg. 19. Chicago 1993/94. No. 1, S. 213-231.
116 Spinnen, Burkhard: Bildlich gesprochen. Zur Funktion der Metaphorik in liter. u. wiss. Rezensionen. In: Metapherngebrauch. Linguistische u. hermeneutische Analysen liter. u. diskursiver Texte. Hg. v. Helmut Arntzen u. Franz Hundsnurscher. Münster, New York 1993, S. 101-120.
117 Zillig, Werner: Metaphern in Rezensionen u. Buchbesprechungen. In: Metapherngebrauch [s. vorherige Nr.], 1993, S. 121-146.
118 Reus, Gunter: Ressort: Feuilleton. Kulturjournalismus für Massenmedien. Konstanz 1995. 2., überarb. Aufl. 1999. (Kap. I: Kritik im Überblick; Kap. II.1.2 Buch[-Kritik].)
119 Zhong, Lianmin: Bewertung in literarischen Rezensionen. Linguistische Untersuchungen zu Bewertungshandlungstypen, Buchframe, Bewertungsmaßstäben und bewertenden Textstrukturen. Frankfurt/M., Berlin 1995.
120 Cramer, Sibylle: Lk zwischen Kunst-Räsonnement u. Journalismus. In: Zs. für Germanistik. N.F. Jg. 7. Bern, Berlin 1997. H. 1, S. 93-99.
121 Keilson-Lauritz, Marita: Die Geschichte der eigenen Geschichte. Literatur u. Lk in den Anfängen der Schwulenbewegung am Beispiel des »Jahrbuchs für sexuelle Zwischenstufen« und »Der Eigene«. Berlin 1997. (Diss.)

122 Stegert, Gernot: Die Rezension. Zur Beschreibung einer komplexen Textsorte. In: Beiträge zur Fremdsprachenvermittlung. Jg. 31. Konstanz 1997, S. 89-110.
123 Stegert, Gernot: Feuilleton für alle. Strategien im Kulturjournalismus der Presse. Tübingen 1998.
123a Cirko, Leslaw: »Im Verriß ist der Kritiker immer wie ein Marder im Blutrausch«. Tierisches als Vergleichsmotiv in Pressekritiken. In: Orbis linguarum. H. 12. Legnica 1999, S. 233-239.
124 Gürtler, Christa: Feministische Lk oder: Lesen Frauen anders? In: Nr. 51, S. 95-108.
125 Stadler, Ulrich: Die »Zergliederung« von Kunstwerken. Über ein Problem der Lk. In: Lese-Zeichen. Semiotik u. Hermeneutik im Raum. Hg. v. Henriette Herwig (u.a.). Tübingen 1999, S. 221-235.
126 Straßner, Erich: Journalistische Texte. Tübingen 2000.

4.3 Literaturkritik und Literaturgeschichte/ Literaturwissenschaft

127 Milch, Werner: Lk und Lg. Prolegomena zu einer Geschichte der Rezension. In: GRM 18, 1930, S. 1-15. – Auch in ders.: Kleine Schriften zur Literatur- u. Geistesgeschichte. Mit e. Nachw. v. Max Rychner hg. v. Gerhardt Burkhardt. Heidelberg, Darmstadt 1957, S. 9-24. – Auch in: Nr. 31, S. 102-119.
128 Sengle, Friedrich: Zur Einheit von Lg u. Lk. Ein Vortrag. In: DVjs 34, 1960, S. 327-337.
129 Mayer, Hans: Von Oxford bis Harvard. Methoden u. Ergebnisse angelsächsischer Lk. Pfullingen 1964.
130 Modern continental literary criticism. [Ed. by] Osborne B. Hardison. London 1964.
131 Wellek, René: Literaturtheorie, Kritik und Literaturgeschichte. In: Nr. 15, S. 9-23.
132 Mayer, Hans: Von Paris bis Warschau. Methoden u. Ergebnisse europäischer Lk. Pfullingen 1967.
133 Rantavaara, Irma: Ist die Lk eine Wissenschaft? In: Neuphilologische Mitteilungen. Jg. 69. Helsinki 1968, S. 330-342.
134 Literary criticism. An introductory reader. Ed. and with an introduction by Lionel Trilling. New York 1970.
135 Beardsley, Monroe Curtis: The possibility of criticism. Detroit 1970.
136 Wellek, René: Discriminations. Further concepts of criticism. New Haven, London 1970.
137 Halfmann, Ulrich: Der amerikanische »New Criticism«. Frankfurt/M. 1971.

138 Mecklenburg, Norbert: Kritisches Interpretieren. Untersuchungen zur Theorie der Lk. München 1972. [2]1976.
139 Daemmrich, Horst S.: Lk in Theorie und Praxis. München 1974.
140 Hinck, Walter: Germanistik als Lk. Zur Gegenwartsliteratur. Frankfurt/M. 1983. (Darin S. 15-33: Lk – Werkinterpretation.)
141 Said, Edward W.: Die Welt, der Text und der Kritiker. Frankfurt/M. 1997. (Amerikan. Orig.ausg.: Cambridge/Mass. 1983.)
142 Contemporary Literary Criticism. Literary and Cultural Studies. [Ed. by] Robert Con Davis and Ronald Schleifer. New York 1986. [3]1994.
143 Irro, Werner: ... und wollten zueinander nicht finden. Warum gibt es keine Germanistik als Lk – und keine Lk als ästhetische Debatte? In: Nr. 186, S. 89-99.
144 Lämmert, Eberhard: Lk, Praxis der Lw? In: Nr. 43, S. 129-139. – Auch in ders.: Das überdachte Labyrinth. Ortsbestimmungen der Lw. Stuttgart, Weimar 1991, S. 268-280.
145 Wallmann, Jürgen P.: Autorenfleischtaxatoren, Schmeckherren, Rezensenten. Unwissenschaftl. Bemerkungen zu einem Gegenstand der Lw. In: »Die in dem alten Haus der Sprache wohnen«. Beiträge zum Sprachdenken in der Lg. Hg. v. Eckehard Czucka. Münster 1991, S. 11-21.
146 Huber, Martin; Strohschneider, Peter; Vögel, Herfried: Rezension u. Rezensionswesen. Am Beispiel der Germanistik. In: Geist, Geld u. Wissenschaft. Arbeits- u. Darstellungsformen v. Lw. Hg. v. Peter J. Brenner. Frankfurt/M. 1993, S. 271-295.
147 The John Hopkins guide to literary theory and criticism. Ed. by Michael Groden and Martin Kreiswirth. Baltimore 1994.
148 Anz, Thomas: Lk und Lw. Aufgaben u. Möglichkeiten heutiger Lk. In: Der Autor im Dialog. Beiträge zu Autorität u. Autorschaft. Hg. v. Felix Philipp Ingold u. Werner Wunderlich. St. Gallen 1995, S. 199-209.
149 Kreutzer, Eberhard: Theoretische Grundlagen postkolonialer Lk. In: Literaturwissenschaftliche Theorien, Modelle u. Methoden. Eine Einführung. Hg. v. Ansgar Nünning. Trier 1995, S. 199-213.
150 Schmidt-Dengler, Wendelin: Lw u. Lk. In: Nr. 51, S. 11-26.

4.4 Literaturkritik in deutschsprachigen Ländern seit 1945

151 Liersch, Werner: Chaos und Restauration. Tendenzen der westdt. Lk. In: Realismus, Reaktion, Resignation. Beiträge zur westdt. Lit. Halle/S. 1961, S. 123-140.
152 Schonauer, Franz: Lk und Restauration. In: Bestandsaufnahme. Eine deutsche Bilanz. Hg. v. Hans Werner Richter. München, Wien, Basel 1962, S. 477-493.

153 Koch, Hans: Kritik und Literatur. Vorbemerkungen zu e. notwendigen Gespräch zwischen Kritikern u. Schriftstellern. In: NDL 11, 1963, H. 1 u. 2, S. 100-117 u. 107-122. – Auch in Nr. 155, S. 237-280.
154 Maßstäbe und Möglichkeiten der Kritik zur Beurteilung der zeitgen. Literatur. Berliner Kritiker-Colloquium 1963. In: SITZ 3, 1964, H. 9/10 (Sonderheft: Maßstäbe u. Möglichkeiten der Kritik).
155 Koch, Hans: Unsere Literaturgesellschaft. Kritik u. Polemik. Berlin 1965.
156 Grabe, Friedhelm: Die Lk als Instrument zur Leitung von literaturgesellschaftl. Prozessen im Gesamtsystem der gesellschaftl. Entwicklung der DDR. Berlin 1968. (Diss. masch.)
157 Hinderer, Walter: Zur Situation der westdeutschen Lk. In: Die deutsche Literatur der Gegenwart. Aspekte u. Tendenzen. Hg. v. Manfred Durzak. Stuttgart 1971, S. 300-321. – Auch in ders.: Elemente der Lk. Acht Versuche. Kronberg/Ts. 1976, S. 191-218.
158 Jarmatz, Klaus: Lk in der DDR. Zur gesellschaftl. Funktion u. Entwicklungsproblemen der marxist.-leninist. Lk in der DDR. In: WB 17, 1971, H. 6, S. 92-110.
159 Nöhbauer, Hans F.: Die Situation der Buchkritik. In: Tendenzen der deutschen Literatur seit 1945. Hg. v. Thomas Koebner. Stuttgart 1971, S. 502-519.
160 Literaturprozeß und Lk. NDL-Gespräch mit Schriftstellern u. Kritikern. In: NDL 20, 1972, H. 6, S. 3-14.
161 Probleme der Lk. Gespräche mit Kritikern. In: WB 18, 1972, H. 7, S. 78-121. (U.a. mit Klaus Jarmatz, Hermann Kähler, Annemarie Auer, Werner Liersch.)
162 Dossier: Lk in der DDR. (Zs.gest. v. Michael Krüger.) In: Akzente. Jg. 20. München 1973. H. 5, S. 444-467. (Textauszüge.)
163 Lk als Gesellschaftsauftrag. In: NDL 21, 1973. H. 5, S. 101-154. (S. 101-114: Kurt Batt: Voraussetzungen der Kritik; S. 115-123: Günter Ebert: Kritik u. Charakter; ab S. 124: Diskussion.)
164 Kähler, Hermann: Der kalte Krieg der Kritiker. Zur antikommunistischen Kritik an der DDR-Literatur. Berlin 1974.
165 Jarmatz, Klaus: Zur Geschichte der Lk der DDR. In ders.: Forschungsfeld Realismus. Theorie, Geschichte, Gegenwart. Berlin, Weimar 1975, S. 5-43.
166 Nemec, Friedrich: Tendenzen der Lk seit 1945. In: Kindlers Lg der Gegenwart. Die deutschsprachige Sachliteratur. Hg. v. Rudolf Radler. München, Zürich 1978, S. 429-457.
167 Prümm, Karl: Tendenz: allgemein lustlos. Zur gegenwärtigen Situation der Lk. In: Bertelsmann Briefe. Nr. 99. Gütersloh 1979, S. 10-16.
168 Drews, Jörg: Die Entwicklung der westdeutschen Lk seit 1965. In: Deutsche Literatur in der Bundesrepublik seit 1965. Untersuchungen u. Berichte. Hg. v. Paul Michael Lützeler u. Egon Schwarz. Königstein/Ts. 1980, S. 258-269.
169 Schult, Klaus-Dieter: Untersuchungen zum literarischen Leben in der Schweiz der 60er Jahre. Die dt.spr. Lit. der Zeit im Spiegel v. Lk u. öffentl. Diskussion. Leipzig 1980. (Diss. masch.)

170 Bergner, Michael u. André Wejwoda: Zur Ausprägung gesellschaftl. Rezeptionsweisen in der Lk der DDR [...]. 2 Bde. Potsdam 1981. (Diss. masch.)

171 Schonauer, Franz: Lk in der Bundesrepublik Deutschland. In: Deutsche Gegenwartsliteratur. Ausgangspositionen u. aktuelle Entwicklungen. Hg. v. Manfred Durzak. Stuttgart 1981, S. 404-423.

172 Eberhardt, Uwe u. Michael Hähnel: Zu Positionen in der DDR-Lk der 70er Jahre. Berlin 1982. (Diss. masch.)

173 Kuczynski, Jürgen: Ich bin der Meinung. Bemerkungen zur Kritik. Halle, Leipzig 1982. [2]1985.

174 Anspruch, Einspruch, Zuspruch. Lk in der Verständigung. In: NDL 32, 1984, H. 6, S. 57-110.

175 Altmann, Petra: Der Buchkritiker in deutschen Massenmedien. Selbstverständnis u. Selektionskriterien bei Buchbesprechungen. München 1983. (Diss.)

176 Steininger, Regina: Entwicklungstendenzen der Jugendliteraturkritik der BRD, ihre Widerspiegelung bei der Vergabe des Deutschen Jugendbuchpreises. Güstrow 1984. (Diss. masch.)

177 David, Wolfgang: Hund unterm Tisch? Gedanken zur Lk. Halle, Leipzig 1985. (Essay zur Lk in der DDR.)

178 Drews, Jörg: So kritisieren sie hin. Ein stehender Sturmlauf gegen die westdt. Lk 1984/85. In: Der Rabe. Nr. 11. Zürich 1985, S. 171-193.

179 Jokubeit, Werner: Lk und Sprachkultur. Künstlerische Sprachgestaltung im Wertverständnis der DDR-Lk (untersucht an Literaturkritiken der Jahre 1975 bis 1983). Berlin 1985. (Diss. B masch.)

180 Krieger, Gerd: Lk und Wertung. Theoret. u. prakt. Aspekte v. Wertungen in der Lk, untersucht an ausgew. Rezensionen zu Prosawerken der DDR-Literatur 1975-80. Leipzig 1985. (Diss. masch.)

181 Literaturmagazin 17: »Wer mir der liebste Dichter sei?« Der neudeutsche Literaturstreit. Hg. v. Martin Lüdke u. Delf Schmidt. Reinbek 1986. (Zum Streit um Peter Handke u. Botho Strauß.)

182 Michaelis, Tatjana: Paradigmen der Lk. In: Literatur in der Bundesrepublik Deutschland bis 1967. Hg. v. Ludwig Fischer. München, Wien 1986, S. 611-626 u. 753-755.

183 Arndt, Artur: Debatten, Kontroversen, Positionen. Anmerkungen zur Funktionsbestimmung der Lk Anfang der 50er Jahre in der DDR. In: Studien zur frühen DDR-Literatur. u. ihren Traditionen. Greifswald 1987, S. 48-61.

184 Kröger, Gerd: Die Problemlage literaturkritischer Wertungspraxis in der Lk der DDR während der siebziger Jahre. In: Colloquia Germanica Stetinensia 1988, Nr. 1, S. 105-116.

185 Streul, Irene Charlotte: Westdeutsche Literatur in der DDR. Böll, Grass, Walser u. a. in der offiziellen Rezeption 1949-1983. Stuttgart 1988.

186 Über Lk. (text + kritik, 100). Hg. v. Heinz Ludwig Arnold. München 1988.

187 Anz, Thomas: Literaturkritisches Argumentationsverhalten. Ansätze zu e. Analyse am Beispiel des Streits um Peter Handke u. Botho Strauß. In: Nr. 43, S. 415-430.
188 Droth, Heike: Zur Geschichte der Lk in den antifaschistisch-demokratischen Literaturverhältnissen der Sowjetischen Besatzungszone zwischen 1945 u. 1949. Leipzig 1990. (Diss. masch.)
189 Hinck, Walter: Kommunikationsweisen gegenwärtiger Lk. In: Nr. 43, S. 98-107.
190 Görzel, Klaus: Lk in der Gegenwart. Vom unendlichen Ende einer Institution. In: DDU 43, 1991, 1, S. 21-35.
191 Lehmann, Joachim: Vom »gesunden Volksempfinden« zur Utopie. Lk in der DDR im Spannungsfeld von Zensur u. Literatur. In: Literatur in der DDR. Rückblicke. Hg. v. Heinz Ludwig Arnold u. Frauke Meyer-Gosau. München 1991, S. 117-126.
192 Getschmann, Dirk: Zwischen Mauerbau und Wiedervereinigung. Tendenzen der dt.spr. journalist. Lk. Metakritik u. Praxis. Würzburg 1992. (Diss.)
193 Schmidt, Ulrich: Engagierter Ästhetizismus. Über neudt. Lk. In: Vom gegenwärtigen Zustand der dt. Literatur. Hg. v. Heinz Ludwig Arnold. (Text + Kritik, 113). München 1992, S. 86-96.
194 Jäger, Manfred: Kurzer Abschied von einem Rezensionswesen. Ein Rückblick auf Lk in der DDR. In: Rückblicke auf die DDR. Hg. v. Gisela Helwig. Köln 1995, S. 80-85.
195 Kupfer, Thomas: Lk in der DDR. In: Siegener Periodicum zur Internationalen Empirischen Lw. Jg. 14. Frankfurt/M. 1995. H. 2, S. 197-229.
196 Barck, Simone: Lk zwischen Parteiauftrag u. Professionalität in der DDR der sechziger Jahre. In: Deutsche Lw 1945-1965. Fallstudien zu Institutionen, Diskursen, Personen. Hg. v. Petra Boden u. Rainer Rosenberg. Berlin 1997, S. 333-343.
197 Barck, Simone/Martina Langermann/Siegfried Lokatis: »Jedes Buch ein Abenteuer«. Zensur-System u. literarische Öffentlichkeiten in der DDR bis Ende der sechziger Jahre. Berlin 1997. (Kap. 9, v. S. Barck: Dimensionen lit.krit. Arbeit.)
198 Brohm, Holger: Gutachterwesen und Lk in den Zeiten der Zensur. Studien zum literarischen Feld der DDR in den 60er Jahren. Berlin 1999. (Diss. masch.)
199 Walther, Peter: Es gibt nur gute und schlechte Kritiken. Vom vermeintlichen Fortleben ostdt. Lk. In: DDR-Literatur der neunziger Jahre. (Text + Kritik. Sonderband.) München 2000, S. 208-215.

4.5 Historische Gesamt- und Periodendarstellungen

Übergreifend

200 Saintsbury, George A.: A history of criticism and literary taste in Europe from the earliest texts to the present day. 3 Vols. Ediburgh, London 1900-04. ^{4}1949. – Vol. 1: Classical and medieval criticism. 1900. – Vol. 2: From the Renaissance to the decline of the eighteenth century. 1902. – Vol. 3: Modern criticism. 1904.

201 Wellek, René: A history of modern criticism 1750-1950. 8 Vols. New Haven, London 1955-92. (Dt. Übers. s. folgende Nr.)
Vol. 1: The later 18th century. 1955. (Auch: London 1966.) – Vol. 2: The romantic age. 1955. – Vol. 3: The age of transition. 1965. – Vol. 4: The later 19th century. 1965. – Vol. 5: English criticism, 1900-1950. 1986. – Vol. 6: American criticism, 1900-1950. 1986. – Vol. 7: German, Russian, and Eastern European criticism, 1900-1950. 1991. – Vol. 8: French, Italian, and Spanish criticism, 1900-1950. 1992.

202 Wellek, René: Geschichte der Lk 1750-1950. 4 Bde. Darmstadt, Berlin, Neuwied [ab Bd. 2:] Berlin, New York 1959ff.
Bd. 1: Geschichte der Lk 1750-1830. 1959. (Auch: Berlin, New York 1978. Auch: Darmstadt 1978.) – Bd. 2: Das Zeitalter des Übergangs. 1977 – Bd. 3: Das späte 19. Jh. 1977. – Bd. 4/1: Die englische und amerikanische Lk 1900-1950. 1990.

203 Hall, Vernon: A short history of literary criticism. New York 1963, ^{2}1965.

204 Carlsson, Anni: Die deutsche Buchkritik. Bd. 1: Von den Anfängen bis 1850. Stuttgart 1963.

205 Carlsson, Anni: Die deutsche Buchkritik von der Reformation bis zur Gegenwart. Bern, München 1969.

206 Mühlher, Robert: Strömungen der Lk im 19. Jh. In: Jb. des Wiener Goethe-Vereins 74, 1970, S. 61-81.

207 Hohendahl, Peter Uwe: Vorüberlegungen zu einer Geschichte der Lk. In: Nr. 27, S. 68-83.

208 Geschichte der deutschen Lk (1730-1980). Hg. v. Peter Uwe Hohendahl. Stuttgart 1985.

209 Pinkert, Ernst-Ullrich: Die Heine-Schule, ein Topos der Lk im 19. Jh. In: Heinrich Heine. Werk u. Wirkung in Dänemark. Hg. v. Klaus Bohnen, E.-U. Pinkert u. Friedrich Schmöe. Kopenhagen, München 1985, S. 36-75.

210 A history of German literary criticism, 1730-1980. Lincoln 1988.

211 Hopster, Norbert: Beständigkeit und Wandel. Zur Geschichte der Kinder- u. Jugendliteraturkritik seit dem Ende des 19. Jh. In: Sprache u. Literatur in Wissenschaft u. Unterricht. Jg. 19. Paderborn 1988, 2, S. 33-43.

212 Jaumann, Herbert: Critica. Untersuchungen zur Geschichte der Lk zwischen Quintilian u. Thomasius. Leiden, New York, Köln 1995. (Hab.schr.)

213 The Cambridge history of literary criticism. Cambridge 1993ff. Vol. 1: Classical criticism. Ed. by George A. Kennedy. 1993. – Vol. 4: The eighteenth century. Ed. by H.[ugh] B. Nisbet and Claude Rawson. 1997. – Vol. 8: From formalism to poststructuralism. Ed. by Raman Selden. 1995.

Aufklärung

214 Braitmaier, Friedrich: Geschichte der Poetischen Theorie und Kritik von den Diskursen der Maler bis auf Lessing. 2 Bde. Frauenfeld 1888-89. – Reprint: Hildesheim, New York 1972.
215 Rohrmann, Willibald: Die Anfänge der literarischen Kritik in Schlesien. Breslau 1933. (Diss.)
216 Milch, Werner: Die Anfänge der literarischen Kritik in Deutschland. In: Zeitungswissenschaft. Jg. 6. Berlin 1931, S. 8-16. – Auch in ders.: Kleine Schriften zur Literatur- u. Geistesgeschichte. Hg. v. Gerhardt Burkhardt. Heidelberg, Darmstadt 1957, S. 25-37.
217 Kurth, Lieselotte E.: Formen der Romankritik im 18. Jh. In: Modern Language Notes. Vol. 83. Baltimore 1968, S. 655-693.
218 Voss, Eva-Maria de: Die frühe Lk der Aufklärung. Untersuchung zu ihrem Selbstverständnis u. zu ihrer Funktion im bürgerl. Emanzipationsprozeß. Bonn 1975. (Diss.)
219 Hofmann, Thomas Karl: Die Anfänge der deutschen Buchkritik (1688-1720). Die Zs. u. ihre Rezension als aufklärerisches Moment. Montreal 1978. (Diss.)
220 Berghahn, Klaus L.: Von der klassizistischen zur klassischen Lk. In: Nr. 208, S. 10-75 u. 340-350.
221 Tschacher, Walter G.: Orte der Lk in der Frühaufklärung: London, Zürich, Leipzig. Madison 1989. (Diss.)
222 Eighteenth century German criticism. Ed. by Timothy J. Chamberlain. New York 1992.
223 Fontius, Martin: Tendenzen der Lk in Frankreich und Deutschland im 18. Jh. In: Europäische Aufklärung(en). Einheit u. nationale Vielfalt. Hg. v. Siegfried Jüttner u. Jochen Schlobach. Hamburg 1992, S. 127-140.
224 The eighteenth century German book review. Ed. by Herbert Rowland and Karl J. Fink. Heidelberg 1995.
225 Albrecht, Wolfgang: Lk und Öffentlichkeit im Kontext der Aufklärungsdebatte. Fünf Thesen. In: »Öffentlichkeit« im 18. Jh. Hg. v. Hans-Wolf Jäger. Göttingen 1997, S. 277-294. – Erweitert in: Lenz-Jahrbuch. Bd. 7. St. Ingbert 1997, S. 163-183.
226 Volz, Gunter: Das Licht und die Lichtschere. Produzierte u. rezipierte Literatur in der süddt. Publizistik 1750-1790. Tübingen 1999, Kap. B.1: Rezensionsethik u. Rezensionstechnik.

Romantik

227 Weber, Heinz-Dieter: Über eine Theorie der Lk. Die falsche u. die berechtigte Aktualität der Frühromantik. München 1971. (Vorwiegend zu Friedrich Schlegel.)
228 Schulte-Sasse, Jochen: Der Begriff der Lk in der Romantik. In: Nr. 208, S. 76-128 u. 350-353.
229 Oesterle, Günter: »Kunstwerk der Kritik« oder »Vorübung zur Geschichtsschreibung«? Form- und Funktionswandel der Charakteristik in Romantik und Vormärz. In: Nr. 43, S. 64-86.
230 Wistoff, Andreas: Die deutsche Romantik in der öffentlichen Lk. Die Rezensionen zur Romantik in der »Allgemeinen Literatur-Zeitung« und der »Jenaischen Allgemeinen Literatur-Zeitung« 1795-1812. Bonn 1992.
Benjamin, 1920, Nr. 332

Biedermeier, Junges Deutschland, Vormärz

231 Hohendahl, Peter Uwe: Literarische und politische Öffentlichkeit. Die neue Kritik des Jungen Deutschland. In: Nr. 21, S. 102-127.
232 Draeger, Hartmut: Vom Kulturasketismus zum geistlichen Biedermeier. Protestantisch-konservative Lk im preuß. Vormärz. Berlin 1981. (Diss.)
233 Steinecke, Hartmut: Lk des Jungen Deutschland. Entwicklungen – Tendenzen – Texte. Berlin 1982.
234 Hohendahl, Peter Uwe: Lk in der Epoche des Liberalismus [1815-70]. In: Nr. 208, S. 129-204 u. 253-360.
235 Opitz, Alfred: »Ästhetische Gerichtssitzung«. Zur symbolischen Inszenierung v. Macht in der Lk des Vormärz. In: Kontroversen, alte u. neue. Hg. v. Albrecht Schöne. Bd. 2. Tübingen 1986, S. 121-133.
236 Koopmann, Helmut: »Wer nicht schreiben kann, rezensiert«? Zur Lk des Jungen Deutschland. In: Das Junge Deutschland. Hg. v. Joseph A. Kruse u. Bernd Kortländer. Hamburg 1987, S. 173-192.
237 Ruprecht, Dorothea: Untersuchungen zum Lyrikverständnis in Kunsttheorie, Literaturhistorie u. Lk zwischen 1830 u. 1860. Göttingen 1987. (Diss.)
238 Stauf, Renate: Zeitgeist und Nationalgeist. Literatur- u. Kulturkritik zwischen nationaler Selbstbestimmung u. europäischer Orientierung bei Heine, Börne u. dem Jungen Deutschland. In: GRM 74, 1993, S. 323-345.
239 Och, Gunnar: »Judenwitz« – zur Semantik eines Stereotyps in der Lk des Vormärz. In: Forum Vormärz Forschung. Jb. 1998. Bielefeld 1999, S. 181-199.
Oesterle, 1990, Nr. 229

Realismus

240 Bucher, Max: Voraussetzungen der realistischen Lk. In: Realismus und Gründerzeit. Manifeste und Dokumente zur dt. Lit. 1848-1880. Hg. v. M. Bucher (u. a.). Bd. 1. Stuttgart 1976, S. 32-47.

241 Albrecht, Wolfgang: Wegweiser zu neuer Poesie? Ästhetische Kriterien politisierter deutscher Lk um 1850 (Wienbarg, Vischer, J. Schmidt). In: Forum Vormärz-Forschung. Jb. 2000. Bielefeld 2001, S. 23-48.
Hohendahl, 1985, Nr. 234

Jahrhundertwende

242 Fülberth, Georg: Sozialdemokratische Lk vor 1914. Marburg/Lahn 1969. (Diss.) – Kurzfassung in: Alternative. Jg. 14. Berlin 1971, S. 2-16.
243 Wunberg, Gotthard: Utopie und fin de siècle. Zur dt. Lk vor der Jh.wende. Ein Vortrag. In: DVjs 43, 1969, S. 685-706.
244 Nutz, Maximilian: Werte und Wertungen im George-Kreis. Zur Soziologie literarischer Kritik. Bonn 1976.
245 Berman, Russell A.: Between Fontane and Tucholsky. Literary criticism and the public sphere in imperial Germany. Bern, Frankfurt/M. 1983.
246 Berman, Russell A.: Lk zwischen Reichsgründung und 1933. In: Nr. 208, S. 205-274 u. 361-366.
247 Rieckmann, Jens: Aufbruch in die Moderne. Die Anfänge des Jungen Wien. Österreichische Literatur u. Kritik im Fin de Siècle. Königstein/Ts. 1985.
248 Steinecke, Hartmut: Impressionismus oder Junges Wien? Zur Lk in Österreich vor der Jh.wende. In: Die österreichische Literatur. Ihr Profil von der Jh.wende bis zur Gegenwart, 1880-1980. Hg. v. Herbert Zeman. T. 1. Graz 1989, S. 497-511.
249 Fliedl, Konstanze: Come here, good dog. Lk der Jahrhundertwende. In: Nr. 51, S. 57-77.
Nöhbauer, 1956, Nr. 825

1918-1945

250 Strothmann, Dietrich: Nationalsozialistische Literaturpolitik. Ein Beitrag zur Publizistik im Dritten Reich. Bonn 1960. ^{4}1985.
251 Geißler, Rolf: Form und Methoden nationalsozialistischer Lk. In: Neophilologus. Jg. 51. Groningen 1967, S. 262-277.
252 Sallmon, Heinz: Einige Grundzüge, Leistungen und Entwicklungsprobleme der marxist. Lk bei der Herausbildung einer antifaschist. u. sozialist.-realist. Literatur zwischen 1928 u. 1945. Berlin 1968. (Diss. masch.)
253 Dahlke, Hans: Geschichtsroman u. Lk im Exil. Berlin, Weimar 1976.
254 Werbick, Peter: Urteilsmaßstäbe nationalsozialist. Lk. In: Text & Kontext. Jg. 8. Kopenhagen, München 1980, S. 243-265.
255 Rietzschel, Thomas: Kritik ohne Maßstab? Gedanken zur bürgerl. Lk der 20er Jahre. In: WB 27, 1981, 7, S. 103-133.
256 Zimmermann, Bernhard: Entwicklungen der deutschen Lk von 1933 bis zur Gegenwart. In: Nr. 208, S. 275-338 u. 366-369.
257 Trapp, Frithjof: Funktionswandel der Lk in der Anfangsphase des Exils (1933-1934). In: Autour du Front Populaire Allemand / Einheitsfront

– Volksfront. Hg. v. Michel Grunewald u. F. Trapp. Bern, Frankfurt/M. 1990, S. 249-264.

258 King, Robert D.: German literary criticism under the Nazis. In: Word and deed. German studies in honor of Wolfgang F. Michael. Ed. by Thomas E. Ryan and Denes Monostory. New York, Frankfurt/M. 1992, S. 207-228.

259 Die deutsche Lk im europäischen Exil (1933-1940). Hg. v. Michel Grunewald. Bern, Berlin 1993.

260 Grunewald, Michel: Strategien und Diskurs der deutschen Lk im Exil (1933-1939). Versuch einer Bilanz. In: Konzepte und Perspektiven germanistischer Lw. Hg. v. Christa Grimm, Ilse Nagelschmidt u. Ludwig Stockinger. Leipzig 1999, S. 183-197.

Berman, 1983 und 1985, Nr. 245f.

Seit 1945

siehe Abschnitt 4.4

4.6 Quellensammlungen, Dokumentationen (Gesamt- und Periodenüberblicke)

Übergreifend

261 Fambach, Oscar: Ein Jahrhundert deutscher Lk (1750-1850). Ein Lesebuch u. Studienwerk. 5 Bde. Düsseldorf, [ab Bd. 2:] Berlin 1953-63. – Bd. 1: Goethe u. seine Kritiker. 1953. (Auch: Berlin 1955.) – Bd. 2: Schiller u. sein Kreis. 1957. – Bd. 3: Der Aufstieg zur Klassik (1750-1795). 1959. – Bd. 4: Das große Jahrzehnt (1796-1805). 1958. – Bd. 5: Der romantische Rückfall (1806-1815). 1963.

262 Meisterwerke deutscher Lk. Hg. u. eingel. v. Hans Mayer. 2 Bde. Berlin 1954-56. (Bd. 1: ^{3}1963.) – Auch: Stuttgart 1962. – Bd. 1: Aufklärung, Klassik, Romantik. – Bd. 2: Von Heine bis Mehring. – (Fortsetzung s. Nr. 264.)

263 Meister der deutschen Kritik. Hg. v. Gerhard Friedrich Hering. 2 Bde. München 1961-63.

264 Deutsche Lk. Hg. v. Hans Mayer. 2 Bde. Stuttgart 1965-72. (Fortsetzung von Nr. 262.) – [Bd. 3:] Deutsche Lk im 20. Jh. Kaiserreich, Erster Weltkrieg u. erste Nachkriegszeit (1889-1933). 1965. – [Bd. 4/1-2:] Deutsche Lk der Gegenwart. Vorkrieg, Zweiter Weltkrieg u. zweite Nachkriegszeit (1933-1968). 1971-72. – (Neuausg. hiervon u. von Nr. 262 s. Nr. 265.)

265 Deutsche Lk. Hg. v. Hans Mayer. 4 Bde. Frankfurt/M. 1978. (Neuausg. v. Nr. 262 u. 264.)

Bd. 1: Von Lessing bis Hegel. – Bd. 2: Von Heine bis Mehring. – Bd. 3: Vom Kaiserreich bis zum Ende der Weimarer Republik. – Bd. 4: Vom Dritten Reich bis zur Gegenwart.

266 Fischer-Almanach der Lk. Hg. v. Andreas Werner. Frankfurt/M. 1978-80.

267 Lk. Eine Textdokumentation zur Geschichte einer literarischen Gattung. Hg. v. Alfred Estermann. 7 Bde [geplant]. Vaduz 1984ff. – Bd. 4: 1848-1870. Bearb. v. Peter Uwe Hohendahl. 1984. – Bd. 7/1-2: 1945-1980. Bearb. v. Jost Hermand. 1988.

268 Von alten Kinderbüchern. Rezensionen u. Kritiken. Hg. v. Joachim Schmidt. Berlin 1986.

269 The origins of modern critical thought. German aesthetic and literary criticism from Lessing to Hegel. Ed. by David Simpson. Cambridge 1988.

Jahrhundertwende

270 Das Junge Wien. Österreichische Literatur- u. Kunstkritik 1887-1902. Ausgew., eingel. u. hg. v. Gotthard Wunberg. 2 Bde. Tübingen 1976.

271 Expressionismus. Manifeste u. Dokumente zur dt. Lit. 1910-1920. Mit Einleitungen u. Kommentaren hg. v. Thomas Anz u. Michael Stark. Stuttgart 1982; S. 448-460: Lk als Propaganda.

272 Kritik in der Zeit. Fortschrittliche dt. Lk 1890-1918. Hg. v. Manfred Diersch. Halle, Leipzig 1985.

273 Naturalismus-Debatte 1891-1896. Dokumente zur Literaturtheorie u. Lk der revolutionären dt. Sozialdemokratie. Hg. u. eingel. v. Norbert Rothe. Berlin 1986.

274 Tendenzkunst-Debatte 1910-1912. Dokumente zur Literaturtheorie u. Lk der revolutionären dt. Sozialdemokratie. Hg. u. eingel. v. Tanja Bürgel. Berlin 1987.

275 Schiller-Debatte 1905. Dokumente zur Literaturtheorie u. Lk der revolutionären dt. Sozialdemokratie. Hg. u. eingel. v. Gisela Jonas. Berlin 1988.

1918-1945

276 Kritik in der Zeit. Antifaschist. dt. Lk 1933-1945. Hg. v. Klaus Jarmatz u. Simone Barck. Halle, Leipzig 1981.

277 Kritik in der Zeit. Fortschrittliche dt. Lk 1918-1933. Hg. v. Thomas Rietzschel. Halle, Leipzig 1983.

Seit 1945

278 Das kleine Buch der hundert Bücher. Krit. Stimmen zu neuen Büchern. Hg. [ab 1960] v. Dieter Lattmann. Hamburg, [ab 1954:] München 1953-70.

279 Kritische Stimmen zur neuen deutschen Literatur. Jg. 1-10. Köln 1960-69.

280 Ein Büchertagebuch. Buchbesprechungen aus der Frankfurter Allgemeinen Zeitung. Frankfurt/M. 1967ff.

281 Kritik in der Zeit. Der Sozialismus – seine Literatur – ihre Entwicklung. Hg. v. Klaus Jarmatz (u. a.). Halle 1970.
282 Kritik 75 [bis 88]. Rezensionen zur DDR-Literatur. Hg. v. Eberhard Günther, Werner Liersch, Klaus Walther. Halle, Leipzig 1976-89.
283 Literaturpolitik und Lk in der DDR. Eine Dokumentation. Hg. v. Helmut Fischbeck. Frankfurt/M., Berlin, München 1976. – 2., durchges. u. erw. Aufl. 1979.
284 Kritik in der Zeit. Lk der DDR 1945-1975. Hg. v. Klaus Jarmatz, Christel Berger u. Renate Drenkow. Bd. 1-2. Halle, Leipzig 1978.
285 Deutsche Literatur 1981 [ff.]. Jahresüberblick. Hg. v. Franz Josef Görtz u.a. Stuttgart 1982 [ff.]. (Enthält ausgew. Rezensionen.)
286 Lennartz, Franz: Deutsche Schriftsteller des 20. Jhs. im Spiegel der Kritik. 3 Bde. Stuttgart 1984.
287 Was Kritiker gerne läsen. Literaturalmanach 1984. Hg. v. Jochen Jung. Salzburg, Wien 1984.

4.7 Beiträge von und zu einzelnen Kritikern/ Schriftstellern

Nachschlagewerke, Sammeldarstellungen

288 Kritik, von wem, für wen, wie. Eine Selbstdarstellung dt. Kritiker. Hg. v. Peter Hamm. München 1968.
289 Keller, Ernst: Kritische Intelligenz. G. E. Lessing, F. Schlegel, L. Börne. Studien zu ihren lit.krit. Werken. Bern, Frankfurt/M. 1976.
290 Mettler, Dieter: Friedrich Schlegel, Walter Benjamin, Roland Barthes. Philosophische Begründungsversuche der Lk. In: Wirkendes Wort. Jg. 40. Düsseldorf 1990, S. 422-434.
291 World literature criticism. 1500 to the present. A selection of major authors from Gale's literary criticism series. Vol. 1-6. Detroit 1992.
Oehrens, 1973, Nr. 76 (darin Interviews mit Rolf Becker, Geno Hartlaub, Reich-Ranicki, Christa Ratzoll, Jürgen Schmidt, Dieter E. Zimmer)

Adorno, Theodor W. (1903-1969)

292 TWA: Gesammelte Schriften in 20 Bdn. Hg. v. Rolf Tiedemann (u.a.). Frankfurt/M. 1971-86. – Bd. 10: Kulturkritik u. Gesellschaft. – Bd. 11, 1974: Noten zur Literatur. (Darin u.a.: Der Essay als Form; Zur Krisis der Lk.)
293 Jablinski, Manfred: TWA. »Kritische Theorie« als Literatur- und Kunstkritik. Bonn 1976.
294 Corbea-Hoisie, Andrei: Der Literatur-Kritiker als Literaturkritiker. Bemerkungen zu dem (doch) resignierten A. In: Nr. 43, S. 337-350.

295 Hohendahl, Peter U.: Experience and reflection. TWA's literary criticism. In: Traditions of experiment from the enlightenment to the present. Essays in honor of Peter Demetz. E. by Nancy Kaiser and David E. Wellbery. Ann Arbor 1992, S. 339-354.

Alexis, Willibald (1798-1871)

296 Richter, Paul K.: WA als Literatur- und Theaterkritiker. Berlin 1931. – Reprint: Nendeln 1967.
297 Eke, Norbert Otto: Der Kritiker in der Kritik. WA, das Junge Deutschland und A.' autobiographisches Fragment. In: WA (1798-1871). Ein Autor des Vor- u. Nachmärz. Hg. v. Wolfgang Beutin u. Peter Stein. Bielefeld 2000, S. 55-80.

Améry, Jean (1912-1978)

298 JA: Lessingscher Geist und die Welt von heute. Rede zur Eröffnung des Wolfenbütteler Lessinghauses am 15. April 1978. Bremen, Wolfenbüttel 1978. – Auch in: Merkur. Jg. 32. Stuttgart 1978, H. 12, S. 1194-1206.
299 JA: Der integrale Humanismus. Aufsätze u. Kritiken eines Lesers 1966-1978. Hg. v. Helmut Heißenbüttel. Stuttgart 1985.
300 Brandenburg, Rainer: Zwischen Morosität und Moral. JA im Spiegel der Kritik. In: Modern Austrian Literature. Jg. 31. Binghamton/NY 1990, S. 37-48.

Andersch, Alfred (1914-1980)

301 AA: Norden Süden rechts u. links. Von Reisen u. Büchern. 1951-1971. Zürich 1972.
302 AA: Die Blindheit des Kunstwerks. Literarische Essays u. Aufsätze. Zürich 1979. (Teilneudruck aus »Norden Süden«.)
303 AA: Ein neuer Scheiterhaufen für alte Ketzer. Kritiken u. Rezensionen. Zürich 1979. (Teilneudruck aus »Norden Süden«.)
304 AA: Öffentlicher Brief an einen sowjetischen Schriftsteller, das Überholte betreffend. Reportagen u. Aufsätze. Zürich 1977.
305 Über AA. Hg. v. Gerd Haffmanns. Zürich 1974. (Ausgew. Rezensionen u. Auswahlbibliographie zur Kritik.)

Auer, Annemarie (um 1915)*

306 AA: Standorte, Erkundungen. Acht kritische Versuche. Halle 1967.
307 AA: Probleme der Lk. In: WB 18, 1972, H. 7, S. 106-114.
308 AA: Ungelehrtes zum Thema Lk. In: NDL 21, 1973, H. 5, S. 142-145.
309 AA: Die kritischen Wälder. Ein Essay über den Essay. Halle 1974.
310 AA: [Diskussionsbeitrag zu Nr. 407, S. 67-81]. In: VII. Schriftstellerkongreß der DDR. Protokoll (Arbeitsgruppen). Berlin, Weimar 1974, S. 280-288.

311 AA: Erleben, erfahren, schreiben. Werkprozeß u. Kunstverstand. Halle 1977.
312 AA: Aus der Arbeit des Kritikers. In: Sinn und Form 35, 1983, S. 1324-1332.

Bab, Julius (1880-1955)

313 JB: Über den Tag hinaus. Krit. Betrachtungen. Ausgew. u. hg. v. Harry Bergholz. Heidelberg 1960.

Bachmann, Ingeborg (1926-1973)

314 Hotz, Constance: »Die B«. Ein Image in der Lk. Konstanz 1989. (Diss., 4 Mikrofiches.)
315 Göttsche, Dirk: Liebeserklärungen und Verletzungen – Zur Lk von Martin Walser u. IB. In: Nr. 43, S. 197-212.

Bahr, Hermann (1863-1934)

316 HB: Zur Kritik der Moderne. Ges. Aufsätze. 2 Bde. Zürich 1890.
317 HB: Zur Überwindung des Naturalismus. Theoret. Schriften 1887-1904. Hg. v. Gotthart Wunberg. Stuttgart, Berlin, Köln, Mainz 1968.
318 Wagner, Peter: Der junge HB. Limburg a. d. Lahn 1937. (Diss.) Rieckmann, 1985, Nr. 247, Kap. 1 u. 9

Bartels, Adolf (1862-1945)

319 AB: Die deutsche Dichtung der Gegenwart. Leipzig 1897. – 8. verb. Aufl. 1910.
320 AB: Kritiker und Kritikaster. Pro domo et pro arte. Leipzig 1903.
321 AB: Deutsches Schrifttum. Betrachtungen und Bemerkungen. 4 Bde. Weimar 1909-11.

Batt, Kurt (1931-1975)

322 KB: Voraussetzungen der Kritik. In: NDL 21, 1973, H. 5, S. 101-114.
323 KB: Revolte intern. Betrachtungen zur Literatur in der BRD. Leipzig 1974. – Auch: München 1975.
324 KB: Widerspruch und Übereinkunft. Aufsätze zur Literatur. Hg. v. Franz Fühmann u. Konrad Reich. Leipzig 1978. – Auch u.d.T.: Schriftsteller, Poetisches u. wirkliches Blau. Aufsätze zur Literatur. Hamburg 1980.

*Baumgart, Reinhard (*1929)*

325 RB: Literatur für Zeitgenossen. Essays. Frankfurt/M. 1966.
326 RB: Aussichten des Romans oder Hat Literatur Zukunft? Frankfurter Vorlesungen. Neuwied, Berlin 1968.

327 RB: Die verdrängte Phantasie. 20 Essays über Kunst u. Literatur. Neuwied, Berlin 1973.
328 RB: Deutsche Literatur der Gegenwart. Kritiken, Essays, Kommentare. München, Wien 1994.
329 Lüdke, Martin: Keine Angst vor Kofferschnäppern. Über RB u. die Zukunft der Lk. In: Hans Henny Jahnn. Hg. v. M. Lüdke. (Literaturmagazin, 35) Reinbek 1995, S. 176-190.

Becher, Johannes R. (1891-1958)

330 JRB: Gesammelte Werke. 18 Bde. Berlin, Weimar 1966-81. – Bd. 13f.: Bemühungen 1 und 2. – Bd. 15-18: Publizistik 1-4.

Benjamin, Walter (1892-1940)

331 WB: Gesammelte Schriften. Unter Mitwirkung von Theodor W. Adorno u. Gershom Sholem hg. v. Rolf Tiedemann u. Hermann Schweppenhäuser. 7 Bde. Frankfurt/M. 1972-89. (1991 in der Reihe »suhrkamp taschenbuch wissenschaft«.) – Bd. 3: Kritiken u. Rezensionen. – Bd. 6: Fragmente. (Darin S. 130-160: Charakteristiken u. Kritiken; S. 161-184: Zur Lk.)
332 WB: Der Begriff der Kunstkritik in der deutschen Romantik. Bern 1920. (Neudruck in Bd. 1 der Ges. Schriften.)
333 Gebhardt, Peter: Über einige Voraussetzungen der Lk Bs. In: WB – Zeitgenosse der Moderne. Kronberg/Ts. 1976, S. 71-93.
334 Witte, Bernd: WB – Der Intellektuelle als Kritiker. Untersuchungen zu seinem Frühwerk. Stuttgart 1976.
335 Drews, Jörg: B als Rezensent. In: Protokolle. Jg. 1984. Wien 1984, S. 230-244.
336 Jennings, Michael W.: Dialectical images. WB's theory of literary criticism. Ithaca, New York 1987.
337 Steiner, Uwe: Die Geburt der Kritik aus dem Geiste der Kunst. Untersuchungen zum Begriff der Kritik in den frühen Schriften WBs. Würzburg 1989. (Diss.)
338 Kaulen, Heinrich: »Die Aufgabe des Kritikers«. WB Reflexionen zur Theorie der Lk 1929-1931. In: Nr. 43, S. 318-336.
339 Muzzioli, Francesco: Interpretazione e presa di posizione nella critica letteraria di WB. In: Allegoria. Jg. 2. Milano 1990. No. 4, S. 7-43.
340 Kiefer, Bernd: Rettende Kritik der Moderne. Studien zum Gesamtwerk WBs. Frankfurt/M. 1994.
341 Braese, Stephan: Auf der Spitze des Mastbaums. WB als Kritiker im Exil. In: Exil und Avantgarden. Hg. v. Claus-Dieter Krohn (u.a.). München 1998, S. 56-86.
342 Simonis, Annette: »Eine Miniatur dieser ganzen ... vielfach bedrohten Goetheschen Existenz«. Goethe-Rezeption u. -Kritik in den Schriften WBs. In: GRM 50, 2000, S. 443-459.
Mettler, 1990, Nr. 290

Benn, Gottfried (1886-1956)

343 GB: Gesammelte Werke in der Fassung der Erstdrucke. 4 Bde. Hg. v. Bruno Hillebrand. Frankfurt/M. 1989-90. – Bd. 3: Essays u. Reden. – Bd. 4: Szenen u. Schriften.
344 Wiese, Benno v.: GB als Literaturkritiker, insbesondere in seinem Briefwechsel mit F. W. Oelze. In: Zeit der Moderne. Zur dt. Lit. v. der Jh.wende bis zur Gegenwart. Hg. v. Hans-Henrik Krummacher, Fritz Martini u. Walter Müller-Seidel. Stuttgart 1984, S. 55-71.

Blei, Franz (1871-1942)

345 FB: Das große Bestiarium der modernen Literatur. Berlin 1922 (u.ö.). – Auch: München 1963.
346 FB: Der Dichter und das Leben. Ein Buch Kritik. München 1912.
347 FB: Portraits. Hg. v. Anne Gabrisch. Berlin 1986. – Auch: Wien, Köln, Graz 1987.
348 Zmegac, Viktor: Kulturdiagnostik und Lk bei FB. In: FB. Mittler der Literaturen. Hg. v. Dietrich Harth. Hamburg 1997, S. 9-18.

Bleibtreu, Carl (1859-1928)

349 CB: Revolution der Literatur. Leipzig 1886. – 3. verb. Aufl. 1887. – Komm. Reprint: Tübingen 1973.
350 Faber, Gustav: CB als Literaturkritiker. Berlin 1936. – Reprint: Nendeln 1967.

Bloch, Ernst (1885-1977)

351 EB: Deutschfrommes Verbot der Kunstkritik [1937]. In ders.: Literarische Aufsätze. Frankfurt/M. 1965, S. 43-56. – Auch in: Nr. 31, S. 120-131.

*Blöcker, Günter (*1913)*

352 GB: Lk. In: Kritik in unserer Zeit. Literatur, Theater, Musik, Bildende Kunst. Mit e. Vorw. v. Karl Otto. Göttingen 1960 (^{2}1962), S. 5-27.
353 GB: Kritisches Lesebuch. Literatur unserer Zeit in Probe u. Bericht. Hamburg 1962.
354 GB: Zur Situation der literarischen Kritik. In: DASDJb 1965. Heidelberg, Darmstadt 1966, S. 9-35.
355 GB: Literatur als Teilhabe. Kritische Orientierungen zur literarischen Gegenwart. Berlin 1966. – Auch: Stuttgart 1968.
356 GB: Selbstkritik der Kritik. In: Nr. 37, S. 11-16.

Bodmer, Johann Jakob (1698-1783)

357 [JJB u. Johann Jakob Breitinger:] Sammlung Critischer, Poetischer und andrer geistvollen Schriften, Zur Verbesserung des Urtheils und des

Wizes in den Wercken der Wolredenheit und der Poesie. 12 Stücke. Zürich 1741-44.
358 [Dies.:] Critische Briefe. Zürich 1746. – Reprint: Hildesheim 1969.
359 [Dies.:] Neue Critische Briefe, über ganz verschiedene Sachen, von verschiedenen Verfassern. Neue Auflage. Zürich 1763.
360 JJB u. Johann Jakob Breitinger: Schriften zur Literatur. Hg. v. Volker Meid. Stuttgart 1980.
361 Bender, Wolfgang: J. J. Bodmer und J. J. Breitinger. Stuttgart 1973, Kap. III.7: Kritisch-Ästhetische Schriften.
Braitmeier, 1888, Nr. 214, Bd. 1, Kap. 6 u. 7.
Tschacher, 1989, Nr. 221, Kap. III.

*Boehlich, Walter (*1921)*

362 WB: Mehr Schärfe! In: Merkur. Jg. 4. München 1950, S. 1137-1140.
363 WB: Kritik und Selbstkritik. In: Sind wir noch das Volk der Dichter und Denker? Hg. v. Gert Kalow. Reinbek 1964, S. 39-49.
364 WB: Autodafé. In: Kursbuch 15. Frankfurt/M. 1968, Beilage »Kursbogen«.

Böll, Heinrich (1917-1985)

365 HB: Aufsätze, Kritiken, Reden. 2 Bde. Köln, Berlin 1967. – Auch: München 1969.
366 HB: Werke. Essayistische Schriften u. Reden. 3 Bde. Köln 1979.
367 HB: Ein- und Zusprüche. Schriften, Reden u. Prosa 1981-1983. Köln 1984
368 In Sachen Böll. Ansichten u. Einsichten. Hg. v. Marcel Reich-Ranicki. Köln, Berlin 1968 (u.ö.). – Auch: München 1971 (u.ö.).
Streul, 1988, Nr. 185

Börne, Ludwig (1786-1837)

369 LB: Sämtliche Schriften. Hg. v. Inge u. Peter Rippmann. Bd. 2. Dreieich 1977. (Darin Kritiken u. Rezensionen.)
E. Keller, 1976, Nr. 289
Koopmann, 1987, Nr. 236
Stauf, 1993, Nr. 238

Brecht, Bertolt (1898-1956)

370 BB: Große kommentierte Berliner u. Frankfurter Ausgabe. Hg. v. Werner Hecht (u.a.). Bd. 21-23: Schriften 1-3. Berlin, Frankfurt/M. 1992-93.

Bredel, Willi (1901-1964)

371 WB: Über die Aufgaben der Literatur und Lk. Berlin 1952. – Neudr. in ders.: Gesammelte Werke in Einzelausgaben. Bd. 14: Publizistik. Hg. v. Klaus Kändler. Berlin, Weimar 1976. (Darin auch Rezensionen.)

Breitinger, Johann Jakob (1701-1776)

s. unter Bodmer

Brunner, Sebastian (1814-1893)

372 SB: Die Hofschranzen der Dichterfürsten. Der Goethecult u. dessen Tempeldiener. Würzburg 1889.

373 SB: Lessingiasis und Nathanologie. Eine Religionsstörung im Lessing- u. Nathan-Cultus. Paderborn 1990.

374 Kienesberger, Konrad: SBs Stellung zu Lessing, Goethe und Schiller. Ein österreich. Beitrag zur antiliberalen Kritik an der dt. Klassik im späten 19. Jh. Wels 1965.

375 Bauer, Werner M.: Geniekritik und Restauration. Die Künstlerromane SBs u. ihre Bedeutung in der österreich. Lit. des Vormärz. In: Jb. des Wiener Goethe-Vereins, Jg. 89-91, 1987, S. 205-240.

Claudius, Matthias (1740-1815)

376 CM: Sämtliche Werke. Textred.: Jost Perfahl. München 1984 (u.ö.).

377 Hagge, Ernst: MC als Literaturkritiker. In: Gestalt, Gedanke, Geheimnis. Hg. v. Rolf Bohnsack, Hellmut Heeger, Wolf Hermann. Berlin 1967, S. 131-144.

Curtius, Ernst Robert (1886-1956)

378 ERC: Literarische Kritik in Deutschland. Rede gehalten am 21. Januar 1950 in Hamburg bei der Entgegennahme des Lessingpreises der Hansestadt Hamburg. Hamburg [1950].

379 ERC: Kritische Essays zur europäischen Literatur. Bern 1950. – 2. erw. Aufl. 1954. – Auch: Frankfurt/M. 1984.

380 ERC: Büchertagebuch. Mit einem Nachw. v. Max Rychner. Bern, München 1960.

381 Richards, Earl J.: ERC Vermächtnis an die Lw. Die Verbindung v. Philologie, Lg u. Lk. In: ERC. Werk, Wirkung, Zukunftsperspektiven. Hg. v. Walter Berschin u. Arnold Rothe. Heidelberg 1989, S. 249-269.

Doderer, Heimito v. (1896-1966)

382 HvD: Die Ortung des Kritikers. In: Zeitwende. Jg. 31. Hamburg 1960, S. 165-174. – Auch in ders.: Die Wiederkehr der Drachen. Aufsätze, Traktate, Reden. Hg. v. Wendelin Schmidt-Dengler. München 1970, S. 205-218.

383 HvD: Von Figur zu Figur. Briefe an Ivar Ivask über Literatur u. Kritik. Hg. v. Wolfgang Fleischer. München 1996.

*Drews, Jörg (*1938)*

384 JD: Luftgeister und Erdenschwere. Rezensionen zur deutschen Literatur 1967-1999. Frankfurt/M. 1999.

Edschmid, Kasimir (1890-1966)

385 KE: Über den Expressionismus in der Literatur und die neue Dichtung. Berlin 1919.
386 KE: Die doppelköpfige Nymphe. Aufsätze über die Literatur u. die Gegenwart. Berlin 1920.
387 KE: Frühe Manifeste, Epochen des Expressionismus. Hamburg 1957.
388 KE: Essay, Rede, Feuilleton. Eine Auswahl. Hg. v. Walter Schmiede. Darmstadt 1990.

Eichendorff, Joseph Freiherr von (1788-1857)

389 JFvE: Sämtliche Werke. Hist.-krit. Ausg. Bd. 1 ff. Regensburg, [seit 1995:] Tübingen 1908ff. – Bd. 8-9: Literarhistorische Schriften. – 18/1-3: Eichendorff im Urteil seiner Zeit.
390 JFvE: Werke in 6 Bdn. Bd. 6: Geschichte der Poesie. Hg. v. Hartwig Schultz. Frankfurt/M. 1990.
391 Riemen, Alfred: Lk als Religions- u. Gesellschaftskritik. In: Ich bin mit der Revolution geboren. JvE 1788-1857. Ausstellung. Ratingen 1988, S. 334-347.

Feuchtwanger, Lion (1884-1958)

392 LF: Centum Opuscula. Eine Auswahl. Zs.gest. u. hg. v. Wolfgang Berndt. Rudolstadt 1956. (Aufsätze, Kritiken.)
393 Villard, Claudie: Zwischen ästhetischem Anspruch u. politischem Engagment. LFs Lk im Exil. In: Exil. Jg. 10. Maintal 1990. Nr. 1, S. 91-100.

Fontane, Theodor (1819-1898)

394 TF: Sämtliche Werke. 25 Bde. München 1959-75. – Bd. 21/1-2: Literarische Essays und Studien.
395 TF: Schriften zur Literatur. Hg. v. Hans-Heinrich Reuter. Berlin 1960.
396 Biener, Joachim: F als Literaturkritiker. Rudolstadt 1956.
397 Reuter, Hans-Heinrich: Entwicklung u. Grundzüge der Lk TFs. In: WB 5, 1959, S. 183-223.
398 Jorgensen, Sven-Aage: Der Literaturkritiker TF. In: Neophilologus. Jg. 48. Groningen 1964, S. 220-230.
399 Berg-Ehlers, Luise: TF und die Lk. Zur Rezeption eines Autors in der

zeitgen. konservativen u. liberalen Berliner Tagespresse. Bochum 1990.
Berman, 1983, Nr. 245

Forster, Georg (1754-1794)

400 GF: Werke. Sämtl. Schriften, Tagebücher, Briefe. 18 Bde. Berlin 1958ff. – Bd. 7: Kleine Schriften zu Kunst und Literatur. – Bd. 11: Rezensionen.
401 GF: Werke in 4 Bdn. Hg. v. Gerhard Steiner. Bd. 3: Kleine Schriften zu Kunst, Literatur, Philosophie, Geschichte u. Politik. Leipzig o. J. [1970].

Freytag, Gustav (1816-1895)

402 GF: Gesammelte Werke. Neue wohlfeile Ausg. Serie 1. Bd. 8: Aufsätze zur Geschichte, Literatur u. Kunst. Leipzig, Berlin o.J. [1920].
403 GF: Vermischte Aufsätze aus den Jahren 1848-1894. Ges. u. hg. v. Ernst Elster. 2 Bde. Leipzig 1901-03. (Darin Rezensionen aus den »Grenzboten«.)
404 Thiele, Adolf: GF, der Grenzbotenjournalist. Münster 1925. (Diss.)

Frisch, Max (1911-1991)

405 MF: Gesammelte Werke in zeitlicher Folge. 6 Bde u. Erg.bd. Hg. v. Hans Mayer u. Walter Schmitz. Frankfurt/M. 1976 u. 1986. (Besprechungen u. Kritiken in Bd. 1 u. 2.)
406 Über Max Frisch. Hg. v. Thomas Beckermann. / Bd. 2. Hg. v. Walter Schmitz. Frankfurt/M. 1971 u. 1976. (Ausgew. Rezensionen.)
P. Schneider, 1965, Nr. 732

Fühmann, Franz (1922-1984)

407 FF: Essays, Gespräche, Aufsätze 1964-1981. Rostock 1983. (Darin u.a., S. 67-81: Literatur und Kritik; Erstdr.: NDL 1974, H. 2.)
Auer, 1974, Nr. 310

Gerstenberg, Heinrich Wilhelm v. (1737-1823)

s. auch Kap. 4.8: Briefe über Merkwürdigkeiten der Litteratur

408 HWvG: Rezensionen in der Hamburgischen neuen Zeitung 1767-1776. Hg. v. Otto Fischer. Berlin 1904.
409 Fischer, Otto: G als Rezensent der Hamburgischen Neuen Zeitung 1767-1771. In: Euphorion. Bd. 10. Leipzig, Wien 1903, S. 56-76.

Goethe, Johann Wolfgang (1749-1832)

s. auch Kap. 4.8: Allgemeine Literaturzeitung

410 JWG: Schriften zur Literatur. Histor.-krit. Ausg. Hg. v. Edith u. Horst Nahler u. Johanna Salomon. 7 Bde. Berlin 1970-82.

411 Schiller und G im Urtheile ihrer Zeitgenossen. Zeitungskritiken, Berichte, Notizen Schiller u. G u. deren Werke betreffend, ges. u. hg. v. Julius W. Braun. Abt. II: Goethe. 3 Bde. Berlin 1883-85. – Reprint: Hildesheim 1969.

412 G im Urteil seiner Kritiker. Dokumente zur Wirkungsgeschichte Gs in Deutschland. Hg., eingel. u. komm. v. Karl Robert Mandelkow. 4 Bde. München 1975-84.

413 Jessen, Myra Richards: Goethe als Kritiker der Lyrik. Beiträge zu seiner Ästhetik u. seiner Theorie. Tübingen 1932.

414 Curtius, Ernst Robert: G als Kritiker. In ders.: Kritische Essays zur europäischen Literatur. Bern 1950 ([3]1963), S. 28-58. – Auch Frankfurt/M. 1984.

415 Joisten, Christa: Strukturen der Lk Gs. Köln 1959.

416 Wiecha, Joseph: G als Literaturkritiker im Lichte der bisherigen Forschung. New York 1962. (Diss. masch.)

417 Wohlleben, Joachim: Gs Lk. Die Wandlungen der Grundeinstellung Gs als Kritiker von der Rückkehr aus Italien bis zu seinem Tode. Düsseldorf 1965. (Diss.)

418 Smith, Christopher J.: Gs book reviews of 1816-1832 and their significance for his attitude to literature and criticism. Oxford 1982. (Diss.)

419 Koopmann, Helmut: Dichter, Kritiker, Publikum. Schillers u. Gs Rezensionen als Indikatoren e. sich wandelnden Lk. In: Unser Commercium. Gs u. Schillers Literaturpolitik. Hg. v. Wilfried Barner, Eberhard Lämmert u. Norbert Oellers. Stuttgart 1984, S. 79-106.

420 G as a critic of literature. Ed. by Karl J. Fink and Max L. Baeumer. Lanham, New York, London 1984.

421 Haenelt, Karin: Studien zu Gs literarischer Kritik. Ihre Voraussetzungen u. Möglichkeiten. Frankfurt/M., Bern 1985.

422 Sommerhäuser, Hanspeter: Wie urteilt G? Die ästhet. Maßstäbe Gs auf Grund seiner liter. Rezensionen. Franfurt/M. 1985.

423 Grüning, Hans-Georg: G critico della letteratura italiana. Palermo 1988.

424 Leistner, Bernd: Der Xenien-Streit. In: Debatten und Kontroversen. Literarische Auseinandersetzungen in Dtl. am Ende des 18. Jhs. Hg. v. Hans-Dietrich Dahnke u. B. Leistner. Bd. 1. Berlin, Weimar 1989, S. 451-539.

425 Schwarzbauer, Franz: Die Xenien. Studien zur Vorgeschichte der Weimarer Klassik. Stuttgart, Weimar 1993. (Diss.)

Brunner, 1889, Nr. 372
Morris, 1909, Nr. 488
Fambach, 1953, Nr. 261, Bd. 1

Görres, Joseph (1776-1848)

426 JG: Gesammelte Schriften. Bd. 1ff. Köln, Bachem 1926ff. – Bd. 3-4: Geistesgeschichtl. u. lit. Schriften. – Bd. 6-11: Rheinischer Merkur.

427 Schultz, Franz: JG als Herausgeber, Literaturhistoriker, Kritiker im Zusammenhange mit der jüngeren Romantik. Berlin 1902. – Reprint: New York, London 1967.

Gottsched, Johann Christoph (1700-1766)

428 JCG: Ausgewählte Werke. Bd. 6/1-4: Versuch einer Critischen Dichtkunst. Hg. v. Joachim Birke u. Brigitte Birke u. [Bd. 6/4] v. P. M. Mitchell. Berlin, New York 1973-78.
429 JCG: Schriften zur Literatur. Hg. v. Horst Steinmetz. Stuttgart 1972.
430 Rieck, Werner: JCG. Eine kritische Würdigung seines Werkes. Berlin 1972. Kap 4.2: Das Gesetz der Kritik.
Braitmeier, 1888, Nr. 214, Bd. 1, Kap. 4 u. 5.
Tschacher, 1989, Nr. 221, Kap. IV.

*Grass, Günter (*1927)*

431 GG: Aufsätze zur Literatur. Darmstadt, Neuwied 1980.
432 Lk aus Autorenperspektive. GG im Gespräch mit Stephan Lohr. In: DDU 43, 1991, 1, S. 69-73.
433 Loschütz, Gert: Von Buch zu Buch. GG in der Kritik. Eine Dokumentation. Neuwied, Berlin 1968.
434 Görtz, Franz Josef: GG. Zur Pathogenese eines Markenbildes. Meisenheim/Glan 1978. (Über Lk zu »Blechtrommel« bis »Örtlich betäubt«.)
435 Die Blechtrommel – Attraktion und Ärgernis. Ein Kapitel dt. Lk. Hg. v. Franz Josef Görtz. Darmstadt, Neuwied 1984.
436 Görtz, Franz Josef: Geisterstimmen aus der Provinz. GG u. die Lk auf dem flachen Land. In ders.: Innenansichten. Über Literatur als Geschäft. Frankfurt/M. 1987, S. 9-31.
437 Blech getrommelt. GG in der Kritik. Hg. v. Heinz Ludwig Arnold. Göttingen 1997.
438 Boßmann, Timm: Der Dichter im Schußfeld. Geschichte u. Versagen der Lk am Beispiel GG. Marburg 1997.
Streul, 1988, Nr. 185

*Greiner, Ulrich (*1945)*

439 UG: Wer hat Angst vorm Feuilleton? Anmerkungen zu einem diffusen Mißmut. In: Nr. 118, S. 257-261. (Zuerst in: Die Zeit, Nr. 10, 1992.)
440 UG: Mitten im Leben. Literatur u. Kritik. Frankfurt/M. 2000.

Grillparzer, Franz (1791-1872)

441 FG: Sämtliche Werke. Hist.-krit. Gesamtausg. 42 Bde. Wien 1917-48. (Reprint: Wien 1972.) – Abt. I, Bd. 14: Prosaschriften. – Abt. II, Bd. 6: Prosawerke.
442 Milch, Werner: Gs literarische Kritik. In: Jb. der G-Gesellschaft. Jg. 33. Wien 1935, S. 42-52. – Auch in ders.: Kleine Schriften zur Literatur-

u. Geistesgeschichte. Mit e. Nachw. hg. v. Gerhard Burkhardt. Heidelberg, Darmstadt 1957, S. 38-46.

443 Horvay, Frank D.: G as a critic of German literature. St. Louis 1949. (Diss.)

444 Rüdiger, Horst: G als Literaturkritiker. In: Die österreichische Literatur. Ihr Profil im 19. Jh (1830-1880). Hg. v. Herbert Zeman. Graz 1982, S. 263-277.

Gruppe 47

445 Die Gruppe 47. Ein krit. Grundriß. Hg. v. Heinz Ludwig Arnold. 2., gründl. überarb. Aufl. München 1987. (Kap. 3: Die Gruppe 47 u. der Literaturbetrieb.)

446 Vormweg, Heinrich: Die Kritiker der Gruppe 47 – innen und außen. In: Die Gruppe 47 in der Geschichte der Bundesrepublik. Hg. v. Justus Fetscher, Eberhard Lämmert u. Jürgen Schutte. Würzburg 1991, S. 239-250.

Gutzkow, Karl (1811-1878)

447 KG: Vermittelungen. Kritiken u. Charakteristiken. Leipzig 1842.

448 KG: Liberale Energie. Eine Sammlung seiner kritischen Schriften. Ausgew. u. eingel. v. Peter Demetz. Frankfurt/M., Berlin, Wien 1974. (S. 10-33: Der Literaturkritiker KG. Eine Einführung.)

449 KG: Schriften. 2 Bde u. Komm.bd. Hg. v. Adrian Hummel. Bd. 2: Literaturkritisches-Publizistisches. Autobiographisch-Itinerarisches. Frankfurt/M. 1998.

450 Houben, Heinrich Hubert: Gutzkow-Funde. Beiträge zur Literatur- und Kulturgeschichte des 19. Jhs. Berlin 1901.

451 Iben, Harry: KG als literarischer Kritiker. Die jungdeutsche Periode. Greifswald 1928. (Diss.)

452 Freiburg-Rüter, Klemens: Der literarische Kritiker KG. Eine Studie über Form, Gehalt und Wirkung seiner Kritik. Leipzig 1930.

453 McConkey, Elizabeth: KG as literary critic, with special emphasis on the period 1852-1862. Chicago 1941. (Diss.)

454 Wegener, Bernd: KG. Lk u. Zeitgeist. Anmerkungen zu einigen Prämissen jungdeutscher Lk. In: Zs. f. Religions- u. Geistesgeschichte. Jg. 33. Köln 1981, S. 289-322.
Steinecke, 1982, Nr. 233 (Kap. B.I)

Haas, Willy (1891-1973)

455 WH: Gestalten. Essays zur Literatur u. Gesellschaft. Berlin, Frankfurt/M. 1962.

456 WH: Zeitgemäßes aus der »Literarischen Welt« von 1925-1932. Stuttgart 1963.

*Hamm, Peter (*1937)*

457 PH: Der Großkritiker. Lk als Anachronismus. In: Nr. 288, S. 20-39.
Fischer, 1974, Nr. 833, Kap. III, Anhang: PH als »avantgardistischer« Kritiker

*Handke, Peter (*1942)*

458 Pfister, Gerhard: Hs Mitspieler. Die literarische Kritik zu »Der kurze Brief zum langen Abschied«, »Langsame Heimkehr«, »Das Spiel vom Fragen«, »Versuch über die Müdigkeit«. Bern, Berlin 2000.
Lüdke, 1986, Nr. 181
Anz, 1990, Nr. 187

Hart, Heinrich (1855-1906) und Hart, Julius (1859-1930)

459 HH und JH: Kritische Waffengänge. 6 Hefte. Leipzig 1882-84. – Reprint mit e. Einf. v. Mark Boulby. New York, London 1969.
460 HH: Gesammelte Werke. Hg. v. J. Hart. 4 Bde. Berlin 1907. (Ausgew. Aufsätze in Bd. 3 u. 4.)

Hebbel, Friedrich (1813-1863)

461 FH: Sämtliche Werke. Hist.-krit. Ausg. besorgt v. Richard Maria Werner. 27 Bde. in 3 Abtn. Berlin 1911-22. Abt. I, Bd. 9-12: Vermischte Schriften.
462 Kubiczek, Inge: H als Journalist. Wien 1949. (Diss. masch.)
463 Esselbrügge, Kurt: H als Rezensent. In: H-Jb. Heide/Holstein 1956, S. 28-33.

Hegel, Georg Wilhelm Friedrich (1770-1831)

464 GWFH: Gesammelte Werke. Erste Abteilung. Hg. v. der Nordrhein-Westfälischen Akademie der Wissenschaften. Bd. 1ff. Hamburg 1968 ff. (22 Bde. geplant.) – Bd. 4: Jenaer kritische Schriften. – Bd. 16: Schriften und Entwürfe II. (Enthält u.a. Rezensionen.)
465 Schüßler, Ingrid: Hs Kritik an der deutschen Literatur seiner Zeit. Freiburg i. Br. 1953. (Diss. masch.)
466 Jamme, Christoph: H als Rezensent. In: H-Studien. Bd. 28. Bonn 1993, S. 267-283.
467 Poeggeler, Otto: Hs Kritik der Romantik. München 1999.

Heimann, Moritz (1868-1925)

468 MH: Kritik der Kritik? Berlin 1903.
469 MH: Die Wahrheit liegt nicht in der Mitte. Essays. Mit einem Nachwort v. Wilhelm Lehmann. Frankfurt/M. 1966.
470 MH: Kritische Schriften. Hg. v. Helmut Prang. Zürich, Stuttgart 1969.

471 MH: Was ist das: ein Gedanke? Essays. Hg. u. mit e. Nachw. v. Gert Mattenklott. Frankfurt/M. 1986.
472 Heydebrand, Renate v.: MH. Über den Zusammenhang von Weltbild u. Lk. In: Zeit der Moderne. FS Bernhard Zeller. Stuttgart 1984, S. 171-225.
473 Mattenklott, Gert: Literarische Kritik im Kontext deutscher Judaica (1895-1933): MH u. Efraim Frisch. In: Nr. 43, S. 87-97.

Heine, Heinrich (1797-1856)

474 HH: Säkularausgabe. Werke, Briefwechsel, Lebenszeugnisse. Bd. 1ff. Berlin, Paris 1970ff. (Insbes. Bd. 4, 8-12.)
475 HHs Werk im Urteil seiner Zeitgenossen. Hg. v. Eberhard Galley u. Alfred Estermann. Bd. 1ff. Hamburg 1981ff. (Rezensionen u.a.)
476 Die französische H-Kritik. Hg. v. Hans Hörling. Bd. 1ff. Stuttgart, Weimar 1996 ff. (4 Bde geplant.)
477 Kuttenkeuler, Wolfgang: HH. Theorie u. Kritik der Literatur. Stuttgart 1972.
478 Hohendahl, Peter Uwe: Geschichte und Modernität. Hs Kritik an der Romantik. In: Jb. d. Dt. Schillergesellschaft. Jg. 17. Stuttgart 1973, S. 318-361. – Auch in: Nr. 21, S. 50-101.
479 Neubert, Werner: Die Rezensionen des HH. In: Nr. 636, S. 72-91.
480 Thiam, Momath: HHs Malerei-, Literatur- und Musikkritiken. Die Verbindung von Kunstreflexion und politischer Reflexion. Frankfurt/M., Bern 1988. (Diss.)
Pinkert, 1985, Nr. 209
Koopmann, 1987, Nr. 236
Stauf, 1993, Nr. 238

Heinse, Wilhelm (1746-1803)

481 WH: Sämtliche Werke. Hg. v. Carl Schüddekopf. 10 Bde. Leipzig 1902-25. – Bd. 3/1-2: Kleine Schriften.
482 Schröder, Carl Freiherr v.: H als Kritiker der Literatur. Freiburg i. Br. 1951. (Diss. masch.)

Heißenbüttel, Helmut (1921-1996)

483 HH: Über Literatur. Olten, Freiburg 1966.
484 HH und Heinrich Vormweg: Briefwechsel über Literatur. Neuwied, Berlin 1969, [Kap.] 3: Über Kritik.
485 HH: Zur Tradition der Moderne. Aufsätze u. Anmerkungen 1964-1971. Neuwied, Berlin 1971.

Herder, Johann Gottfried (1744-1803)

486 JGH: Sämmtliche Werke. 33 Bde. Hg. v. Bernhard Suphan (u.a.). Berlin 1877-1913. – Reprint: Hildesheim 1967-68. (Zur Lk bes. in Bd. 1-5, 15-16, 23-24.)

487 Hoffmann, Otto: H als Mitarbeiter an der Allgemeinen Deutschen Bibliothek. In: Archiv f. Lg. Bd. 15. Leipzig 1887, S. 238-253.
488 Morris, Max: Goethes u. Hs Anteil an dem Jahrgang 1772 der Frankfurter Gelehrten Anzeigen. Stuttgart, Berlin 1909. ²1915.
489 Wedel, Max: H als Kritiker. Berlin 1928. – Reprint: Nendeln 1967.
490 Kohlschmidt, Werner: H-Studien. Untersuchungen zu Hs krit. Stil u. zu seinen lit.krit. Grundeinsichten. Berlin 1929. (Diss.)
491 Kathan, Anton: Hs Lk. Untersuchungen zu Methodik u. Struktur am Beispiel der frühen Werke. Göppingen 1969.
492 Gaycken, Hans-Jürgen: JGH und seine zeitgenössischen Kritiker. Herderkritik in der »Allgemeinen Deutschen Bibliothek«. Bern, Frankfurt/M. 1985.
493 Knoll, Renate: H als Promotor Hamanns. Zu Hs früher Lk. In: H today. Ed. by Kurt Mueller-Vollmer. Berlin, New York 1990, S. 207-227.

Herwegh, Georg (1817-1875)

494 GH: Frühe Publizistik 1837-1841. Hg. v. Ingrid Pepperle (u.a.). Berlin, Weimar 1971.
495 GH: Über Literatur und Gesellschaft. Bearb. u. eingel. v. Agnes Ziegengeist. Berlin 1971.
496 Ziegengeist, Agnes: Die Lk des jungen GH. Mit neuen Texten aus Hs Frühwerk. Berlin 1965. (Diss. masch.)
497 Kleiss, Peter: GHs Lk. Demokratisches Programm u. repressiver Gestus. Frankfurt/M., Bern 1982. (Diss.)

Hesse, Hermann (1877-1962)

498 HH: Gesammelte Werke in 12 Bdn. Hg. v. Volker Michels. Bd. 11-12: Schriften zur Literatur. Frankfurt/M. 1970 (u.ö.).
499 HH: Die Welt im Buch. Leseerfahrungen. Hg. v. Volker Michels u. Heiner Hesse. Bd. 1ff. Frankfurt/M. 1998ff. (Ges. Rezensionen.)
500 Stelzig, Eugene L.: HH as a literary critic. In: Modern language quarterly. Jg. 41. Seattle 1980, S. 268-286.
501 Schwarz, Egon: HHs Buchbesprechungen. Reaktionen auf ihre Form, Ästhetik u. Geschichtlichkeit. In: HH heute. Hg. v. Adrian Hsia. Bonn 1980, S. 132-203. – Auch in ders: Dichtung, Kritik, Geschichte. Essays zur Literatur 1900-1930. Göttingen 1983, S. 172-211.
502 Kym, Annette: HHs Rolle als Kritiker. Eine Analyse seiner Buchbesprechungen im »März«, »Vivos Voco« u. »Bonniers Litterära Magasin«. Bern, Frankfurt/M. 1984.
503 Abret, Helga: HH als Rezensent europäischer Literatur. In: FS für Albert Schneider. Hg. v. Ferdinand Hoffmann u. Joseph Kohnen. Luxembourg 1991, S. 163-178.

*Hilbig, Wolfgang (*1941)*

504 WH: Abriß der Kritik. Frankfurter Poetikvorlesungen. Frankfurt/M. 1995.

Hildesheimer, Wolfgang (1916-1991)

505 WH: Gesammelte Werke. 7 Bde. Frankfurt/M. 1991. – Bd. 7: Vermischte Schriften.
506 Über WH. Hg. v. Dierk Rodewald. Frankfurt/M. 1971. (Enthält ausgew. Rezensionen.)

Hofmannsthal, Hugo von (1874-1929)

507 HvH: Gesammelte Werke in 10 Einzelbdn. Hg. v. Bernd Schoeller. Frankfurt/M. 1979-80. – Bd. 8-10: Reden u. Aufsätze.
508 Hofmeister, Karl Heinz: Der Kritiker u. Essayist HvH. Die Entwicklung u. das Wesen seiner Kunst- u. Lebensanschauungen. Hamburg 1953. (Diss. masch.)
509 Ivask, Ivar V.: H. als Kritiker der deutschen Literatur. Univ. of Minnesota 1953. (Diss.)
510 Schwarz, Egon: HvH as a critic. In: On four modern humanists. Ed. by Arthur R. Evans. Princeton/N.J. 1970, S. 3-53.
511 Wellek, René: H als Literaturkritiker. In: Arcadia. Jg. 20. Berlin, New York 1985, S. 61-71.
512 Kehrmann, Boris: H als Literaturkritiker. Ansätze, Methoden, Resultate. In: Ethik u. Ästhetik. Werke u. Werte in der Literatur vom 18. bis zum 20. Jh. Hg. v. Richard Fisher. Frankfurt/M., Berlin 1995, S. 497-508.

Hölderlin, Friedrich (1770-1843)

513 H: Sämtliche Werke. Große Stuttgarter Ausgabe. Bd. 7/4: Rezensionen, Würdigungen 1791-1847. Hg. v. Adolf Beck. Stuttgart 1977.

*Höllerer, Walter (*1922)*

514 WH: Zur literarischen Kritik in Deutschland. Vortrag. In: SITZ 1, 1961/62, H. 2, S. 153-164.
515 WH: Die Kritik angesichts der Poesie. In: Der Monat. Weinheim 1965, H. 196, S. 41-48.

Holthusen, Hans Egon (1913-97)

516 HEH: Ja und nein. Neue kritische Versuche. München 1954. (Darin S. 7-15: Über den Kritiker und sein Amt.)
517 HEH: Das Schöne und das Wahre. Neue Studien zur modernen Literatur. München 1958.

518 HEH: Kritisches Verstehen. Neue Aufsätze zur Literatur. München 1961. ²1971.
519 HEH: Plädoyer für den Einzelnen. Kritische Beiträge zur literarischen Diskussion. München 1967.
520 HEH: Kreiselkompaß. Kritische Versuche zur Literatur der Epoche. München 1976.
521 HEH: Vom Eigensinn der Literatur. Kritische Versuche aus den achtziger Jahren. Stuttgart 1989.
522 Demetz, Peter: Der Kritiker H. Wandlungen u. Motive. In: Merkur. Jg. 14. Stuttgart 1960, S. 277-283.

*Jens, Walter (*1923)*

523 WJ: Deutsche Literatur der Gegenwart. Themen, Stile, Tendenzen. München 1961.
524 WJ: Fernsehen, Themen und Tabus. Momos 1963-1973. München 1973.
525 WJ: Momos am Bildschirm 1973-1983. München, Zürich 1984.

Johnson, Uwe (1934-1984)

526 Über UJ. Hg. v. Reinhart Baumgart. Frankfurt/M. 1970. (Ausgew. Rezensionen.)
527 UJs Frühwerk im Spiegel der deutschsprachigen Lk. Hg. v. Nicolai Riedel. Bonn 1987.
528 Riedel, Nicolai: Untersuchungen zur Geschichte der internationalen Rezeption UJs. Hildesheim, Zürich, New York 1985, Kap. 4: UJs Werke in der feuilletonist. Lk. Ein internat. Pressequerschnitt.

Kafka, Franz (1883-1924)

529 FK – Kritik und Rezeption zu seinen Lebzeiten. 1912-1924. Hg. v. Jürgen Born. Frankfurt/M. 1979.
530 FK – Kritik und Rezeption 1924-1938. Hg. v. Jürgen Born. Frankfurt/M. 1983.

*Kaiser, Joachim (*1928)*

531 JK: Kritik als Beruf. In: Der Monat. Jg. 17. Weinheim 1964/65, H. 202, S. 32-43. – Auch in ders.: Kleines Theatertagebuch. Reinbek 1965, S. 9-29.
532 JK: Kritik als spontaner Impuls. In: Nr. 288, S. 15-19.
533 JK: Die Freiheit der Kritik heute. In: DASDJb 1970. Heidelberg, Darmstadt 1971, S. 63-73.
534 JK: Mürrische Nacht-Gedanken zum Thema »Kritik«. In: Nr. 37, S. 103-108.
535 JK: Erlebte Literatur. Vom »Doktor Faustus« zum »Fettfleck«. Dt. Schriftsteller in unserer Zeit. München, Zürich 1988.

536 Kritikers Kummer – Kritikers Freund. Eine öffentliche Unterhaltung zwischen JK u. Marcel Reich-Ranicki. München 1994. (CD.)
537 JK: Von Wagner bis Walser. Neues zu Literatur u. Musik. Zürich, München 1999.

*Karasek, Hellmuth (*1934)*

538 Karaseks Kulturkritik. Literatur, Film, Theater. Hamburg 1988.
538a [JK, Sigrid Löffler, Marcel Reich-Ranicki:] ... und alle Fragen offen. Das Beste aus dem Literarischen Quartett. Hg. v. Stephan Reichenberger. München 2000.
Koch u. Pütz, 1990, Nr. 908
Hussel, 2000, Nr. 914

Kasack, Hermann (1896-1966)

539 Hinck, Walter: HK als Literaturkritiker und Mitarbeiter des Berliner Rundfunks (1925-1932). In: HK – Leben u. Werk. Hg. v. Helmut John u. Lonny Neumann. Frankfurt/M., Berlin 1994, S. 19-27.

Keller, Gottfried (1819-1890)

540 GK: Sämtliche Werke. Hg. v. Jonas Fränkel u. Carl Helbling. 22 Bde. Bern, Erlenbach-Zürich 1926-1949. – Bd. 22: Aufsätze zur Literatur u. Kunst.
541 GK: Sämtliche Werke in 7 Bdn. Frankfurt/M. 1985-96. – Bd. 7: Aufsätze, Dramen, Tagebücher. Hg. v. Dominik Müller.
542 Zäch, Alfred: GK im Spiegel seiner Zeit. Urteile u. Berichte v. Zeitgenossen über den Menschen u. Dichter. Zürich 1952.
543 Luck, Rätus: GK als Literaturkritiker. Bern, München 1970.

Kerr, Alfred (1867-1948)

544 AK: Gesammelte Schriften. 7 Bde. Berlin 1917-20.

Kesten, Hermann (1900-1996)

545 HK: Filialen des Parnaß. 31 Essays. München 1961.
546 HK: Lauter Literaten. Porträts, Erinnerungen. München, Wien, Basel 1963. (Mit dem Untertitel »Porträts, Kritik an Zeitgenossen, Erinnerungen«: München, Zürich 1966.)

*Kirchhoff, Bodo (*1948)*

547 BK: Schreiben und Narzißmus. Was dem Schriftsteller seine Legende raubt – oder: Das Medienzeitalter ist wie für Rezensenten gemacht. In: NR 106, 1995, 2, S. 51-68. – Auch in ders.: Legenden um den eigenen Körper. Frankfurter Vorlesungen. Frankfurt/M. 1995, Kap. 3.

Kraus, Karl (1874-1936)

548 Die Fackel. Herausgeber: KK. 12 Bde. [Reprint.] München 1968-76. – Auch: Frankfurt/M. 1977.
549 Kohn, Caroline: KK. Stuttgart 1966. (Zuerst frz.: Paris 1962.)
550 Iggers, Wilma Abeles: KK. A Viennese critic of the 20th century. The Hague 1967.
551 Arntzen, Helmut: KK als Kritiker des Fin de siècle. In: Fin de siècle. Zur Literatur u. Kunst der Jahrhundertwende. Hg. v. Roger Bauer. Frankfurt/M. 1977, S. 112-124.
552 Zohn, Harry: KK and the critics. Columbia 1997.

Kühne, Ferdinand Gustav (1806-1888)

553 FGK: Weibliche und männliche Charaktere. Bd. 1-2. Leipzig 1838.
554 FGK: Portraits und Silhouetten. Bd. 1-2. Hannover 1843.
555 FGK: Deutsche Charaktere. Bd. 1-4. Leipzig 1864-65.
Steinecke, 1982, Nr. 233, Kap. B.V

Kürnberger, Ferdinand (1821-1879)

556 FK: Literarische Herzenssachen. Reflexionen u. Kritiken. Wien 1877.
557 FK: Feuilletons. Ausgew. u. eingel. v. Karl Riha. Frankfurt/M. 1967.
558 Wessely, R.: FK. Mensch u. Kritiker. Wien 1948. (Diss. masch.)
559 Arnold, Heinz: Ästhetische Anschauungen und literaturkritische Urteile FKs. Leipzig 1966. (Diss. masch.)

Landauer, Gustav (1870-1919)

560 GL: Zeit und Geist. Kulturkritische Schriften 1890-1919. Hg. v. Rolf Kauffeldt u. Michael Matzigkeit. München 1997.
561 GL: Dichter, Ketzer, Außenseiter. Essays u. Reden zu Literatur, Philosophie, Judentum. Hg. v. Hanna Delf. Berlin 1997.
562 Jäger, Lorenz: Anmerkungen zu Ls Lk. In: GL (1870-1919). Eine Bestandsaufnahme zur Rezeption seines Werkes. Hg. v. Leonhard M. Fiedler. Frankfurt/M., New York 1995, S. 204-218.

Laube, Heinrich (1806-1884)

563 HL: Moderne Charakteristiken. Bd. 1-2. Mannheim 1835.
564 HL: Gesammelte Werke in 50 Bdn. Hg. v. Heinrich Hubert Houben. Leipzig 1908-09. – Bd. 49-50: Moderne Charakteristiken.
565 Kritiken von HL (1829-1835). Ausgew. u. eingel. als Beitrag zur Geschichte des »Jungen Deutschland« von S. D. Stirk. Breslau 1934. (Textauszüge.)
566 Andree, Hans: HL als jungdeutscher Journalist. Tübingen 1923. (Diss.)
Steinecke, 1982, Nr. 233, Kap. B.III

Lenz, Jakob Michael Reinhold (1751-1792)

567 JMRL im Urteil dreier Jahrhunderte. Ges. u. hg. v. Peter Müller u. Jürgen Stötzer. 3 Bde. Bern, Berlin, Frankfurt/M. 1995. (In Bd. 1 zeitgen. Rezensionen.)

*Lenz, Siegfried (*1926)*

568 SL: Beziehungen. Ansichten u. Bekenntnisse zur Literatur. Hamburg 1970. – Auch: München 1972.

569 SL: Elfenbeinturm u. Barrikade. Erfahrungen am Schreibtisch. Hamburg 1983. – Auch: München 1986.

570 SL: Über das Gedächtnis. Reden u. Aufsätze. Hamburg 1992.
Oehrens, 1973, Nr. 76, S. 143-153 Abdr. e. Interviews mit SL

Lessing, Gotthold Ephraim (1729-1781)

s. auch Kap. 4.8: Briefe, die neueste Literatur betreffend

571 GEL: Werke und Briefe in 12 Bdn. Hg. v. Wilfried Barner u.a. Frankfurt/M. 1985ff.

572 L im Urtheile seiner Zeitgenossen. Zeitungskritiken, Berichte u. Notizen, L u. seine Werke betreffend, aus den Jahren 1747 bis 1781. Ges. u. hg. v. Julius W. Braun. 3 Bde. Berlin 1884-97. – Reprint: Hildesheim 1969.

573 L – ein unpoetischer Dichter. Dokumente aus drei Jahrhunderten zur Wirkungsgeschichte Ls in Dtl. Hg., eingel. u. komm. v. Horst Steinmetz. Frankfurt/M., Bonn 1969. (Mit zeitgen. Rezensionen.)

574 Consentius, Ernst: L und die Vossische Zeitung. Bern 1901. (Diss.) – Erw. Fassg.: Leipzig 1902.

575 Baumann, Adolf: Studien zu Ls Lk. Zürich 1951.

576 Strohschneider-Kohrs,Ingrid: Vom Prinzip des Maßes in Ls Kritik. Stuttgart 1969.

577 Hoensbroech, Marion: Die List der Kritik. Ls kritische Schriften und Dramen. München 1976.

578 Gaycken, Hans-Jürgen: GEL. Kritik seiner Werke in Aufklärung und Romantik. Frankfurt/M., Bern 1980. (Zu Rezensionen in der »Allgemeinen Deutschen Bibliothek«.)

579 Berghahn, Klaus L.: »Zermalmende Beredsamkeit«. Ls Lk als Polemik. Ein Essay. In: LY 24/1992. Detroit 1993, S. 25-44.

580 Baasner, Rainer: Ls frühe Rezensionen. Die »Berlinische Privilegirte Zeitung« im Differenzierungsprozeß der Gelehrtenrepublik. In: Streitkultur. Strategien des Überzeugens im Werk Ls. Hg. v. Wolfram Mauser u. Günter Saße. Tübingen 1993, S. 129-138.

581 Grimm, Gunter E.: »O, der Polygraph!« Satire als Disputationsinstrument in Ls lit.krit. Schriften. In: Streitkultur [wie vorherige Nr.], S. 258-268.

582 Guthke, Karl S.: Ls Rezensionen. Besuch in einem Kartenhaus. In: Jb. des Freien Deutschen Hochstifts. Tübingen 1993, S. 1-59.
583 Fick, Monika: Lessing-Handbuch. Leben – Werk – Wirkung. Stuttgart, Weimar 2000. (S. 86-100: Frühe Lk; 157-175: Briefe, die neueste Literatur betreffend.)
Braitmaier, 1888-89, Nr. 214
Brunner, 1890, Nr. 373
E. Keller, 1976, Nr. 289
Améry, 1978, Nr. 298

Lichtenberg, Georg Christoph (1742-1799)

584 GCL: Schriften und Briefe. Hg. v. Wolfgang Promies. München 1967-92. – Bd. 3: Aufsätze.
585 Schimpf, Wolfgang: »In des Witzes letzten Zeiten«. L als Literaturkritiker. In: GCL. Hg. v. Heinz Ludwig Arnold. (Text + Kritik, 114). München 1992, S. 64-75.

Lindau, Paul (1839-1919)

586 PL: Litterarische Rücksichtslosigkeiten. Feuilletonistische u. polemische Aufsätze. Leipzig 1871.
587 PL: Gesammelte Aufsätze. Beiträge zur Literaturgeschichte der Gegenwart. Berlin 1875. ^{2}1880.
588 PL: Aus der Hauptstadt. Briefe an die Kölnische Zeitung. Dresden 1884.

Loerke, Oskar (1884-1941)

589 OL: Der Bücherkarren. Besprechungen im Berliner Börsen-Courier 1920-1928. Unter Mitarb. v. Reinhard Tgahrt hg. v. Hermann Kasack. Heidelberg 1965.
590 OL: Literarische Aufsätze aus der »Neuen Rundschau« 1909-1941. Hg. v. Reinhard Tgahrt. Heidelberg 1967.

*Löffler, Sigrid (*1942)*

591 SL: Kritiken, Portraits, Glossen. Wien 1995.
592 SL: Die versalzene Suppe und deren Köche. Über das Verhältnis von Literatur, Kritik u. Öffentlichkeit. In: Nr. 51, S. 27-39.
Koch und Pütz, 1990, Nr. 908
Hussel, 2000, Nr. 914
Reichenberger, 2000, Nr. 538a

Lukács, Georg (1885-1971)

593 GL: Schriftsteller und Kritiker [1939]. In ders.: Probleme des Realismus. Berlin 1955, S. 271-305. – Auch in ders.: Schriften zur Litera-

tursoziologie. Hg. v. Peter Ludz. Neuwied, Berlin [2]1963, S. 198-212. – Auch in ders.: Gesammelte Werke. Bd. 4. Neuwied, Berlin 1971, S. 377-412.

594 Mittenzwei, Werner: Gesichtspunkte. Zur Entwicklung der literaturtheoretischen Position GL'. In: Dialog und Kontroverse mit GL. Der Methodenstreit deutscher sozialistischer Schriftsteller. Leipzig 1975, S. 9-104 u. 429-433.

595 Keller, Ernst: Der junge L. Antibürger u. wesentliches Leben. Literatur- u. Kulturkritik 1902-1915. Frankfurt/M. 1984.

596 Wellek, René: The literary criticism of the early L. In: Sinn und Symbol. Hg. v. Karl Konrad Polheim. Bern, Frankfurt/M. 1987, S. 277-299.

Mann, Klaus (1906-1949)

597 KM: Die neuen Eltern. Aufsätze, Reden, Kritiken 1924-1933. Hg. v. Uwe Neumann u. Michael Töteberg. Reinbek 1992.

598 KM: Zahnärzte und Künstler. Aufsätze, Reden, Kritiken 1933-1936. Hg. v. Uwe Neumann u. Michael Töteberg. Reinbek 1993.

599 KM: Das Wunder von Madrid. Aufsätze, Reden, Kritiken 1936-1938. Hg. v. Uwe Neumann u. Michael Töteberg. Reinbek 1993.

600 KM: Zweimal Deutschland. Aufsätze, Reden, Kritiken 1938-1942. Hg. v. Uwe Neumann u. Michael Töteberg. Reinbek 1994.

601 KM: Auf verlorenem Posten. Aufsätze, Reden, Kritiken 1942-1949. Hg. v. Uwe Neumann u. Michael Töteberg. Reinbek 1994.

602 Morgenroth, Klaus: Lk zwischen politischem Bekenntnis und schematisierendem Diskurs. KMs Buchbesprechungen in »Die Sammlung« (1934-1935). In: Nr. 259, S. 145-180.

Mann, Thomas (1875-1955)

603 TM im Urteil seiner Zeit. Dokumente 1891-1955. Hg. mit einem Nachwort und Erläuterungen von Klaus Schröter. Frankfurt/M. [2]2000.

604 Hoebusch, Harald: TM. Kunst, Kritik, Politik 1893-1913. Tübingen 2000.

Mayer, Hans (1907-2001)

605 HM: Ansichten. Zur Literatur der Zeit. Reinbek 1962.

606 HM: Zur deutschen Literatur der Zeit. Zusammenhänge, Schriftsteller, Bücher. Reinbek 1967.

607 HM: Die unerwünschte Literatur. Deutsche Schriftsteller und Bücher 1968-1985. Frankfurt/M. 1992.

608 HM: Deutsche Literatur 1945-1985. München 1998.

Mehring, Franz (1846-1919)

609 FM: Gesammelte Schriften. Hg. v. Thomas Höhle, Hans Koch u. Josef Schleifstein. Bd. 10-12: Aufsätze [u. Kritiken]. Berlin 1961-63.
610 FM: Aufsätze zur deutschen Lg. Hg. v. Hans Koch. Leipzig 1969 (u.ö.).
611 Koch, Hans: FMs Beitrag zur marxistischen Literaturtheorie. Berlin 1959.
612 Bogdal, Klaus-Michael: FM als Literaturkritiker. Das Problem der Konstituierung einer »marxistischen Spezialdisziplin«. In: Arbeitsfeld Materialistische Literaturtheorie. Beiträge zu ihrer Gegenstandsbestimmung. Hg. v. K.-M. Bogdal, Burkhardt Lindner u. Gerhard Plumpe. Wiesbaden 1975, S. 76-118.

Mendelssohn, Moses (1729-1786)

s. auch Kap. 4.8: Allgemeine Deutsche Bibliothek

613 MM: Gesammelte Schriften. Jubiläumsausg. Bd. 1ff. Berlin, Stuttgart 1929ff. Bd. 4 u. 5/1-2: Rezensionsartikel. Hg. v. Eva J. Engel.
614 Engel, Eva J.: MM. His importance as a literary critic. In: Humanität und Dialog. Lessing u. Mendelssohn in neuer Sicht. Hg. v. Ehrhard Bahr, Edward P. Harris u. Laurence G. Lyon. Detroit, München 1982, S. 259-283.
615 Engel, Eva J.: Lk als Wissenschaft und Kunst. In: MM im Spannungsfeld der Aufklärung. Hg. v. Michael Albrecht (u.a.). Stuttgart-Bad Cannstatt 2000, S. 51-72.

Menzel, Wolfgang (1798-1873)

616 WM: Die deutsche Literatur. Frankfurt/M. 1828. – 2. erw. Aufl. Stuttgart 1836. – Reprint der Erstaufl.: Hildesheim 1981.
617 Jenal, Emil: WM als Dichter, Literarhistoriker und Kritiker. Berlin 1937.
618 Jacobsen, Dietmar: »Altdeutsche Rockgedanken« und die Zukunft der Literatur. WMs Stellung als Kritiker im Literaturprozeß des 19. Jhs. In: WB 35, 1989, S. 233-251.

Merck, Johann Heinrich (1741-1791)

619 JHM: Schriften und Briefwechsel. In Auswahl hg. v. Kurt Wolff. 2 Bde. Leipzig 1909. (In Bd. 1 Rezensionen.)
620 JHM: Galle genug hab ich im Blute. Fabeln, Satiren, Essays. Hg. v. Hedwig Voegt. Berlin 1973. (Enthält ausgew. Rezensionen.)

Müller, Adam (1779-1829)

621 AM: Kritische, ästhetische und philosophische Schriften. Krit. Ausg. hg. v. Walter Schröder u. Werner Siebert. 2 Bde. Neuwied 1967.

622 Wiedtemann, Hermann: AM und sein Beitrag zur romantischen Aesthetik und Lk. Freiburg i. Br. 1951. (Diss. masch.)
623 Künzli, Rudolf Franz: AM. Ästhetik u. Kritik. Ein Versuch zum Problem der Wende der Romantik. Winterthur 1972. (Diss.)
624 Luserke, Matthias: AMs Begriff der vermittelnden Kritik von 1806 als Wendepunkt in der Geschichte der deutschen Lk. In: Nr. 43, S. 140-154.

Müller, Wilhelm (1794-1827)

625 WM: Werke, Tagebücher, Briefe. Hg. v. Maria-Verena Leistner. Berlin 1994. – Bd. 4: Schriften zur Literatur. – (Eine Übersicht der Werke, einschließlich lit.krit. Schriften in Bd. 5, S. 560-566.)
626 Leistner, Maria-Verena: WM als Literaturkritiker. In: WM. Eine Lebensreise. Zum 200. Geburtstag des Dichters. Hg. v. Norbert Michels. Weimar 1994, S. 47-55.

Mundt, Theodor (1808-1861)

627 TM: Kritische Wälder. Blätter zur Beurtheilung der Literatur, Kunst u. Wissenschaft unserer Zeit. Leipzig 1833.
628 TM: Charaktere und Situationen. Vier Bücher. Novellen, Skizzen, Wanderungen auf Reisen u. durch die neueste Literatur. Wismar, Leipzig 1837.
629 Quadfasel, Hanna: TMs literarische Kritik und die Prinzipien seiner »Ästhetik«. Heidelberg 1932. (Diss.)
Steinecke, 1982, Nr. 233, Kap. B.IV

*Muschg, Adolf (*1934)*

630 AM: Besprechungen 1961-1979. Hg. v. Jean-François Bergier. Basel, Boston, Stuttgart 1980.

Musil, Robert (1880-1942)

631 RM: Gesammelte Werke in 9 Bdn. Hg. v. Adolf Frisé. Bd. 9: Kritik. Reinbek 1978.
632 RM: Essays, Reden, Kritiken. Hg. v. Anne Gabrisch. Berlin 1984.
633 Lepinis, Asta Helena: Der Kritiker RM. Yale Univ. 1970. (Diss. masch.)
634 Tiebel, Ursula: Theater von außen. RM als Kritiker. Rheinfelden 1980, ^{2}1993.
635 Streitler, Nicole Katja: Bemerkungen zum Stil RMs in den Literatur- und Theaterkritiken. In: Nr. 51, S. 79-94.

*Neubert, Werner (*1929)*

636 WN: Skrupel, Reue und Chancen des Kritikers. Beiträge zur Lk in der DDR. Halle, Leipzig 1979.

637 WN: Entrückt und neu gewonnen. Essays zur Kunstentwicklung. Halle, Leipzig 1981.
638 WN: Literatur, Geschichte, Wehrmotiv. Essays u. Rezensionen. Berlin 1982.

Nicolai, Friedrich (1733-1811)

s. auch Kap. 4.8: Allgemeine Deutsche Bibliothek

639 FN: Sämtliche Werke. Briefe. Dokumente. Krit. Ausg. mit Kommentar. Bd. 3-5: Literaturkritische Schriften. Hg. v. P. M. Mitchell, Hans Gert Roloff u. Erhard Weidl. Berlin, Bern, Frankfurt/M. 1991-96.
640 FN: »Kritik ist überall, zumal in Deutschland, nötig.« Satiren u. Schriften zur Literatur. Hg. v. Wolfgang Albrecht. Leipzig, Weimar 1987. – Auch: München 1987.
641 Altenkrüger, Ernst: FNs Jugendschriften. Berlin 1894. (Diss.; zur Lk Kap. III-V.)
642 Sommerfeld, Martin: FN und der Sturm und Drang. Ein Beitrag zur Geschichte der deutschen Aufklärung. Halle/S. 1921.
643 Mollenhauer, Peter: FNs Satiren. Ein Beitrag zur Kulturgeschichte des 18. Jhs. Amsterdam 1977. (Satire als Mittel der Lk.)
644 Engel, Eva J.: Vivida vis animi. Der Nicolai der frühen Jahre (1753-1759). In: FN 1733-1811. Essays zum 250. Geburtstag. Hg. v. Bernhard Fabian. Berlin 1983, S. 9-57.
645 Berghahn, Klaus L.: Maßlose Kritik. FN als Kritiker u. Opfer der Weimarer Klassiker. In: Zs. f. Germanistik. Jg. 8. Leipzig 1987, S. 50-60.
646 Albrecht, Wolfgang: FNs Kontroverse mit den Klassikern und Frühromantikern (1796-1802). In: Debatten und Kontroversen. Literarische Auseinandersetzungen in Dtl. am Ende des 18. Jhs. Hg. v. Hans-Dietrich Dahnke u. Bernd Leistner. Bd. 2. Berlin, Weimar 1989, S. 9-71.

Nietzsche, Friedrich (1844-1900)

647 FN: Sämtliche Werke. Krit. Studienausg. in 15 Einzelbdn. Hg. v. Giorgio Colli u. Mazzino Montinari. München, Berlin, New York 1988.
648 Müller-Buck, Renate: Heine oder Goethe? Zu FNs Auseinandersetzung mit der antisemitischen Lk des »Kunstwart«. In: Nietzsche-Studien. Bd. 15. Berlin, New York 1986, S. 265-288.
649 Pfotenhauer, Helmut: N: Lk als Wille zur Macht oder die Kunst jenseits vom Guten u. Schönen. In: Ethische contra ästhetische Legitimation v. Literatur. Hg. v. Walter Haug u. Wilfried Barner. Tübingen 1986, S. 78-85.
650 Manthey, Jürgen: N als Literaturkritiker. In: Akzente. Jg. 34. München 1987, H. 6, S. 558-575.
651 Politycki, Matthias: Umwertung aller Werte? Deutsche Literatur im Urteil Ns. Berlin, New York 1989.

Ossietzky, Carl v. (1889-1938)

652 CvO: Schriften I-II. Hg. v. Bruno Frei u. Hans Leonhard. Berlin, Weimar 1966. (Lk in Bd. 2.)

Pfemfert, Franz (1879-1954)

653 FP: Ich setze diese Zeitschrift wider diese Zeit. Sozialpol. u. lit.krit. Texte. Hg. v. Wolfgang Haug. Darmstadt, Neuwied 1985.

Pinthus, Kurt (1886-1975)

654 KP: Der Zeitgenosse. Literarische Portraits u. Kritiken. Ausgew. v. Reinhard Tgahrt. Marbach 1971.

*Plavius, Heinz (*1929)*

655 HP: Kriterien und Kritik. Rostock 1977.
656 HP: Kritik und literarischer Prozeß. Statt eines Vorworts. In: Kritik 78. Rezensionen zur DDR-Literatur. Hg. v. Eberhard Günther, Werner Liersch u. Klaus Walther. Halle, Leipzig 1979, S. 5-14.

Polgar, Alfred (1873-1955)

657 AP: Kleine Schriften. Hg. v. Marcel Reich-Ranicki u. Ulrich Weinzierl. 6 Bde. Reinbek 1982-86. – Bd. 4: Literatur.
658 AP: Ja und Nein. Schriften des Kritikers. 4 Bde. Berlin 1926f.
659 AP: Standpunkte. Hamburg 1953.
660 AP: Handbuch des Kritikers. Zürich 1938. – Auch: Wien, Hamburg 1980. – Mit einem Nachwort hg. v. Marcel Reich-Ranicki. Wien 1997.

Prutz, Robert Eduard (1816-1872)

661 REP: Geschichte des deutschen Journalismus. Bd. 1 [mehr nicht ersch.]. Hannover 1845. – Reprint: Göttingen 1971.
662 REP: Die politische Poesie der Deutschen. Leipzig 1845.
663 REP: Kleine Schriften zu Politik und Literatur. 2 Bde. Merseburg 1847-50.
664 REP: Neue Schriften. Zur deutschen Literatur- u. Kulturgeschichte. 2 Bde. Halle 1854.
665 REP: Die deutsche Literatur der Gegenwart 1848-1858. Leipzig 1859.
666 REP: Schriften zur Literatur und Politik. Hg. v. Bernd Hüppauf. Tübingen 1973.

*Reich-Ranicki, Marcel (*1920)*

667 MRR: Deutsche Literatur in West und Ost. Prosa seit 1945. München 1963 – Auch: Hamburg 1970.

668 MRR: Literarisches Leben in Deutschland. Kommentare u. Pamphlete München 1965.
669 MRR: Wer schreibt, provoziert. Kommentare u. Pamphlete. München 1966. [2]1993.
670 MRR: Literatur der kleinen Schritte. Deutsche Schriftsteller heute. München 1967.
671 MRR: Lauter Verrisse. Mit e. einleitenden Essay. München 1970. – Erw. Ausg. Stuttgart 1984 u. München 1992. – Die Einleitung »Nicht nur in eigener Sache. Bemerkungen über Lk in Deutschland« auch in: Die Begegnung. Jg. 11. Berlin 1975, S. 41-61.
672 MRR: Zur Literatur der DDR. München 1974.
673 MRR: Entgegnung. Zur deutschen Literatur der siebziger Jahre. Stuttgart 1979.
674 MRR: Lauter Lobreden. Stuttgart 1985. [2]1989. – Auch: München 1992. [3]1994.
675 MRR: Nichts als Literatur. Aufsätze u. Anmerkungen. Stuttgart 1985.
676 MRR: Ohne Rabatt. Über Literatur aus der DDR. Stuttgart 1991.
677 MRR: Der romantische Prophet. Anmerkungen zu Friedrich Schlegels Lk. Erlangen 1993.
678 MRR: Die Anwälte der Literatur. Stuttgart 1994.
679 Kritikers Kummer und Kritikers Freud. Eine öffentliche Unterhaltung zwischen Joachim Kaiser u. MRR. München 1994. (CD.)
680 MRR: Vom Tag gefordert. Reden in deutschen Angelegenheiten. Stuttgart 2001.
681 Literatur und Kritik. Aus Anlaß des 60. Geburtstages von Marcel Reich-Ranicki. Hg. v. Walter Jens. Stuttgart 1980.
682 Jens, Walter: Seine großen Kollegen. Deutsche Kritiker, von MRR betrachtet. In: Nr. 37, S. 93-102.
683 Über MRR. Aufsätze u. Kommentare. Hg. v. Jens Jessen. München 1985.
684 Dittberner, Hugo: Der Mann in der Arena. Über MRR. In: Nr. 186, S. 10-22.
685 Betrifft Literatur. Über MRR. Hg. v. Peter Wapnewski. Stuttgart 1990. Auch: München 1995.
686 Czernin, Franz Josef: MRR. Eine Kritik. Göttingen 1995.
687 Hage, Volker und Mathias Schreiber: MRR. Köln 1995.
Koch und Pütz, 1990, Nr. 908
Hussel, 2000, Nr. 914
Reichenberger, 2000, Nr. 538a

Rilke, Rainer Maria (1875-1926)

688 RMR: Sämtliche Werke. Hg. v. Ernst Zinn. 6 Bde. Frankfurt/M. 1987. (Lk in Bd. 5 u. 6.)
689 Nalewski, Horst: R als Kritiker in österreichischen Periodika der Jh.wende. In: RMR u. Österreich. Hg. v. Joachim W. Storck. Linz 1986, S. 113-118.

Rilla, Paul (1896-1954)

690 PR: Literatur. Kritik u. Polemik. Berlin 1950. [4]1953.
691 PR: Essays. Kritische Beiträge zur Literatur. Berlin 1955.
692 PR: Vom bürgerlichen zum sozialistischen Realismus. Aufsätze. Leipzig 1967.
693 Weimann, Robert: Lk u. Lg als Einheit. Der Beitrag des Kritikers PR zur Lg. In ders.: Lg und Mythologie. Methodologische u. historische Studien. Frankfurt/M. 1977, S. 110-143 u. 402-404.

Rosenkranz, Karl (1805-1879)

694 KR: Reden und Abhandlungen zur Philosophie und Literatur. 3 Bde. Berlin 1839-47.
695 KR: Neue Studien. 4 Bde. Leipzig 1875-78.
696 Japtok, Eugen: KR als Literaturkritiker. Eine Studie über Hegelianismus u. Dichtung. Freiburg/Br. 1964. (Diss.)

Ruge, Arnold (1803-1880)

697 AR: Werke und Briefe in 12 Bdn. Hg. v. Hans-Martin Sass. Bd. 3: Literarische Kritiken 1838-1844. Aalen 1988.

Rychner, Max (1897-1965)

698 Zeitgenössische Literatur. Charakteristiken u. Kritiken. Zürich 1947.
699 MR: Sphären der Bücherwelt. Aufsätze zur Literatur. Zürich 1952.
700 MR: Aufsätze zur Literatur. Zürich 1966.
701 MR: Bei mir laufen Fäden zusammen. Literarische Aufsätze, Kritiken, Briefe. Hg. v. Roman Bucheli. Göttingen 1998.
702 Hamm, Peter: Der Kritiker als Künstler oder: »Geselle Dich zur kleinsten Schar!«. Auskunft über MR. In: DASDJb 1999. Göttingen 2000, S. 177-188.

Schiller, Friedrich (1759-1805)

703 Schillers Werke. Nationalausg. Bd. 1ff. Weimar 1943ff. – Bd. 20-21: Philosophische Schriften. – Bd. 22: Vermischte Schriften.
704 S und Goethe im Urtheile ihrer Zeitgenossen. Zeitungskritiken, Berichte, Notizen S u. Goethe u. deren Werke betreffend, ges. u. hg. v. Julius W. Braun. Abt. I: Schiller. 3 Bde. Berlin 1882. – Reprint: Hildesheim 1969.
705 S – Zeitgenosse aller Epochen. Dokumente zur Wirkungsgeschichte Ss in Dtl. T. 1: 1782-1859. Hg., eingel. u. komm. v. Norbert Oellers. Frankfurt/M. 1970. (Mit zeitgen. Rezensionen.)
706 Pietsch, Otto: S als Kritiker. Königsberg 1898. (Diss.)
707 Hochuli, André: Der junge S als Kritiker. Wageningen 1957. (Diss.)

708 Koopmann, Helmut: Der Dichter als Kunstrichter. Zu Ss Rezensionsstrategie. In: Jb. der Dt. Schillergesellschaft. Bd. 20. Stuttgart 1976, S. 229-246.
709 Kiel, Rainer-Maria: Die deutsche Klassik und ihr Publikum. Zur Aporie einer ästhet. Erziehung. München 1977. (Darin zu Ss Lk.)
Fambach, 1957, Nr. 261, Bd. 2
Koopmann, 1984, Nr. 419
Jonas, 1988, Nr. 275
Leistner, 1989, Nr. 424
Schwarzbauer, 1993, Nr. 425

Schlegel, August Wilhelm (1767-1845)

s. auch Kap. 4.8: Allgemeine Literaturzeitung

710 AWS: Sämmtliche Werke. Hg. v. Eduard Böcking. 12 Bde. Leipzig 1846-47. – Bd. 7-12: Vermischte u. krit. Schriften.
711 AWS: Kritische Schriften und Briefe. Hg. v. Edgar Lohner. 7 Bde. Stuttgart 1962-74. (Lk in Bd. 1.)
712 Schulz, Gerhard A.: Lk als Form der ästhetischen Erfahrung. Eine Untersuchung am Beispiel der literaturkritischen Versuche v. Samuel Taylor Coleridge u. AWS über das Shakespeare-Drama »Romeo und Julia«. Frankfurt/M., Bern 1984.
713 Schenk-Lenzen, Ulrike: Das ungleiche Verhältnis von Kunst und Kritik. Zur Lk AWSs. Würzburg 1991. (Diss.)

Schlegel, Friedrich (1772-1829)

714 Kritische F-S-Ausgabe. Hg. v. Ernst Behler, Jean-Jacques Anstett u. Hans Eichner. München, Paderborn, Wien, Zürich 1958ff. (35 Bde. geplant.) – Bd. 2-3: Charakteristiken und Kritiken. – Bd. 11: Wissenschaft der europäischen Literatur. – Bd. 16-17: Fragmente zur Poesie u. Literatur.
715 FS: Kritische Schriften. Hg. v. Wolfdietrich Rasch. München 1956. – 2. erw. Aufl. 1964.
716 Lange, Victor: FS's literary criticism. In: Comparative literature. Jg. 7. Eugene/Oregon 1955, S. 289-305.
717 Briegleb, Klaus: Ästhetische Sittlichkeit. Versuch über FSs Systementwurf zur Begründung der Dichtungskritik. Tübingen 1962.
718 Eichner, Hans: FSs Theorie der Lk. In: Zs. f. dt. Philologie. Jg. 88. Berlin 1969, Sonderheft, S. 2-19.
719 Klin, Eugeniusz: FSs Begriff der Kritik (1802-1808). In: Germanica Wratislaviensa 13, 1969, S. 19-33.
720 Weber, Heinz-Dieter: FS »Transzendentalphilosophie«. Untersuchungen zum Funktionswandel der Lk im 18. Jh. München 1973.
721 Gebhardt, Peter: FS und Anfänge. Aspekte zur Lk u. literarischen Wertung. In: Nr. 31, S. 412-469.

722 Michel, Willy: Ästhetische Hermeneutik und frühromantische Kritik. FSs fragmentarische Entwürfe, Rezensionen, Charakteristiken u. Kritiken (1795-1801). Göttingen 1982. (Habilschr.)
Weber, 1971, Nr. 227, ab S. 29
E. Keller, 1976, Nr. 289
Mettler, 1990, Nr. 290
Reich-Ranicki, 1993, Nr. 677

Schmidt, Arno (1914-1979)

723 AS: Bargfelder Ausgabe. Hg. v. der AS Stiftung. Zürich 1986ff.
Werkgruppe II: Dialoge. 3 Bde. 1990-91.
Werkgruppe III: Essays und Biographisches. 4 Bde. 1993-95.
724 Über AS. Rezensionen vom »Leviathan« bis zur »Julia«. Hg. v. Hans-Michael Bock. Zürich 1984.
725 Postma, Heiko: Lesen ist Lernen & Leben. AS als Essayist u. Kritiker. In: AS. Leben, Werk, Wirkung. Hg. v. Michael Matthias Schardt u. Hartmut Vollmer. Reinbek 1990, S. 200-215.
726 Gleber, Anke: »Das pränazistische Gedonnre« und sein kritisches Echo. Faschismus- u. Lk in den Radioessays ASs. In: AS am Pazifik. Deutsch-amerikanische Blicke auf sein Werk. Hg. v. Timm Menke. München 1992, S. 70-83.
727 Stiftel, Ralf: Die Rezensenten u. AS. Franfurt/M., Wiesbaden 1996. (Diss.)
728 Albrecht, Wolfgang: Arno Schmidt. Stuttgart, Weimar 1998, Kap. 1.3.3: Texte für Presse und Rundfunk; Übersetzungen.

Schmidt, Julian (1818-1886)

729 JS: Bilder aus dem geistigen Leben unserer Zeit. 4 Bde. Berlin 1870-75.
730 JS: Portraits aus dem 19. Jahrhundert. Berlin 1878.
731 Köster, Alex: JS als literarischer Kritiker. Ein Beitrag zur Entwicklung des Realismus im 19. Jh. und zur Geschichte der Kritik. Münster 1933. (Diss.)
Albrecht, 2001, Nr. 241

*Schneider, Peter (*1940)*

732 PS: Die Mängel der gegenwärtigen Lk. In: Neue Deutsche Hefte. Jg. 12, 1965, H. 107, S. 98-123. – Auch in ders.: Atempause. Versuch, meine Gedanken über Literatur u. Kunst zu ordnen. Reinbek 1977, S. 9-30. (Antikritik von Rezensionen zu Frischs Roman »Mein Name sei Gantenbein«.)

Schubart, Christian Friedrich Daniel (1739-1791)

s. auch Kap. 4.8: Deutsche Chronik

733 CFDS: Gesammelte Schriften und Schicksale. 2 Bde. Stuttgart 1839. – Reprint: Hildesheim 1972.

Seghers, Anna (1900-83)

734 AS: Über Kunstwerk und Wirklichkeit. 4 Bde. Bearb. u. hg. v. Sigrid Bock. Berlin, Weimar 1970-79.

Sieburg, Friedrich (1893-1964)

735 FS: Nur für Leser. Jahre und Bücher. Stuttgart 1955. – Auch: München 1961.
736 FS: Nicht ohne Liebe. Profile der Weltliteratur. Stuttgart 1967. – Auch: München 1979.
737 FS: Verloren ist kein Wort. Disputationen mit fortgeschrittenen Lesern. Stuttgart 1966. – Auch: München 1969.
738 FS: Zur Literatur. Hg. v. Fritz J. Raddatz. 2 Bde. Stuttgart 1981.
739 Schonauer, Franz: Sieburg & Co. Rückblick auf e. sog. konservative Lk. In: Literaturmagazin. H. 7: Nachkriegsliteratur. Hg. v. Nicolas Born u. Jürgen Manthey. Reinbek 1977, S. 237-251.

Stifter, Adalbert (1805-1868)

740 AS: Sämtliche Werke. Begründet u. hg. v. August Sauer. 25 Bde. Prag, Reichenberg, Graz 1904ff. (Reprint: Hildesheim 1972.) – Bd. 14-16: Vermischte Schriften.
741 Seitelberger, Erika: AS als Beurteiler der zeitgenössischen Literatur Wien 1949. (Diss. masch.)
742 Schmidt, Adalbert: S als Literaturkritiker. In: AS-Institut Vierteljahrschrift. Jg. 5, 1956, S. 90-101.

Thomasius, Christian (1655-1728)

s. auch Kap. 4.8: Monatsgespräche

743 Freydank, Hanns: CT der Journalist. In: CT. Leben u. Lebenswerk. Hg. v. Max Fleischmann. Halle/S. 1931, S. 345-382.
Jaumann, 1995, Nr. 212, Kap. IV.3-4.

Tieck, Ludwig (1773-1853)

744 LT: Kritische Schriften. 4 Bde. Leipzig 1848-52. – Reprint: Berlin 1974.
745 Hettner, Hermann: LT als Kritiker [1853]. In ders.: Schriften zur Literatur. Hg. v. Jürgen Jahn. Berlin 1959, S. 354-358.
746 Gries, Frauke: LT as critic. Sociological tendencies in his criticism. Stanford 1967. (Diss. masch.)
747 Simpson, Patricia Anne: »Wo die Ironie erscheint«. T als Herausgeber in den »Jahrbücher«-Rezensionen. In: Die »Jahrbücher für wissenschaft-

liche Kritik«. Hegels Berliner Gegenakademie. Hg. v. Christoph Jamme. Stuttgart-Bad Cannstatt 1994, S. 301-320.

748 Nottelmann-Feil, Mara: LTs Rezeption der Antike. Literarische Kritik u. Reflexion griech. u. röm. Dichtung im theoret. u. poet. Werk Ts. Frankfurt/M. 1996. (Diss.)

Tucholsky, Kurt (1890-1935)

749 KT: Gesamtausgabe. Texte und Briefe. Hg. v. Dirk Grathoff (u.a.). Bd. 1ff. Reinbek 1996ff. (22 Bde geplant.)

750 KT: Lk. Hg. u. eingel. v. Fritz J. Raddatz. Reinbek 1972 (u.ö.). (Mit Verzeichnis der v. T. rezensierten Bücher.)

751 KT: Gesammelte Werke in 10 Bdn. Hg. v. Mary Gerold-Tucholsky u. Fritz J. Raddatz. Reinbek 1975. (Bd. 9, S. 312-315: Kritik als Berufsstörung.)

752 Seidel, Gerhard: KT als Literturkritiker. In: Sinn und Form. Jg. 14. Berlin 1962, S. 937-946.

753 Stoltenberg, Annemarie: Ich bin doch nicht Euer Fremdenführer. T u. seine Buchkritiken. Hamburg 1990.

Berman, 1983, Nr. 245

Varnhagen von Ense, Karl August (1785-1858)

754 KAVvE: Ausgewählte Schriften. Hg. v. Ludmilla Assing. Bd. 17-19: Vermischte Schriften. 3. verm. Aufl. Leipzig 1875-76.

755 KAVvE: Literaturkritiken. Mit e. Anh.: Aufsätze zum Saint-Simonismus. Hg. v. Klaus F. Gille. Tübingen 1977.

756 KAVvE: Werke in 5 Bdn. Hg. v. Konrad Feilchenfeldt. Bd. 4: Biographien, Aufsätze, Skizzen, Fragmente. Frankfurt/M. 1990.

Vischer, Friedrich Theodor (1807-1887)

757 FTV: Kritische Gänge. 2., verm. Aufl. Bd. 1-6. Hg. v. Robert Vischer. München 1920-22. (Besonders Bd. 2 u. 5.)

758 Kipper, Hannalene: Die Literarkritik FTVs. Gießen 1941. (Diss.)

Albrecht, 2001, Nr. 241

*Vormweg, Heinrich (*1928)*

759 HV: Die Wörter und die Welt. Über neue Literatur. Neuwied, Berlin 1968.

760 Helmut Heißenbüttel und HV: Briefwechsel über Literatur. Neuwied, Berlin 1969, [Kap.] 3: Über Kritik.

761 HV: Eine andere Lesart. Über neue Literatur. Neuwied, Berlin 1972.

762 HV: Lk prospektiv. In: Die Literatur und ihre Medien. Positionsbestimmungen. Hg. v. Ingeborg Drewitz. Düsseldorf, Köln 1972, S. 121-136.

763 HV: Kriterien der Lk. Thesen u. Explikation. In: Nr. 74, S. 81-89.

764 HV: Der Verlust der Theorie. Zur Situation der Lk. In: Nr. 27, S. 28-33.
765 HV: Geschichte und Aufgaben der Lk. In: Funkkolleg Literatur 2. Hg. v. Helmut Brackert u. Eberhard Lämmert. Frankfurt/M. 1978, 250-270.
766 HV: Wiederholter Versuch, mein Selbstverständnis als Literaturkritiker zu beschreiben. In: Literaturbetrieb in der Bundesrepublik Deutschland. Ein krit. Handbuch. Hg. v. Heinz Ludwig Arnold. München [2]1981, S. 369-378.
767 HV: Lk. In: Literaturwissenschaft. Grundkurs. Bd. 2. Reinbek 1981, S. 237-252.
768 HV: Ist Lk antiquiert? In: Nr. 37, S. 150-160.
769 HV: Lk ist keine Wissenschaft. In: Nr. 43, S. 474-486.

*Walser, Martin (*1927)*

770 MW: Erfahrungen und Leseerfahrungen. Frankfurt/M. 1965.
771 MW: Wie und wovon handelt Literatur? Frankfurt/M. 1973.
772 MW: Was zu bezweifeln war. Aufsätze u. Reden 1958-1975. Hg. v. Klaus Schuhmann. Berlin, Weimar 1976.
773 Über Martin Walser. Hg. v. Thomas Beckermann. Frankfurt/M. 1970. (Ausgew. Rezensionen.)
774 Nolden, Thomas: Der Schriftsteller als Literaturkritiker. Ein Porträt MWs. In: MW. International perspectives. Ed. by Jürgen E. Schlunk and Armand E. Singer. New York, Bern, Frankfurt/M. 1987, S. 171-184.
775 Mathäs, Alexander: Der kalte Krieg in der deutschen Lk. Der Fall MW. New York, Frankfurt/M. 1992.
Streul, 1988, Nr. 185
Göttsche, 1990, Nr. 315

Walser, Robert (1878-1956)

776 Über Robert Walser. Hg. v. Katharina Kerr. Bd. 1. Frankfurt/M. 1978. (Ausgew. Rezensionen.)

*Weber, Werner (*1919)*

777 WW: Figuren und Fahrten. Aufsätze zur gegenwärtigen Literatur. Zürich 1956.
778 WW: Zeit ohne Zeit. Aufsätze zur Literatur. Zürich 1959.
779 WW: Tagebuch eines Lesers. Bemerkungen u. Aufsätze zur Literatur. Olten 1965.
780 WW: Forderungen. Bemerkungen u. Aufsätze zur Literatur. Zürich 1970.
781 Staub Steiner, Carole: »Alt« und »neu«. Zur Grundlage von WWs Lk. Mit einer Bibliographie (1941 bis 1992). Bern, Berlin 1993. (Diss.)

Weiß, Ernst (1882-1940)

782 EW: Gesammelte Werke in 16 Bdn. Hg. v. Peter Engel u. Volker Michels. Frankfurt/M. 1982. – Bd. 16: Die Kunst des Erzählens. Essays, Aufsätze, Schriften zur Literatur.
783 EW: Die Ruhe in der Kunst. Ausgew. Essays, Literaturkritiken u. Selbstzeugnisse 1918-1940. Hg. v. Dieter Kliche. Berlin, Weimar 1987.
784 Engel, Peter: EW als Rezensent. Zu einigen Merkmalen seiner Buchbesprechungen. In: Juni. Magazin f. Literatur u. Politik. H. 29. Mönchengladbach 1998, S. 109-115. (S. 117-129 Abdr. v. Rezensionen.)

*Wellershoff, Dieter (*1925)*

785 DW: Kritik als Anhängsel des Produktionsapparates? In: Nr. 154, S. 716-719.
786 DW: Literatur und Veränderung. Versuche zu e. Metakritik der Literatur. Köln 1969. – Auch: München 1971.
787 DW: Von der Moral erwischt. Aufsätze zur Trivialliteratur. Frankfurt/M. 1983.
788 DW: Wahrnehmung und Phantasie. Essays zur Literatur. Köln 1987.

Wieland, Christoph Martin (1733-1813)

s. auch Kap. 4.8: Der Teutsche Merkur

789 CMW: Gesammelte Schriften. Bd. 1ff. Berlin 1909ff. – Bd. 14-15: Prosaische Schriften I-II. – Bd. 21-23: Kleine Schriften I-III.
790 CMW: Von der Freiheit der Literatur. Kritische Schriften u. Publizistik. Hg. u. komm. v. Wolfgang Albrecht. 2 Bde. Frankfurt/M. 1997.
791 Gardiner, Jeffrey Brent: W's development as a literary critic (1750-60). Boulder/Colorado 1970. (Diss. masch.)
792 Stoll, Karin: CMW. Journalistik u. Kritik. Bedingungen u. Maßstab polit. u. ästhet. Räsonnements im »Teutschen Merkur« vor der Französischen Revolution. Bonn 1978. (Diss.)
793 Gaycken, Hans-Jürgen: CMW. Kritik seiner Werke in Aufklärung, Romantik u. Moderne. Bern, Frankfurt/M. 1982.

Wienbarg, Ludolf (1802-1872)

794 LW: Zur neuesten Literatur. Mannheim 1835. ^{2}1838. – Reprint: Frankfurt/M. 1973.)
795 LW: Ästhetische Feldzüge. Hg. v. Walter Dietze. Berlin, Weimar 1964.
796 Burkhardt, Gerhard: LW als Ästhetiker und Kritiker. Seine Entwicklung u. seine geistesgeschichtliche Stellung. Hamburg 1956. (Diss. masch.)
Steinecke, 1982, Nr. 233, Kap. B.II
Albrecht, 2001, Nr. 241

*Wohmann, Gabriele (*1932)*

797 GW: Meine Lektüre. Aufsätze über Bücher. Hg. v. Thomas Scheuffelen. Darmstadt, Neuwied 1980.
798 Lutz-Hilgarth, Dorothea: Lk in Zeitungen. Dargestellt am Beispiel GWs. Frankfurt/M., Bern 1984.

*Wolf, Christa (*1929)*

799 CW: Werke [in 12 Bdn.]. München 1999-2001. – Bd. 4: Essays, Gespräche, Reden, Briefe 1959-74. – Bd. 8: Essays, Gespräche, Reden, Briefe 1975-86. – Bd. 12: Essays, Gespräche, Reden, Briefe 1987-99.
800 CW: Lesen und Schreiben. Aufsätze u. Betrachtungen. Berlin, Weimar 1971. – 4., erw. Aufl. 1985.
801 CW: Die Dimension des Autors. Essays u. Aufsätze, Reden u. Gespräche 1959-1985. Berlin, Weimar 1987.
802 Jäger, Manfred: Die Literaturkritikerin CW. In: Christa Wolf. (Text + Kritik, 46.) 2., rev. u. erw. Aufl. München 1980, S. 48-55.
803 Kurpanik-Malinowska, Gizela: Über den Umgang mit Literatur in den 50er und 60er Jahren. Die Literaturkritikerin CW. In: Forschungen zur deutschen Sprache und Literatur. Hg. v. Czeslawa Schatte u. Zygmunt Mielczarek. Katowice 1991, S. 80-90.
804 Wittek, Bernd: Der Literaturstreit im sich vereinigenden Deutschland. Eine Analyse des Streits um CW u. die deutsch-deutsche Gegenwartsliteratur in Zeitungen u. Zeitschriften. Marburg 1997. (Diss.)
805 Papenfuß, Monika: Die Lk zu CW Werk im Feuilleton. Eine krit. Studie vor dem Hintergrund des Literaturstreits um den Text »Was bleibt«. Berlin 1998. (Diss.)

4.8 Über Rezensionsorgane und Literaturkritik in Zeitungen und Zeitschriften

Bibliographien und Repertorien

806 Internationale Bibliographie der Zeitschriftenliteratur. Abt. C: Bibliographie der Rezensionen und Referate. Hg. v. Felix Dietrich. Bd. 1-77. Leipzig 1900-44.
807 Houben, Heinrich Hubert: Zeitschriften der Romantik. Berlin 1904. – Reprint: Hildesheim 1969.
808 Houben, Heinrich Hubert: Zeitschriften des Jungen Deutschlands. 2 Bde. Berlin 1906-09. – Reprint: Hildesheim 1969.
809 Kirchner, Joachim: Bibliographie der Zeitschriften des deutschen Sprachgebietes bis 1900. 4 Bde. Stuttgart 1969-89. (Verzeichnet auch Rezensionszeitschriften, aber nicht gesondert.)

810 Raabe, Paul: Index Expressionismus. Bibliographie der Beiträge in den Zeitschriften und Jahrbüchern des literarischen Expressionismus 1910-1923. 18 Bde. Nendeln/Liechtenstein 1972.
811 Estermann, Alfred: Die deutschen Literaturzeitschriften 1815-1850. Bibliographien, Programme, Autoren. 11 Bde. Nendeln/Liechtenstein 1977-91. – Bd. 11: Bibliographische Beiträge zur deutschen Lk in der ersten Hälfte des 19. Jhs. (Zeitgen. Rezensionen zu einzelnen Autoren.)
812 Estermann, Alfred: Die deutschen Literaturzeitschriften 1850-1880. Bibliographien, Programme. München, New York 1988f.
813 Dietzel, Thomas u. Hans-Otto Hügel: Deutsche literarische Zeitschriften 1880-1945. Ein Repertorium. 5 Bde. München, New York 1988.
814 Fischer, Bernhard u. Thomas Dietzel: Deutsche literarische Zeitschriften 1945-1970. Ein Repertorium. 4 Bde. München, New York 1992.
815 Index deutschsprachiger Zeitschriften. Autoren-, Schlagwort u. Rezensionenregister zu dt.spr. Zss. 1750-1815. Hg. v. Klaus Schmidt. 10 Bde. Hildesheim 1997.
816 King, Janet K.: Literarische Zeitschriften 1945-1970. Stuttgart 1974.
817 Wilke, Jürgen: Literarische Zeitschriften des 18. Jh. (1688-1789). 2 Bde. Stuttgart 1978. (Mit Angaben zu Rezensionsorganen.)
818 Obenaus, Sibylle: Literarische und politische Zeitschriften 1830-1848. Stuttgart 1986.
819 Obenaus, Sibylle: Literarische und politische Zeitschriften 1848-1880. Stuttgart 1987; Kap. I.1: Rezensionszss. u. krit. Repertorien.
820 Huss-Michel, Angela: Literarische und politische Zeitschriften des Exils 1933-1945. Stuttgart 1987.

Allgemeines und Übergreifendes

821 Bücher, Karl: Die deutsche Tagespresse und die Kritik. Tübingen 1915.
822 Zimmermann, Hildegard: Untersuchungen zur Lk in der Tagespresse. Würzburg 1935. (Diss.)
823 Förtsch, Gerda Viktoria: Buchbesprechung und Zeitschrift. Dresden 1940. (Diss.)
824 Korn, Karl: Buchkritik in der Tageszeitung. In: Akzente. Zs. f. Dichtung. Jg. 2. München 1955, S. 15-22.
825 Nöhbauer, Hans F.: Lk und Zeitschriftenwesen 1885-1914. München 1956. (Diss. masch.)
826 Behrendt, Erwin Rudolph: Literary criticism in German periodicals of the eighteen seventies. Indiana University 1958. (Diss. masch.)
827 Die Rezension in der Zeitung (Literatur-, Theater- und Filmkritik). Lehrbrief 17. Karl-Marx-Universität. Fakultät für Journalistik. Leipzig 1958.
828 Drenkow, Renate: Die produktiven Bemühungen der marxistischen Lk um den Aufschluß der neuen Wirklichkeit für den literarischen Entwicklungsprozeß. Eine Untersuchung der Kritik über epische Literatur der Gegenwart im »Sonntag« und in der »Neuen Deutschen Literatur« von 1962 bis 1965/66. Berlin 1968. (Diss. masch.)

829 Glotz, Peter: Buchkritik in deutschen Zeitungen. Hamburg 1968.
830 Glotz, Peter und Wolfgang R. Langenbucher: Der mißachtete Leser. Zur Kritik der deutschen Presse. Köln, Berlin 1969.
831 Gundlach, Heinz: Zur Entwicklung der Lk in Bezirkszeitungen der SED. Greifswald 1969. (Diss. masch.)
832 Gumbrecht, Hans Ulrich: Sechs Thesen zur »Lk« der westdeutschen Zeitungen. In: Linguistik und Didaktik. Jg. 2. München 1971, Nr. 7, S. 184-199.
833 Fischer, Isolde: Die literarische Tageskritik in deutschsprachigen Zeitungen seit 1955. Eine Untersuchung ihrer Wertmaßstäbe unter Berücksichtigung der Besonderheiten ihres Vokabulars, vorgenommen an ausgew. Kritiken zu fünf zeitgenöss. Romanen. Wien 1974. (Diss. masch.)
834 Bock, Wilfried: Die öffentliche Kunstkommunikation in Tageszeitungen der DDR und deren Leistung für die Rezeption literarischen Werke. Untersucht anhand der Tageszeitungen »Neues Deutschland«, »Bauern-Echo«, »Der Morgen«, »National-Zeitung« und »Neue Zeit« in den Jahren 1971-1973. Halle 1975. (Diss. masch.; diese Zeitungen waren die sog. Zentralorgane der Parteien in der DDR.)
835 Münz-Koenen, Ingeborg: Lk in der Tagespresse. In: Literarisches Leben in der DDR 1945-1960. Literaturkonzepte u. Leseprogramme. Hg. v. I. Münz-Koenen. Berlin 1979 ([2]1980), S. 74-96.
836 Welzig, Elisabeth: Literatur und journalist. Lk. Untersucht an den steirischen Tageszeitungen 1945-1955. Stuttgart 1979.
837 Bock, Wilfried: Lk in Tages- und Wochenzeitungen der DDR – ein politischer Vermittler von Auffassungen zur gesellschaftlichen Funktion von Literatur bei der Gestaltung des entwickelten Sozialismus. Untersucht anhand der Zeitungen »Neues Deutschland«, »Der Morgen«, »Junge Welt«, »Sonntag« u. »Wochenpost« der Jahre 1978 bis 1982. 2 Bde. Dresden 1984. (Diss. B masch.)
838 Jacobsen, Dietmar: Literarische Kommunikationsverhältnisse und Zeitschriftenkritik. Die Reflexion des Funktionswandels von Literatur am Ausgang der »Kunstperiode« in der Belletristik-Kritik der »Jenaischen Allgemeinen Literaturzeitung« und des Literaturblatts zum »Morgenblatt für gebildete Stände« (1815-1830). Erfurt-Mühlhausen 1985. (Diss. masch.)
839 Helbling, Hanno: Lk in der Tageszeitung. In: SITZ 26, 1988, H. 105, S. 29-33.
Lutz-Hilgarth, 1984, Nr. 798

Einzelne Zeitungen und Zeitschriften

Acta Eruditorum (1682-1741)

840 Hensing, Ulrich: AE. In: Deutsche Zeitschriften des 17. bis 20. Jhs. Hg. v. Heinz-Dietrich Fischer. München 1973, S. 29-47.

Allgemeine Deutsche Bibliothek / Neue Allgemeine Deutsche Bibliothek (1765-92, 1793-1805)

841 [Parthey, Gustav:] Die Mitarbeiter an Friedrich Nicolai's ADB nach ihren Namen u. Zeichen in zwei Registern geordnet. Ein Beitrag zur deutschen Lg. Berlin 1842. – Reprint: Hildesheim 1973.
842 Kupfer, Margarethe: Die literarische Kritik in Nicolais ADB (1765-1794). Leipzig 1923. (Diss.)
843 Ost, Günther: Friedrich Nicolais ADB. Berlin 1928.
844 Schneider, Ute: Friedrich Nicolais ADB als Integrationsmedium der Gelehrtenrepublik. Wiesbaden 1995.
Gaycken, 1980, 1982 und 1985, Nr. 492, 578 und 793

Allgemeine Literaturzeitung / Jenaische Allgemeine Literatur-Zeitung (1785-1803, 1804-41)

845 Frank, Erich: Rezensionen über schöne Literatur von Schelling und Caroline in der Neuen Jenaischen Literatur-Zeitung. Heidelberg 1912.
846 Schönfuss, Walther: Das erste Jahrzehnt der ALZ. Dresden 1914. (Diss.)
847 Naumann, Elfriede: Die ALZ und ihre Stellung zur Literatur in den Jahren 1804 bis 1832. Halle 1934. (Diss.)
848 Rabanus, Gert: Zu Goethes Rezensionen in der JALZ. Göttingen 1956. (Diss. masch.)
849 Bulling, Karl: Die Rezensenten der JALZ. 3 Bde. Weimar 1962-65.
850 Hay, Gerhard: August Wilhelm Schlegels Beitrag zur Jenaischen Allgemeinen Literatur-Zeitung. In: Teilnahme u. Spiegelung. Hg. v. Beda Allemann u. Erwin Koeppen. Berlin, New York 1975, S. 316-326.
851 Schmid, Irmtraut: Die Gründung der »JALZ«. Quellen zur Vorgeschichte. In: Impulse. Folge 10. Berlin, Weimar 1987, S. 186-273.
Jacobsen, 1985, Nr. 838
Wistoff, 1992, Nr. 230

Athenaeum (1798-1800)

852 Härtl, Heinz: Athenaeumspolemiken. In: Debatten und Kontroversen. Literarische Auseinandersetzungen in Dtl. am Ende des 18. Jhs. Hg. v. Hans-Dietrich Dahnke u. Bernd Leistner. Bd. 2. Berlin u. Weimar 1989, S. 246-357.

Berlinische Privilegierte Zeitung (gegr. 1722, sog. Vossische Zeitung)

Consentius, 1902, Nr. 574
Baasner, 1993, Nr. 580
Guthke, 1993, Nr. 582

Blätter für literarische Unterhaltung (1818-98)

853 Hauke, Petra Sybille: Lk in den BflU 1818-1835. Stuttgart 1972.

Briefe, die neueste Literatur betreffend (1759-65)

854 Lessing, Gotthold Ephraim: BdnLb. Mit einer Dokumentation zur Entstehungs- u. Wirkungsgeschichte. Hg. u. komm. v. Wolfgang Albrecht. Leipzig 1987.
855 Thiele, Richard: Thomas Abbts Anteil an den BdnLb. In: Beiträge zur deutschen Philologie. Julius Zacher dargebracht. Halle 1880, S. 147-190.
856 Neidhardt, Emil: Moses Mendelssohns Anteil an den Literaturbriefen. In: FS des Lehrerkollegiums zu Erfurt. Erfurt 1896 (als fünfter der einzeln paginierten Beiträge).
857 Seiffert, Hans-Werner: Neues über Lessings Literaturbriefe. In: Fs. zur 250. Wiederkehr der Geburtstage v. J. W. L. Gleim u. M. G. Lichtwer. Halberstadt 1969, S. 65-79.
858 Michelsen, Peter: Der Kritiker des Details. Lessing in den »BdNLb«. In: Wolfenbütteler Studien zur Aufklärung. Bd. 2. Bremen, Wolfenbüttel 1975, S. 148-181. – Auch in ders.: Der unruhige Bürger. Studien zu Lessing und zur Literatur des 18. Jh. Würzburg 1990, S. 70-103.
859 Albrecht, Wolfgang: Kritik, Polemik und Ästhetik im Zeichen der Gelehrsamkeit. Lessings Beitrag zu den »BdnLb«. In: Impulse. Bd. 9. Berlin, Weimar 1986, S. 115-152. – Überarb. in ders.: Streitbarkeit und Menschlichkeit. Studien zur literarischen Aufklärung Lessings. Stuttgart 1993, S. 57-96.
Fick, 2000, Nr. 583

Briefe über Merkwürdigkeiten der Litteratur (1766-67, 1770)

860 [Gerstenberg, Heinrich Wilhelm von:] BüML. Hg. v. Alexander v. Weilen. 2 Bde. Heilbronn 1888-90. (Mit umfangreicher Einleitung.)
861 Koch, Max: Die Schleswigschen Litteraturbriefe. München 1878. (Diss.)
862 Koch, Max: Helferich Peter Sturz. Nebst einer Abhandlung über die Schleswigischen Literaturbriefe. München 1879.

Deutsche Blätter s. *Internationale Literatur*

Deutsche Chronik (1774-77)

863 Teutsche Chronik. [Reprint.] Hg. v. Hans Krauss. 4 Bde. Heidelberg 1975. (Umfangreiches Nachwort im Bd. 4.)
864 Müller, Wilhelm: Die literarische Kritik in Schubarts deutscher Chronik 1774-1777. Erlangen 1910. (Diss.)

Deutsche Jahrbücher s. *Hallische Jahrbücher*

Evangelische Kirchen-Zeitung (1827-1930)

865 Kriege, Anneliese: Geschichte der EK-Z unter der Redaktion Ernst-Wilhelm Hengstenbergs (vom 1. Juli 1827 bis zum 1. Juni 1869). Bonn 1958. (Diss.)
Draeger, 1981, Nr. 232, bes. Kap. 1.4-6

Frankfurter Allgemeine Zeitung (seit 1949)

866 Die FAZ. Nachforschungen über ein Zentralorgan. Hg. v. Hermannus Pfeiffer. Köln 1988.
1967ff., Nr. 280

Frankfurter Gelehrte Anzeigen (1772-90)

867 FGA vom Jahr 1772. Hg. v. Wilhelm Scherer. 2 Bde. Heilbronn 1883. (Mit umfangreicher Einleitung.) – Reprint, hg. v. Hermann Bräuning-Oktavio: Bern 1970.
868 FGA 1772. Auswahl. Hg. v. Hans-Dietrich Dahnke u. Peter Müller. Leipzig 1971.
869 Trieloff, Otto P.: Die Entstehung der Rezensionen in den FGA vom Jahr 1772. Münster 1908. (Diss.)
870 Bräuning-Oktavio, Hermann: Herausgeber und Mitarbeiter der FGA 1772. Tübingen 1966.
871 Dahnke, Hans-Dietrich: Intentionen und Resultate des Jahrgangs 1772 der FGA. In: Sturm und Drang. Geistiger Aufbruch 1770-1790 im Spiegel der Literatur. Hg. v. Bodo Plachta u. Winfried Woesler. Tübingen 1997, S. 233-247.
Morris, 1909, Nr. 488

Die Gartenlaube (1853-1944)

872 Zang, Hermann: Die »G« als politisches Organ. Belletristik, Bilderwerk u. literarische Kritik 1860-1880. Würzburg 1935. (Diss.)

Der Gegen-Angriff (1933-36)

873 Grunewald, Michael: Die »Waffe der Kritik«. Literatur- und Buchkritik in der kommunistischen Wochenzeitung »DG-A«. In: Recherches germaniques. Bd. 20. Strasbourg 1990, S. 159-179.

Göttingische Gelehrte Anzeigen (seit 1753 und zuerst: Göttingische Anzeigen von gelehrten Sachen)

874 Oppermann, Heinrich Albert: Die GgA während einer hundertjährigen Wirksamkeit für Philosophie, schöne Literatur, Politik und Geschichte. Hannover 1844.
875 Fambach, Oscar: Die Mitarbeiter der GGA. Tübingen 1976.
876 Schimpf, Wolfgang: Die Rezensenten der GGA 1760-1768. Göttingen 1982.

Hallische Jahrbücher (1838-41; 1841-43: Deutsche Jahrbücher)

877 Eck, Else v.: Die Lk in den »Hallischen« u. »DJ«, 1838-1842. Ein Beitrag zur Geschichte der deutschen Lw. Berlin 1926. – Reprint: Nendeln 1967.
878 Oellers, Norbert: Die »HJ« und die deutsche Literatur. In: Der Streit um die Romantik (1820-1854). Hg. v. Walter Jaeschke. Hamburg 1999, S. 141-152.

Internationale Literatur (1931-45)

879 Jarmatz, Klaus: »IL/Deutsche Blätter«. In: Exil in der UdSSR. Leipzig 1979, S. 151-194 u. 586-588. (Ab S. 185: Literaturkrit. Aufnahme der antifaschist. Literatur.)

Literatur und Kritik (seit 1966)

880 Langer, Renate: 30 Jahre »LuK«. Salzburg 1996. (Gesamtinhalt.)

Maß und Wert (1937-40)

881 Grunewald, Michel: Eine »Insel des gebildeten Bürgertums«. Lk in »MuW«. In: Nr. 259, S. 73-87.

Monatsgespräche (1688-90)

882 Woitkewitsch, Thomas: Thomasius' »M«. In: Archiv für Geschichte des Buchwesens. Bd. 10. Frankfurt/M. 1970, Sp. 655-678.

Morgenblatt für gebildete Stände. Literaturblatt (1819-49)

Jacobsen, 1985, Nr. 838

Nationalsozialistische Monatshefte s. *Die Neue Literatur*

Neue Deutsche Blätter (1933-35)

883 Grunewald, Michel: Lk in der Vorbereitungsphase der deutschen Volksfront: Die Sammlung u. NDB. In: Autour du Front Populaire Allemand / Einheitsfront – Volksfront. Hg. v. M. Grunewald u. Frithjof Trapp. Bern, Frankfurt/M. 1990, S. 265-289.

Neue deutsche Literatur (seit 1953)

Drenkow, 1968, Nr. 828

Die Neue Literatur (1931-43)

884 Berglund, Gisela: Der Kampf um den Leser im Dritten Reich. Die Literaturpolitik der »Neuen Literatur« u. der »Nationalsozialistischen Monatshefte«. Worms 1980.

Das Neue Tage-Buch (1933-40)

885 Grunewald, Michel: »Bürgerliche« Lk im Exil. Der Fall »DNT-B«. In: Exil. Jg. 8. Frankfurt/M. 1988, H. 1, S. 60-70.

Die Neue Weltbühne (1933-39)

886 Grunewald, Michel: Lk in Exilzeitschriften. »DnW«. In: Exilforschung. Bd. 7. München 1989, S. 136-154.

Neues Deutschland (seit 1946)

Bock, 1975 und 1984, Nr. 834 und 837

Pariser Tageblatt / Pariser Tageszeitung (1936-40)

887 Enderle-Ristori, Michaela: Markt und intellektuelles Kräftefeld. Lk im Feuilleton von »PTb« und »PTz« (1933-1940). Tübingen 1997. (Diss.)

Die Rote Fahne (1918-33)

888 Brauneck, Manfred: Die RF. Kritik, Theorie, Feuilleton 1918-1933. München 1973.

Die Sammlung (1933-35)

Grunewald, 1990, Nr. 883
Morgenroth, 1993, Nr. 602

Sinn und Form (seit 1949)

Jokubeit, 1985, Nr. 179, Kap. 2.2

Sonntag (1946-90; seither udT: Freitag)

Drenkow, 1968, Nr. 828
Bock, 1984, Nr. 837

Der Spiegel (seit 1947)

889 Literatur im Spiegel. Eingel. u. hg. v. Rolf Becker. Reinbek 1969.

Tägliche Rundschau (1945-49)

890 Dinse, Petra: Literatur und Lk in der »TR« von 1945-1949. Rostock 1987. (Diss. masch.)

Der teutsche Merkur / Der neue teutsche Merkur (1773-89, 1790-1810)

891 Starnes, Thomas: Der TM. Ein Repertorium. Sigmaringen 1994, Kap. IV: Anzeigen, Ankündigungen, Notizen und Rezensionen.
892 Wahl, Hans: Geschichte des Teutschen Merkur. Ein Beitrag zur Geschichte des Journalismus im 18. Jh. Berlin 1914. – Reprint: New York, London 1967.

Völkischer Beobachter (1920-45)

893 Köhler, Gerhard: Kunstanschauung und Kunstkritik in der nationalsozialist. Presse. Die Kritik im Feuilleton des »VB« 1920-1932. München 1937. (Diss.)
H. Zimmermann, 1935, Nr. 822, Kap. IV u. V.

Welt am Sonntag (seit 1948)

894 Rollka, Bodo: Vom Elend der Lk. Buchwerbung und Buchbesprechungen in der »WaS«. Berlin 1975.

Wochenpost (1954-97)

Bock, 1984, Nr. 837

Das Wort (1936-39)

895 Barck, Simone: »DW« – literarische Zeitschrift der Volksfront. In: Exil in der UdSSR. Leipzig 1979, S. 194-229 u. 589-592. (Ab S. 213: Lk.)
896 Grunewald, Michel: »Es geht um den Realismus«. Buchbesprechungen in »DW«. In: Exil. Jg. 10. Frankfurt/M., Nr. 2, S. 59-75.

Die Zeit (seit 1946)

897 Völzer, Sylvia: Darstellung u. Kritik der Literatur der BRD in der Wochenzeitung »DZ« in den Jahren 1975-1985. Rostock 1988. (Diss. masch.)

4.9 Zur Literaturkritik in Funk und Fernsehen

898 Arens, Karlpeter: Funktion und Stellung des Kritikers. In: Rundfunk und Fernsehen. Jg. 10. Hamburg 1962, S. 244-252.
899 Klose, Werner: Buch, Funk und Fernsehen. In: Rundfunk und Fernsehen. Jg. 11. Hamburg 1963, H. 1., S. 16-25.
900 Sauter, Josef-Hermann: Lk im Rundfunk. In: NDL 21, 1973, H. 5, S. 133-136.
901 Viehoff, Reinhold: Buchbesprechungen im Westdeutschen Rundfunk. Ein Beitrag zur Analyse »öffentlich-rechtlicher« Lk. In: Literatur für viele. Studien zur Trivialliteratur u. Massenkommunikation im 19. u. 20. Jh. Bd. 2. Hg. v. Helmut Kreutzer. Göttingen 1976, S. 191-208. – Verändert in Nr. 27, S. 12-27.
902 Viehoff, Reinhold: Lk im Rundfunk. Eine empirische Untersuchung von Sendereihen des Westdt. Rundfunks/Köln 1971-1973. Tübingen 1981.
903 Prümm, Karl: Lk im Fernsehen. Beschreibung eines umstrittenen Geschäfts. In: DDU 39, 1987, 5, S. 78-94.
904 Bielefeld, Claus-Ulrich: Lk im Radio. In: SITZ 26, 1988, H. 105, S. 25-28.
905 Geisler, Michael E.: Das annektierte Raisonnement. Zur Funktion der Literaturberichterstattung im Fernsehen. In: Magazine audiovisuell. Politische u. Kulturmagazine im Fernsehen der Bundesrepublik Deutschland. Hg. v. Helmut Kreuzer u. Heidemarie Schumacher. Berlin 1988, S. 175-192.

906 Schoeller, Wilfried F.: Lk im Fernsehen. In: SITZ 26, 1988, H. 105, S. 20-24.
907 Viehoff, Reinhold: Lk 1973 und 1988. Aspekte des literaturkrit. Wertwandels. Siegen 1989. – Leicht gekürzt in: Nr. 43, S. 440-460.
908 Koch, Roland und Susanne Pütz: »Das Literarische Quartett«. Aspekte einer literaturkritischen Sendung des ZDF. Siegen 1990.
909 Kirchner, Petra: Literatur-Shows. Die Präsentation von Literatur im Fernsehen. Wiesbaden 1994. (Diss.; über Literaturmagazine.)
910 Die besten Bücher. 20 Jahre Empfehlungen der dt.spr. Lk. Die »Bestenliste« des Südwestfunks. Hg. v. Jürgen Lodemann. Frankfurt/M. 1995.
911 Loquai, Franz: Das literarische Schafott. Über Lk im Fernsehen. Eggingen 1995.
912 Vogt, Ludgera: Die Hüter der Differenz. Über televisionäre Lk. In: Merkur. Jg. 49. Stuttgart 1995. H. 9/10, S. 942-948. (Über das »Literarische Quartett«.)
913 Lodemann, Jürgen: Im Kopf nichts als Bücher? Warum und wie die Südwestfunk-Bestenliste gemacht wird. In: Nr. 51, S. 127-144. (Leicht veränderter Wiederabdr. aus Nr. 910, S. 145-159.)
914 Hussel, Elke: Marcel Reich-Ranicki und »Das literarische Quartett« im Lichte der Systemtheorie. Marburg 2000.

4.10 Foren der Literaturkritik im Internet

915 www.literaturkritik.de
Rezensionsforum für Literatur und Kulturwissenschaft. Hg. v. Thomas Anz. Jg. 1ff. 1999ff. (Monatliche Ausgaben.)
916 www.dichtung-digital.de
Beiträge zur Ästhetik digitalisierter Literatur und Kunst. Hg. v. Roberto Simanowski. Jg. 1ff. 1999ff.
917 www.buchkritik.at
Buchvorstellungen aus dem Fideo- und Internet. (Zweiwöchentl.)
918 www.buecher-im-netz.com
das rezensionsforum im internet. (Monatlich.)
919 www.Perlentaucher.de (seit 2000; tägliche Informationen und Kurzreferate zu Rezensionen in überrregionalen Tageszeitungen).

4.11 Index der Autoren und Herausgeber

Die Zahlenangaben beziehen sich auf die Nummern der vorstehenden Bibliographie. Umlaute sind wie Vokale eingeordnet.

5. Personenregister

Umlaute sind wie Vokale eingeordnet. Die Ziffern beziehen sich auf die Seiten

Sammlung Metzler

Einführungen, Methodenlehre

SM 1 Raabe: Einführung in die Bücherkunde zur dt. Literaturwissenschaft
SM 13 Bangen: Die schriftliche Form germanistischer Arbeiten
SM 59 Behrmann: Einführung in die Analyse von Prosatexten
SM 79 Weber-Kellermann/Bimmer: Einf. in die Volkskunde/Europ. Ethnologie
SM 112 Schlawe: Neudeutsche Metrik
SM 148 Grimm u.a.: Einf. in die französische Literaturwissenschaft
SM 183 Schwenger: Literaturproduktion
SM 188 Asmuth: Einführung in die Dramenanalyse
SM 190 Zima: Textsoziologie
SM 217 Schutte: Einführung in die Literaturinterpretation
SM 235 Paech: Literatur und Film
SM 246 Eagleton: Einführung in die Literaturtheorie
SM 259 Schönau: Einf. i. d. psychoanalytische Literaturwissenschaft
SM 263 Sowinski: Stilistik
SM 270 Heidtmann: Kindermedien
SM 277 Hickethier: Film- und Fernsehanalyse
SM 283 Ottmers: Rhetorik
SM 284 Burdorf: Einführung in die Gedichtanalyse
SM 285 Lindhoff: Feministische Literaturtheorie
SM 287 Eggert/Garbe: Literarische Sozialisation
SM 300 Kammer: Wissenschaftliche Arbeiten mit dem PC
SM 302 Korte/Müller/Schmid: Einführung in die Anglistik
SM 305 Bauer: Romantheorie
SM 317 Paefgen: Einführung in die Literaturdidaktik
SM 320 Gfrereis (Hrsg.): Grundbegriffe der Literaturwissenschaft
SM 324 Bossinade: Poststrukturalistische Literaturtheorie
SM 335 Stenzel: Einf. in die spanische Literaturwissenschaft
SM 337 Lorenz: Journalismus
SM 338 Albrecht: Literaturkiritk

Deutsche Literaturgeschichte

SM 47 Steinmetz: Die Komödie der Aufklärung
SM 68 Kimpel: Der Roman der Aufklärung (1670-1774)
SM 75 Hoefert: Das Drama des Naturalismus
SM 128 Meid: Der deutsche Barockroman
SM 142 Ketelsen: Völkisch-nationale und nationalsoz. Lit. in Dtld 1890-1945
SM 144 Schutte: Lyrik des deutschen Naturalismus (1885-1893)

SM 157 Aust: Literatur des Realismus
SM 170 Hoffmeister: Deutsche und europäische Romantik
SM 175 Wilke: Zeitschriften des 18. Jh. II: Repertorium
SM 209 Alexander: Das deutsche Barockdrama
SM 210 Krull: Prosa des Expressionismus
SM 225 Obenaus: Lit. und politische Zeitschriften 1830-1848
SM 227 Meid: Barocklyrik
SM 229 Obenaus: Lit. und politische Zeitschriften 1848-1880
SM 234 Hoffmeister: Deutsche und europäische Barockliteratur
SM 238 Huß-Michel: Lit. und politische Zeitschriften des Exils 1933-1945
SM 241 Mahoney: Der Roman der Goethezeit
SM 247 Cowen: Das deutsche Drama im 19. Jh.
SM 250 Korte: Geschichte der deutschen Lyrik seit 1945
SM 290 Lorenz: Wiener Moderne
SM 298 Kremer: Prosa der Romantik
SM 331 Schärf: Der Roman im 20. Jahrhundert

Gattungen

SM 9 Rosenfeld: Legende
SM 12 Nagel: Meistersang
SM 16 Lüthi: Märchen
SM 52 Suppan: Volkslied
SM 63 Boeschenstein-Schäfer: Idylle
SM 77 Straßner: Schwank
SM 116 Guthke: Das deutsche bürgerliche Trauerspiel
SM 133 Koch: Das deutsche Singspiel
SM 145 Hein: Die Dorfgeschichte
SM 154 Röhrich/Mieder: Sprichwort
SM 155 Tismar: Kunstmärchen
SM 164 Siegel: Die Reportage
SM 172 Würffel: Das deutsche Hörspiel
SM 177 Schlütter u.a.: Sonett
SM 191 Nusser: Der Kriminalroman
SM 208 Fricke: Aphorismus
SM 214 Selbmann: Der deutsche Bildungsroman
SM 216 Marx: Die deutsche Kurzgeschichte
SM 226 Schulz: Science Fiction
SM 232 Barton: Das Dokumentartheater
SM 248 Hess: Epigramm
SM 256 Aust: Novelle
SM 257 Schmitz: Das Volksstück
SM 260 Nikisch: Brief
SM 262 Nusser: Trivialliteratur
SM 278 Aust: Der historische Roman
SM 282 Bauer: Der Schelmenroman
SM 323 Wagner-Egelhaaf: Autobiographie

Autorinnen und Autoren

SM 71 Helmers: Wilhelm Raabe
SM 80 Kully: Johann Peter Hebel
SM 97 Asmuth: Daniel Casper von Lohenstein
SM 102 Fehr: Conrad Ferdinand Meyer
SM 105 Prangel: Alfred Döblin
SM 107 Hoefert: Gerhart Hauptmann
SM 113 Bender: J.J. Bodmer und J.J. Breitinger
SM 114 Jolles: Theodor Fontane
SM 138 Dietz: Franz Kafka
SM 153 Schneider: Annette von Droste-Hülshoff
SM 159 Knapp: Georg Büchner
SM 163 Pape: Wilhelm Busch
SM 171 Peter: Friedrich Schlegel
SM 173 Petersen: Max Frisch
SM 179 Neuhaus: Günter Grass
SM 180 Barnouw: Elias Canetti
SM 185 Paulin: Ludwig Tieck
SM 186 Naumann: Adalbert Stifter
SM 189 Haupt: Heinrich Mann
SM 196 Knapp: Friedrich Dürrenmatt
SM 197 Schulz: Heiner Müller
SM 207 Wehdeking: Alfred Andersch
SM 211 Hansen: Thomas Mann
SM 213 Riley: Clemens Brentano
SM 215 Wackwitz: Friedrich Hölderlin
SM 218 Renner: Peter Handke
SM 221 Kretschmer: Christian Morgenstern
SM 223 Dietschreit/Henze-Dietschreit: Hans Magnus Enzensberger
SM 224 Hilzinger: Christa Wolf
SM 230 Vincon: Frank Wedekind
SM 231 Lowsky: Karl May
SM 233 Winter: Jakob Michael Reinhold Lenz
SM 237 Mayer: Eduard Mörike
SM 239 Perlmann: Arthur Schnitzler
SM 240 Wichmann: Heinrich von Kleist
SM 242 Bartsch: Ingeborg Bachmann
SM 243 Kaiser: E.T.A. Hoffmann
SM 245 Dietschreit: Lion Feuchtwanger
SM 254 Späth: Rolf Dieter Brinkmann
SM 255 Bäumer/Schultz: Bettina von Arnim
SM 258 Hein: Johann Nestroy
SM 261 Sammons: Heinrich Heine
SM 272 Sowinski: Heinrich Böll
SM 273 Mayer: Hugo von Hofmannsthal
SM 275 Schrade: Anna Seghers

SM 286 Janz: Elfriede Jelinek
SM 288 Jeßing: Johann Wolfgang Goethe
SM 289 Luserke: Robert Musil
SM 291 Mittermayer: Thomas Bernhard
SM 294 Löb: Christian Dietrich Grabbe
SM 295 Schaefer: Christoph Martin Wieland
SM 297 Albrecht: Gotthold Ephraim Lessing
SM 299 Fetz: Martin Walser
SM 304 Fasold: Theodor Storm
SM 310 Berg/Jeske: Bertolt Brecht
SM 312 Albrecht: Arno Schmidt
SM 318 Prill: Dante
SM 325 Kohl: Friedrich Gottlieb Klopstock
SM 326 Bartsch: Ödön von Horváth
SM 332 Brockmeier: Samuel Beckett
SM 333 Martus: Ernst Jünger
SM 336 Mahoney: Novalis

Mediävistik
SM 7 Hoffmann: Nibelungenlied
SM 15 Weber: Gottfried von Strasburg
SM 36 Bumke: Wolfram von Eschenbach
SM 40 Halbach: Walther von der Vogelweide
SM 64 Hoffmann: Altdeutsche Metrik
SM 72 Düwel: Einführung in die Runenkunde
SM 103 Sowinski: Lehrhafte Dichtung des Mittelalters
SM 135 Kartschoke: Altdeutsche Bibeldichtung
SM 151 Haymes: Das mündliche Epos
SM 205 Wisniewski: Mittelalterliche Dietrich-Dichtung
SM 244 Schweikle: Minnesang
SM 249 Gottzmann: Artusdichtung
SM 253 Schweikle: Neidhart
SM 293 Tervooren: Sangspruchdichtung
SM 316 Scholz: Walther von der Vogelweide

Sprachwissenschaft
SM 72 Düwel: Einführung in die Runenkunde
SM 82 Reichmann: Germanistische Lexikologie
SM 104 Heike: Phonologie
SM 167 Ebert: Historische Syntax des Deutschen
SM 206 Apel: Literarische Übersetzung
SM 219 Lutzeier: Linguistische Semantik
SM 252 Glück/Sauer: Gegenwartsdeutsch
SM 307 Stein: Einf. in die französische Sprachwissenschaft
SM 313 Fritz: Historische Semantik
SM 321 Klann-Delius: Spracherwerb